河北大学科研创新团队培育与扶持计划
(2016年“一省一校”专项经费）资助出版

高等学校法律实务系列教材（第三辑）
Practical Legal Textbook Series in Institutions of Higher Education

总 主 编　孟庆瑜
副总主编　何秉群　朱良酷　时清霜

行政诉讼法案例教程

Practical Textbook on Administrative Procedure Law

主　编　申　静　韩锦霞
副主编　尚海龙　许双全　李凯瑞

中国出版集团
中国民主法制出版社
全国百佳图书出版单位

图书在版编目(CIP)数据

行政诉讼法案例教程/申静,韩锦霞主编.—北京:中国民主法制出版社,2018.1

高等学校法律实务系列教材. 第三辑

ISBN 978-7-5162-1069-7

Ⅰ.①行… Ⅱ.①申… ②韩… Ⅲ.①行政诉讼法—案例—中国—高等学校—教材 Ⅳ.①D925.305

中国版本图书馆 CIP 数据核字(2018)第 025693 号

图书出品人:刘海涛
出 版 统 筹:乔先彪
责 任 编 辑:逯卫光

书名/行政诉讼法案例教程
XINGZHENGSUSONGFAANLIJIAOCHENG
作者/申 静 韩锦霞 主编

出版·发行/中国民主法制出版社
地址/北京市丰台区右安门外玉林里 7 号(100069)
电话/(010)63055259(总编室) 63057714(发行部)
传真/(010)63056975 63056983
http:// www. npcpub. com
E-mail:mzfz@ npcpub. com
经销/新华书店
开本/16 开 787 毫米×960 毫米
印张/14 **字数**/209 千字
版本/2018 年 1 月第 1 版 2018 年 7 月第 2 次印刷
印刷/ 北京建宏印刷有限公司

书号/ISBN 978-7-5162-1069-7
定价/35.00 元

高等学校法律实务系列教材(第三辑)编审委员会

总序

为了贯彻落实《教育部、中央政法委员会关于实施卓越法律人才教育培养计划的若干意见》的文件精神，全面推进法律硕士专业学位研究生教育综合试点改革工作，充分发挥国家大学生校外实践基地的育人功能，持续深化法学专业实践教学改革，不断提高法学专业学生的实践创新能力，我们组织法学专家与法律实务部门专家共同编写了高等学校法律实务系列教材。

本套系列教材共分为三辑：第一辑包括《宪法案例教程》、《行政法案例教程》、《刑法案例教程》、《民法案例教程》、《经济法案例教程》、《刑事诉讼实务教程》、《民事诉讼实务教程》和《法律文书实务教程》8部教材；第二辑包括《商法案例教程》《知识产权法案例教程》《刑事诉讼法案例教程》《环境保护法案例教程》《民事诉讼法案例教程》《刑法(总论)案例教程》《公证与律师制度实务教程》《行政诉讼实务教程》8部教材；第三辑包括《法理学案例教程》《中国法制史案例教程》《劳动法和社会保障法案例教程》《行政诉讼法案例教程》《国际法案例教程》《国际私法案例教程》《国际经济法案例教程》《法律职业伦理案例教程》8部教材。

本套教材以案例研析和实务操作为主题,以高等学校和实务部门的共同开发为特点,以培养学生的法律实践应用能力为目标,以逐步形成适应应用型、复合型法律人才培养需要的法律实务教材体系。教材的编写力求遵循以下原则:一是理论与实践相结合,突出实践性。即教材内容要强化法学理论和原理的综合应用,强调实践和应用环节,侧重实践能力培养,为学生的知识、能力、素质协调发展创造条件。二是立足现实,追踪前沿。即教材内容要最大限度地反映本专业领域的最新学术思想和理论前沿,吸收本专业领域的最新实务经验和研究成果,具有前瞻性。三是全面覆盖,突出重点。即教材既要整体反映本专业知识点,又要彰显案例和实务操作领域的规律和重点,以避免与理论教材之间的内容重复。

本套教材的编写力求满足以下要求:一是立足基础,突出应用。即立足基本知识,不作系统讲解,着重法律应用,突出应用性和实务特色。二是表述准确,言简意明。即基本概念阐释清晰准确,知识要点讲解言简意赅。三是篇幅适中,便于使用。即控制每部教材的篇幅字数,均衡各章之间的权重,不宜畸轻畸重。四是知识案例,融会贯通。即将知识讲授与案例评析有机结合,真正做到以案说法,突出案例与知识的互动。

本套教材的编写是高等院校与法律实务部门之间深入合作和大胆尝试的结果,无论是教材内容,还是编写体例,肯定还存在诸多有待完善提高的地方,使用效果也有待教学实践的评估与检验。我们将及时总结经验,不断修订提高。同时,也期待着法学界和法律实务部门的各位同人能够提出宝贵的意见和建议。

教材编委会

2017 年 3 月 26 日

目录

第一章　行政诉讼受案范围 …………………………………………… 001
案例 1　刘云务诉太原市公安局交通警察支队晋源一大队道路交通管理行政强制案 ………………………………… 001
案例 2　姚新金、刘天水诉福建省永泰县国土资源局案 …………… 007
案例 3　陈前生、张荣平与安徽省金寨县人民政府再审案 ………… 013
案例 4　李国飞等六人诉浙江省宁波市镇海区农业局农业行政检查案 ………………………………… 017
案例 5　戴世华诉济南市公安消防支队消防验收纠纷案 ………… 021
第二章　行政诉讼参加人 ……………………………………………… 025
案例 6　张玉荣等诉密云县政府案 ……………………………………… 025
案例 7　张丽梅诉泗阳县政府案 ………………………………………… 029
案例 8　王桂香诉柘荣县医院案 ………………………………………… 033
案例 9　徐立新诉湖北省人力资源和社会保障厅案 ……………… 036
案例 10　林光华诉郑州市城乡建设委员会案 ……………………… 038
案例 11　天锦合作社诉国家工商行政管理总局商标评审委员会案 …… 042
第三章　行政诉讼管辖 …………………………………………………… 046
案例 12　史某不服 A 县公安局行政处罚案 ………………………… 046
案例 13　张某、某彩弹射击运动有限公司不服长乐市林业局、福州市林业局行政处罚案 ………………………………… 052

案例14　刘某等诉北京市西城区房屋管理局行政诉讼管辖异议案 …… 060
第四章　行政诉讼证据 …… 066
案例15　陈某某诉德清县人力资源和社会保障局案 …… 066
案例16　禄久顺等诉郑州市中原区人民政府案 …… 072
案例17　夏善荣与徐州市建设局等行政证明纠纷再审案 …… 079
案例18　杨新杰诉郑州市人民政府不予受理行政复议申请纠纷案 …… 085
案例19　河北省三河市公安局与刘玉恒治安行政处罚纠纷上诉案 …… 092
第五章　法律适用 …… 100
案例20　鲁潍(福建)盐业进出口有限公司苏州分公司诉江苏省苏州市盐务管理局盐业行政处罚案 …… 100
案例21　刘成法、李宪雪诉济宁市人民政府行政复议案 …… 105
案例22　陈爱华诉南京市江宁区住房和城乡建设局案 …… 109
案例23　甘露不服暨南大学开除学籍决定案 …… 114
案例24　金座清洁服务有限公司与深圳市福田区安全生产监督管理局处罚案 …… 119
第六章　起诉与受理 …… 124
案例25　董某某诉遵化市人民政府土地行政征收案 …… 124
案例26　庞某诉固安县人民政府、廊坊市人民政府土地征收及行政复议案 …… 128
案例27　姜某某诉唐山市丰润区人民政府、唐山市人民政府土地登记及行政复议案 …… 131
案例28　史某某等人诉唐山市人民政府强拆断电及行政赔偿案 …… 135
案例29　马某某诉遵化市人民政府房屋行政补偿案 …… 141
第七章　行政诉讼判决 …… 146
案例30　刘正武诉宁乡县城市管理和行政执法局案 …… 146
案例31　乔华丰诉野徐镇政府信息公开案 …… 150
案例32　倪义河、朱述军等诉滕州市人民政府行政征收案 …… 157
案例33　宋某诉北京市某街道办事处不作为案 …… 161
案例34　俞飞诉无锡市城市管理执法局行政处罚案 …… 164
案例35　华鑫商旅服务有限公司诉三亚工商局行政处罚案 …… 168
案例36　吴文妹因诉请古田县公安局不作为行政赔偿案 …… 172

第八章　行政诉讼程序 …… 179
案例 37　刘冬生等人诉北京市朝阳区人民政府信息公开案 …… 179
案例 38　刘自荣诉新疆维吾尔自治区乌鲁木齐市米东区人力资源和社会保障局再审案 …… 181
第九章　行政诉讼执行与行政公益诉讼 …… 188
案例 39　运城市国土资源局盐湖分局申请强制执行其对吉彩凤行政处罚决定案 …… 188
案例 40　贵州省 Q 县人民检察院诉贵州省 Q 县林业局、第三人 Q 县 A 砂石场不履行行政职权案 …… 194
后记 …… 211

CHAPTER 1

第一章

行政诉讼受案范围

案例 1 刘云务诉太原市公安局交通警察支队晋源一大队道路交通管理行政强制案[①]

▶【案件回顾】> > >

再审申请人刘云务因诉山西省太原市公安局交通警察支队晋源一大队(以下简称“晋源交警一大队”)道路交通管理行政强制一案,不服山西省高级人民法院(2010)晋行终字第 75 号行政判决,向最高人民法院申请再审。

2001 年 7 月,刘云务通过分期付款的方式在山西省威廉汽车租赁有限公司购买了一辆东风 EQ1208G1 型运输汽车,发动机号码 133040,车架号码 110××××2219,合格证号 0140721,最终上户车牌号为晋 A×××××。刘云务依约付清车款后,车辆仍登记挂靠在该公司名下。2006 年 12 月 12 日,刘云务雇用的司机任治荣驾驶该车辆行驶至太原市和平路西峪乡路口时,晋源交警一大队的执勤民警以该车未经年审为由将该车扣留并于当日存入存车场。2006 年 12 月 14 日,刘云务携带该车审验日期为 2006 年 12 月 13 日的行驶证去处理该起违法行为。晋源交警一大队执勤民警在核实过程中发现,该车的发动机号码和车架号码看不到,遂以该车涉嫌套牌及发动机号码和车架号码无法查对为由对该车继续扣留,并口头告知刘云务需提供其他合法有效手续。刘云务虽多次托人交涉并提供相关材料,但晋源交警一大队一直以其不能提供车辆合法来历证明为由扣留该车。刘云务不服,提起行政诉讼,请求法院撤销晋源交警一大队的扣留行为并返还该车。在法院审理期间,双方当事人在法院组织下对该车车架号码的焊接处进行了切割查验,切割后显示的该车车架号码为 GAGJBDK0110××××2219,而

① 案例来源:最高人民法院(2016)最高法行再 5 号行政判决书。

刘云务提供的该车行驶证载明的车架号码为LGAGJBDK0110××××2219。

山西省太原市中级人民法院一审认为:晋源交警一大队口头通知刘云务提供其他合法有效手续后,刘云务一直没有提供相应的合法手续,故晋源交警一大队扣留涉案车辆于法有据。由于扣留涉案车辆的行为属于事实行为,故晋源交警一大队在行政执法过程中的程序瑕疵不能成为撤销扣留行为的法定事由。刘云务虽然提供了由山西吕梁东风汽车技术服务站出具的更换发动机缸体的相关证明,但未经批准擅自更换发动机、改变发动机号码的行为均为我国相应法律、法规所禁止。刘云务一直未提供该车的其他合法有效手续,故其要求撤销扣留行为,返还涉案车辆的诉讼请求不能成立。据此,一审法院作出(2010)并行初字第3号行政判决:驳回刘云务的诉讼请求。刘云务不服,提起上诉。山西省高级人民法院二审认为:刘云务对晋源交警一大队于2006年12月12日因涉案车辆未经审验而予扣留并无争议,争议在于刘云务是否提供了该车的合法来历证明,晋源交警一大队是否应及时返还车辆。对于该车的车架号码,切割查验后显示的号码与该车行驶证载明的号码不符。对于该车没有发动机号码,刘云务虽然提供了由山西吕梁东风汽车技术服务站出具的更换发动机缸体的相关证明,但未经批准擅自更换发动机、改变发动机号码的行为均为我国相应法律、法规所禁止。刘云务一直没有提供相应的合法手续,依据当时有效的《道路交通安全违法行为处理程序规定》,晋源交警一大队扣留该车于法有据。依据《道路交通安全违法行为处理程序规定》第十五条之规定,晋源交警一大队作为行政执法机关,对认为来历不明的车辆可以自行调查,但晋源交警一大队一直没有调查,也未及时作出处理,行为不当。据此,二审法院作出(2010)晋行终字第75号行政判决:一、撤销山西省太原市中级人民法院(2010)并行初字第3号行政判决;二、晋源交警一大队在判决生效后三十日内对扣留涉案车辆依法作出处理并答复刘云务;三、驳回刘云务的其他诉讼请求。

刘云务在向最高人民法院提出的再审申请中,请求撤销山西省高级人民法院终审判决,判令再审被申请人返还涉案车辆,并请求判令再审被申请人赔偿涉案车辆损失、涉案车辆营运损失以及交通费、律师费、医疗费、精神损失费、误工费等。其事实与理由为:(一)再审申请人是涉案车辆的实际所有人。机动车车架号码由17位字符组成,包含了车辆生产厂家、年代、车型、车身类型、代码、发动机代码及组装地点等信息。机动车车架号码第一位是生产国家代码,"L"字母代表该机动车的产地为中国。"L"字母的缺失明显是由于对大梁进行切割时操作不慎所致。法律并不禁止更换发动机，机动车所有人只是在更换发动机之后，有义务申请对机动车行驶证上的发动机号码进行变更。原审法院认定再审申请人无法提供该车的合法来历，构成事实认定错误。（二）再审被申请人未履行法定告知义务，没有作出书面通知，构成不作为。原审法院在此情况下，认定再审申请人应自行主动提供该车的合法手续，并承担相应的举证责任，构成法律适用错误。（三）如果认定再审申请人没有提供该车的合法手续，扣留该车的时间则不受三十日的拘束，那么原审判决要求再审被申请人在三十日内答复再审申请人没有依据。同时，再审被申请人已经查验了该车的发动机号码、车架号码，故原审法院认为再审被申请人"一直没有调查，也未及时作出处理"也不成立。（四）再审被申请人本来答应交4000元罚款后放车，但由于再审申请人托记者前往取车，再审被申请人便拒绝放车，将车辆一直扣留至今。这造成再审申请人因长期诉讼，患上脑干出血，形成三级残疾。

再审被申请人昔源交警一大队提交答辩意见称：（一）涉案车辆被扣留之后，再审申请人虽然提供了该车的来历证明、机动车行驶证、检验合格证等相关材料，但发动机号码、车架号码等相关信息是确认车辆身份及车辆合格与否的唯一资料，同时也是该车的身份证明。再审申请人对涉案车辆未经批准擅自更换发动机、改变发动机号码、改装大梁焊装钢板，将车架号码焊死在新装钢板和大梁之间，造成证车不符无法发还。即使能够证明涉案车辆所有权和合法来历，也依法丧失涉案车辆所有权。（二）因涉案车辆在持续扣留过程中，故再审被申请人的执法行为针对未经年检上路行驶与已达到强制报废标准上路行驶两个违法行为，无须作出两个扣留决定。再审被申请人口头通知继续提供有效合法手续，但再审申请人一直没有前来处理。（三）因再审申请人多次涉访涉诉，为保留证据所需，涉案车辆目前仍由再审被申请人保存。目前属于强制拆解报废的机动车辆，依法不能返还。（四）对于再审申请人私自改装车辆的行为，应当严厉打击，严格依法处置。故再审被申请人扣留涉案车辆合法，原审判决认定事实基本清楚，适用法律相对准确，请求本院驳回刘云务的再审申请。

最高人民法院另查明，车架号码，即车辆识别代号，通常也称大架号，由字母和数字共17位字符组成，是车辆的重要身份证明。第1位字符是国家或者地区代码，中国的代码是"L"。最后8位即第10位至第17位字符代表车辆的年代、生产工厂、生产下线顺序号等信息。对于特定汽车生产厂家生产的特定汽车而言，车架号码最后8位字符组成的字符串具有唯一性。

▶【本案争点】>>>

晋源交警一大队扣留涉案车辆的行政强制措施是否合法？

▶【评析研判】>>>

《行政诉讼法》第十二条规定："人民法院受理公民、法人或者其他组织提起的下列诉讼：(一)对行政拘留、暂扣或者吊销许可证和执照、责令停产停业、没收违法所得、没收非法财物、罚款、警告等行政处罚不服的；(二)对限制人身自由或者对财产的查封、扣押、冻结等行政强制措施和行政强制执行不服的；(三)申请行政许可，行政机关拒绝或者在法定期限内不予答复，或者对行政机关作出的有关行政许可的其他决定不服的；(四)对行政机关作出的关于确认土地、矿藏、水流、森林、山岭、草原、荒地、滩涂、海域等自然资源的所有权或者使用权的决定不服的；(五)对征收、征用决定及其补偿决定不服的；(六)申请行政机关履行保护人身权、财产权等合法权益的法定职责，行政机关拒绝履行或者不予答复的；(七)认为行政机关侵犯其经营自主权或者农村土地承包经营权、农村土地经营权的；(八)认为行政机关滥用行政权力排除或者限制竞争的；(九)认为行政机关违法集资、摊派费用或者违法要求履行其他义务的；(十)认为行政机关没有依法支付抚恤金、最低生活保障待遇或者社会保险待遇的；(十一)认为行政机关不依法履行、未按照约定履行或者违法变更、解除政府特许经营协议、土地房屋征收补偿协议等协议的；(十二)认为行政机关侵犯其他人身权、财产权等合法权益的。除前款规定外，人民法院受理法律、法规规定可以提起诉讼的其他行政案件。"

《行政诉讼法》第十三条规定："人民法院不受理公民、法人或者其他组织对下列事项提起的诉讼：(一)国防、外交等国家行为；(二)行政法规、规章或者行政机关制定、发布的具有普遍约束力的决定、命令；(三)行政机关对行政机关工作人员的奖惩、任免等决定；(四)法律规定由行政机关最终裁决的行政行为。"

该案件中扣押车辆的行为属于有关财产扣押的行政强制措施，依据《行政诉讼法》的有关规定，属于《行政诉讼法》的受案范围。

行政行为合法需要具备以下几个要件：证据确凿，适用法律、法规正确，符合法定程序。我们从以下几个方面对此案进行分析：

(一)晋源交警一大队是否有扣留车辆的职权

行政机关应当在法定的职权范围内作出行政行为。《道路交通安全法》第九十六条第一款规定:“伪造、变造或者使用伪造、变造的机动车登记证书、号牌、行驶证、驾驶证的,由公安机关交通管理部门予以收缴,扣留该机动车,处十五日以下拘留,并处二千元以上五千元以下罚款;构成犯罪的,依法追究刑事责任。”晋源交警一大队在行政执法过程中发现车辆涉嫌套牌及发动机号码和车架号码无法查对,有依法扣留的职权。

(二)扣押车辆的程序是否合法

程序合法、正当是行政行为合法的必备要素之一。本案中,晋源交警一大队应当依据《道路交通安全法》的程序进行处理。该法第一百一十二条规定:“公安机关交通管理部门扣留机动车、非机动车,应当当场出具凭证,并告知当事人在规定期限内到公安机关交通管理部门接受处理。公安机关交通管理部门对被扣留的车辆应当妥善保管,不得使用。逾期不来接受处理,并且经公告三个月仍不来接受处理的,对扣留的车辆依法处理。”

晋源交警一大队应当遵循正当程序,告知当事人违法的基本事实、听取当事人的陈述和申辩,并且将行政强制措施决定书送达当事人。晋源交警一大队违反法定程序,没有向当事人出具书面形式的扣押决定书,因此程序违法。

(三)该案是否构成滥用职权

滥用职权的审查标准在实践中有不同的观点。多数学者倾向于滥用职权是对行政实体问题的自由裁量,但也有学者认为滥用职权不仅包括实体问题的自由裁量,同时也包括程序裁量。如何判断某行为是否构成滥用职权,可以从主、客观两个方面予以考察,一般认为在自由裁量权限范围内恣意行使权力造成显失公正的,才构成滥用职权[①]。滥用职权主要包括以下情形,诸如以权谋私、偏袒一方当事人;不信守诺言、出尔反尔、反复无常。在本案中,行政机关不调查核实相关情况,长期扣留涉案车辆构成滥用职权。扣留车辆属于暂时性的行政强制措施,应当及时处理。《道路交通安全法》第九十六条第二款、第三款规定:“伪造、变造或者使用伪造、变造的检验合格标志、保险标志的,由公安机关交通管理部门予以收缴,扣留该机动车,处十日以下拘留,并处一千元以上三千元以下罚款;构成犯罪的,依法追究刑事责任。使用其他车辆的机

① 何海波:《行政诉讼法》,法律出版社 2011 年版,第 323 页。

动车登记证书、号牌、行驶证、检验合格标志、保险标志的，由公安机关交通管理部门予以收缴，扣留该机动车，处二千元以上五千元以下罚款。当事人提供相应的合法证明或者补办相应手续的，应当及时退还机动车。”本案中，在刘云务提供了车辆行驶证、年审手续等证据的前提下，晋源交警一大队既不返还机动车，又不及时主动调查核实车辆相关来历证明，给行政相对人造成一定的损失，属于滥用职权行为。

（四）该行政行为是否符合比例原则

行政机关进行行政管理过程中，应当遵守比例原则。在有多种手段可以达成行政目的时，应当选择对于当事人侵益最小的手段。扣押车辆等行政强制措施属于暂时性措施，其主要目的在于及时制止违法行为，防止证据灭失、毁损。该案中，行政机关长期扣留涉案车辆而不作任何处理，违反了比例原则。

（五）晋源交警一大队提出有关涉案车辆需要强制报废的主张是否合法

在行政诉讼中，被告应当提供作出行政行为时的事实理由和法律依据。晋源交警一大队在作出行政行为时和原一、二审诉讼中均未以车辆系擅自改装而需要强制报废等作为扣留涉案车辆的理由。在再审期间，晋源交警一大队改变扣押理由，不符合依法行政的要求。

综上所述，晋源交警一大队扣押该车辆时没有遵循法定程序，既不调查核实又长期扣留涉案车辆，构成滥用职权。因晋源交警一大队未作出书面扣留决定。由于扣押行为本身不具有可撤销内容，人民法院应依照《行政诉讼法》第七十四条第二款第一项的规定确认扣留行为违法，并判令返还违法扣留的车辆。

▶【拓展训练】> > >

越秀工商分局收到投诉后，于 2014 年 3 月 4 日对张海平经营的广州市越秀区美声亚音响器材商行进行现场检查。该经营场所摆放有标识为“JBL”图形商标的音箱 20 个标价对外销售。越秀工商分局经调查后遂于 2014 年 3 月 4 日作出穗工商越分白强字(2014)1 号《实施行政强制措施决定书》，认为张海平涉嫌有销售侵犯“JBL”注册商标专用权音箱的行为，根据《商标法》第五十五条第一款第四项的规定，决定对《(场所、设施、财物)清单》第 1 号内的财物实施查封行政强制措施。实施行政强制措施的期限为自 2014 年 3 月 4 日起 30 日。同日，越秀工商分局作出穗工商越分白强保(2014)1 号《实施行政强制措施(场所、设施、财物）委托保管书》，委托广州市海印广场商业有限公司代为保管《（场所、设施、财物）清单》第1号内的有关财物。2014年3月14日，越秀工商分局发函要求上述商标权利人授权代理人哈曼中投重新鉴定，该公司于2014年3月31日重新出具鉴定报告，仍注明上述查封财物为假冒“JBL”和/或“harman/kardon”和/或“Infinity”注册商标的假冒产品。2014年4月3日，越秀工商分局作出穗工商越分白解字（2014）1号《解除行政强制措施决定书》，决定对上述财物予以解除行政强制措施。同日，该局作出穗工商越分白强字（2014）4号《实施行政强制措施决定书》，认定张海平涉嫌销售侵犯“JBL”图形注册商标专用权音箱的行为，根据《商标法》第五十五条第一款第四项的规定，决定对《（场所、设施、财物）清单》第1号内的财物实施扣押行政强制措施。实施行政强制措施的期限为自2014年4月3日起30日内。张海平对上述4号实施行政强制措施决定书不服，诉至原审法院①。

讨论问题：该查封扣押行为是否合法？

▶【问题提示】>>>

《行政强制法》第二十五条第一款、第二款规定：“查封、扣押的期限不得超过三十日；情况复杂的，经行政机关负责人批准，可以延长，但是延长期限不得超过三十日。法律、行政法规另有规定的除外。延长查封、扣押的决定应当及时书面告知当事人，并说明理由。”越秀工商分局作出穗工商越分白强字（2014）4号《实施行政强制措施决定书》系对行政相对人的财物实施了重复扣押。

案例2　姚新金、刘天水诉福建省永泰县国土资源局案②

▶【案件回顾】>>>

在姚新金、刘天水诉福建省永泰县国土资源局一案中，2013年3月20日，姚新金、刘天水通过特快专递，要求福建省永泰县国土资源局书面公开二名申请人房屋所在区域地块拟建设项目的“一书四方案”，即建设用地项目呈报说明书、农用地转用方案、补充耕地方案、征收方案、供地方案。2013年5月28日，

① 广东省（2014）穗中法行终字第1317号，中国裁判文书网。
② 案例来源：福建省福州市中级人民法院（2014）榕行终字第83号行政判决。

永泰县国土资源局作出《关于刘天水、姚新金申请信息公开的答复》(以下简称《答复》),称:"你们所申请公开的第三项(拟建设项目的'一书四方案'),不属于公开的范畴。"并按申请表确定的通信地址将《答复》邮寄给申请人。2013 年 7 月 8 日,姚新金、刘天水以永泰县国土资源局未就政府公开申请作出答复为由,提起行政诉讼。永泰县国土资源局答辩称:"一书四方案"系被告制作的内部管理信息,处在审查中的过程性信息,不属于《政府信息公开条例》所指应公开的政府信息,被告没有公开的义务。

永泰县人民法院经审理认为,"一书四方案"系永泰县国土局在向上级有关部门报批过程中的材料,不属于信息公开的范围。虽然《答复》没有说明不予公开的理由,存在一定的瑕疵,但不足以否定具体行政行为的合法性。姚新金、刘天水要求被告公开"一书四方案"于法无据,判决驳回其诉讼请求。

姚新金、刘天水不服,提出上诉。福州市中级人民法院经审理认为,根据《土地管理法实施条例》第二十三条第一款第二项规定,永泰县国土资源局是"一书四方案"的制作机关,福建省人民政府作出征地批复后,有关"一书四方案"已经过批准并予以实施,不再属于过程性信息及内部材料,被上诉人不予公开没有法律依据。判决撤销一审判决,责令永泰县国土资源局限期向姚新金、刘天水公开"一书四方案"。

▶【本案争点】> > >

拟申请信息是否属于过程性信息?是否应当公开?

▶【评析研判】> > >

一、过程性信息的认定标准

《政府信息公开条例》(以下简称《条例》)中没有对过程性信息加以规定,而在实践中,过程性信息作为政府豁免公开的重要事项。法律规范的缺失与现实需求的脱节直接影响着信息公开工作的开展。过程性信息是否应当公开以及如何公开成为信息公开面临的一项巨大挑战。《国务院办公厅关于做好政府信息依申请公开工作的意见》指出:"行政机关向申请人提供的政府信息,应当是正式、准确、完整的,申请人可以在生产、生活和科研中正式使用,也可以在诉讼或行政程序中作为书证使用。因此,行政机关在日常工作中制作或者获取的内部管理信息以及处于讨论、研究或者审查中的过程性信息,一般不属于《条例》所指应公开的政府信息。”我国共有 26 个省市以地方政府规章或规范性文件形式对政府信息公开制度加以规范。一些省市在《条例》实施后对原来的政府信息公开规定予以修改,比如河北省和成都市,取消了有关过程性信息的规定。笔者仅对现行有效的规章及规范性文件进行分析,选取 8 个省市政府信息公开法律规范,针对规章及规范性文件中有关“过程性信息”豁免公开及豁免例外分别进行归纳总结。纵观上述规章及规范性文件,各省市有关过程性信息没有统一的表述方式,“调查”“讨论”“处理”“审议”等词交替出现在各个法律规范之中。笔者从上述立法中概括出以下认定标准。

(一)过程之中

立法者将“过程中”作为了界定过程性信息的重要标准。正处在调查、研究、处理、讨论过程之中的信息,“从行为形成的过程来看,处于行为启动之后,到正式行为作出之前”。[1] 行政机关作出行政决策或者其他行政行为需要历经调研、反复讨论、论证、修改等诸多程序。在正式作出决定之前的信息还没有成熟,有可能变化,尚未定型。

(二)内容不确定

内容的不确定性是判断过程性信息的重要标准之一。政府信息公开旨在满足公民的知情权,内容不确定的信息公开有可能会使公民误解相关政策,引起社会不必要的恐慌或者猜疑,导致社会秩序的混乱等损害后果出现。

(三)将“三安全、一稳定”作为不予公开的后果条件

上海市将“三安全、一稳定”作为不予公开的后果条件,有的学者对此表示肯定,认为该定义体现了“损害标准”的适用。[2] 笔者认为,这种立法模式存在缺陷。主要理由如下:“三安全、一稳定”属于不确定法律概念,涵盖的范围过于宽泛[3]。所有的信息基本上都可以归入“三安全、一稳定”的范畴。鉴于该规定过于原则,缺乏可操作性,学界和实践界许多人呼吁取消该规定。从这个角度来看,将过程性信息与“三安全、一稳定”捆绑结合予以考量并不妥当。行政机关有可能以此为依据任意扩大过程性信息豁免的范围。

(四)将公共利益衡量作为公开与否的判断标准

黑龙江省和海南省在立法中都将公共利益作为判断过程性信息公开与否

① 杨小军:《过程性政府信息的公开与不公开》,《国家检察官学院学报》2012 年第 2 期。
② 李广宇:《政府信息公开判例百选》,人民法院出版社 2013 年版,第 264 页。
③ 李广宇:《政府信息公开司法解释读本》,法律出版社 2011 年版,第 259 页。

的衡量标准。但是两个省份使用“公共利益衡量”的方式不同，前者将公开的影响公共利益的实现作为判断不公开的标准，后者将公开的公共利益作为公开的认定标准。

过程性信息（不公开）	例外（公开）
A. 正在调查、讨论、处理过程中 B. 正在研究讨论，尚未作出决定 C. 调查、讨论、处理过程中，因其内容不确定，公开后可能影响“三安全、一稳定” D. 调查、讨论、处理过程中，因其内容不确定，不予公开 E. 正在调查、讨论、处理过程中且不适宜公开 F. 正在调查、讨论、审议过程中，公开后可能影响国家利益、公共利益的	1. 除行政机关将文件草案公开征求意见外 2. 除主动公开征求意见的草案外 3. 但法律、法规另有规定的除外 4. 但法律、法规和本规定另有规定的除外 5. 公开后具有明显的公共利益，且不会造成实质性损害

二、过程性信息豁免公开的理由及正当性

（一）基于坦诚交流原则

行政机关作出行政决策和行政决定时，在机关内部会进行长时间讨论和充分论证。世界上许多国家都将有可能限制自由和坦率建议提供的信息予以豁免。行政机关及公务员针对相关问题的意见、讨论和争辩，各方之间存在相互信任关系，可以畅所欲言。这种自由争辩对于形成最终决策至关重要。有些讨论性意见被不当公开将对公务员造成心理压力，扼杀其讨论积极性，影响决策的独立性和决策质量。基于坦诚交流原则，如果一味强调信息的最大限度公开，将过程性信息也进行公开，那么行政机关有可能采用其他方式予以规避，比如，公开的过程性信息并非其真实意思，而将充满争辩、讨价还价、利益妥协的行政过程转为秘密进行。

（二）协商特权

行政主体在履行职责过程中，很多时候需要与其他行政主体或者在内部进行协商讨论。许多学者将此种权力看成为“协商特权”或者“讨论过程特权”。这种讨论特权实质上是基于权力分工的需要而获得。行政机关为了维持政府的正常运转，实现其相关职能，具有一定的行政特权，包括获取信息及不公开某些信息的权力。行政机关正是基于讨论程序特权而将过程性信息予以豁免。此外，行政机关也不能将以保密作为前提，从他处获得的信息予以披露，这也是行政特权的重要体现。

(三)有碍行政管理目的实现

行政管理过程中,如果公开过程性信息,会影响行政检查、调查或取证等工作的有序、有效开展,进而有碍行政管理目标的实现,则不能予以公开。过程性信息因其内容的不确定性,过早公布容易引发公众误解,影响正常的行政运行秩序,阻碍行政管理目标的实现。

(四)影响社会稳定①

正如王名扬先生所述:"公众对行政机关失去信赖,又因为过程性信息尚不成熟,仍具有很大的可变性。"②有些过程性信息因还没有得到最终结论,如果过早将这些还未成熟的事项予以公开,有可能造成公众的恐慌和猜疑,影响社会稳定。尚未成熟的讨论性意见公开不仅会影响协商特权,阻碍坦诚交流,也有可能给社会稳定带来一定影响。

三、本案中该信息是否应当公开

《行政诉讼法》第八十二条规定:"人民法院审理下列第一审行政案件,认为事实清楚、权利义务关系明确、争议不大的,可以适用简易程序:(一)被诉行政行为是依法当场作出的;(二)案件涉及款额二千元以下的;(三)属于政府信息公开案件的。除前款规定以外的第一审行政案件,当事人各方同意适用简易程序的,可以适用简易程序。发回重审、按照审判监督程序再审的案件不适用简易程序。"

该案属于政府信息公开案件,属于行政诉讼的受案范围。本案福建省人民政府作出征地批复后,申请人拟申请公开的"一书四方案"已经处于实施阶段,行政决策的过程业已结束,信息不再属于过程性信息。且该信息将对相对人的权利义务产生影响,因而应当予以公开。

▶【拓展训练】> > >

原告陆红霞向被告南通市发改委申请公开"长平路西延绿化工程的立项批文",被告作出被诉答复并提供了通发改投资〔2010〕67 号《市发改委关于长平路西延工程的批复》。原告认为自己申请公开的是"长平路西延绿化工程",而

① 杨小军:《过程性政府信息的公开与不公开》,《国家检察官学院学报》2012 年第 2 期。
② 王名扬:《美国行政法(下)》,中国法制出版社 2005 年 5 月版,第 982 页。

被告公开的却是“长平路西延工程”，虽只有两字之差，但内容完全不同。请求依法撤销被告作出的通发改信复〔2013〕14号《政府信息公开申请答复书》并责令重新作出答复。被告南通市发改委辩称：1. 被诉答复适用依据正确、程序合法、内容适当、符合法律规定。被诉答复公开的《市发改委关于长平路西延工程的批复》包括长平路西延工程的道路、桥涵、管线、绿化及附属设施等建设内容，包含了原告陆红霞申请公开的内容。2. 原告及其家人存在明显滥用政府信息公开申请权的行为，违背了《政府信息公开条例》的目的和宗旨，其行为不具有正当性。请求驳回原告的诉讼请求。

南通市港闸区人民法院一审查明，本案原告陆红霞所提出的众多政府信息公开申请具有以下几个明显特征：一是申请次数众多。仅据不完全统计，自2013年开始，原告及其家人向南通市人民政府及其相关部门至少提出94次政府信息公开申请，2014年1月2日当天就向南通市人民政府提出了10次申请。二是家庭成员分别提出相同或类似申请，内容多有重复。如原告与其父亲陆富国、伯母张兰多次分别申请市、区两级人民政府年度财政预算报告、数十次申请城北大道工程相关审批手续，诸如政府公车数量、牌照、品牌，刑事立案，接警处置中使用的电话号码及监控录像，拘留所伙食标准等信息，且有诸多咨询性质的提问，原告对部分信息也明知不属于《条例》规定的政府信息范畴。三是部分申请目的明显不符合《条例》的规定。原告申请政府信息和提起诉讼的目的是为了向政府及其相关部门施加压力，以引起对自身拆迁补偿安置问题的重视和解决①。

讨论问题：陆某是否存在滥用获取政府信息权和滥用诉权行为？

▶【问题提示】> > >

政府信息公开旨在保护公民知情权，公民在行使该项时应当符合立法目的和立法宗旨。《政府信息公开条例》没有对滥用政府信息获取权、滥用诉权行为予以明确规定。如果当事人反复提起相同或类似诉讼请求，人民法院应当对其起诉依法进行严格审查，以判断其是否有滥用诉权行为。本案中，陆某行为构成滥用诉权。

---

① 《中华人民共和国最高人民法院公报》2015年11期（总第229期）。

案例3　陈前生、张荣平与安徽省金寨县人民政府再审案[①]

▶【案件回顾】> > >

在陈前生、张荣平与安徽省金寨县人民政府再审案中，再审申请人陈前生、张荣平因诉安徽省金寨县人民政府（以下简称金寨县政府）房屋征收补偿协议一案，不服安徽省高级人民法院（2016）皖行终233号行政裁定，向最高人民法院申请再审。被告金寨县政府在组织实施金寨县2014年重点民生工程棚户区改造（一期）规划范围内国有土地上房屋征收中，对原告采用欺骗施压方法，于2014年7月23日和原告签订了《房屋征收补偿协议》。协议内容不是原告的真实意思表示，且存在原告部分房屋未得到补偿、房屋评估价格不公平、土地使用权未予补偿、违法先予拆除了原告的房屋等情况。被告的行为违反法律、法规，所签订的协议无效。请求法院判决：1. 撤销2014年7月23日原、被告签订的《房屋征收补偿协议》；2. 要求被告补偿或者恢复原告的房产，承担给原告造成的经济、名誉和精神损失。安徽省六安市中级人民法院一审认为：金寨县国有土地房屋征收补偿办公室（以下简称金寨县征补办）是金寨县政府确定的组织实施房屋征收补偿工作的房屋征收部门，与陈前生、张荣平签订《房屋征收补偿协议》，订立协议的主体合法。陈前生、张荣平诉请撤销该协议，应当依据合同相对性原则，以订立协议的房屋征收部门为被告，故将金寨县政府列为被告系主体错误。据此，依照《最高人民法院关于适用〈中华人民共和国行政诉讼法〉若干问题的解释》第三条第一款第三项之规定，作出（2015）六行初字第00121号行政裁定，驳回陈前生、张荣平的起诉。

陈前生、张荣平不服，提起上诉。安徽省高级人民法院二审查明：2014年6月，金寨县政府为实施该县2014年重点民生工程江店棚户区改造项目（一期），对该项目规划范围内国有土地上的房屋予以征收。2014年7月23日，陈前生、张荣平与金寨县政府确定的负责房屋征收补偿相关具体工作的金寨县征补办签订《房屋征收补偿协议》。2015年10月，陈前生、张荣平以金寨县政府为被告提起行政诉讼，要求撤销《房屋征收补偿协议》。案件审理过程中，一审法院告知陈前生、张荣平，其所诉被告主体不适格，应予变更，但陈前生、张荣平不同

① 案例来源：最高人民法院（2016）最高法行申2719号行政裁定。

意变更。安徽省高级人民法院二审认为：根据《国有土地上房屋征收与补偿条例》第四条第二款、第二十五条的规定，签订《房屋征收补偿协议》的主体，一方为房屋征收部门，另一方为被征收人。因征收补偿协议产生纠纷，被征收人提起诉讼的，应以协议的另一方即房屋征收部门为被告。本案中，房屋征收补偿协议的一方当事人为被征收人陈前生、张荣平，另一方为金寨县政府确定的负责房屋征收补偿相关具体工作的金寨县征补办。被征收人陈前生、张荣平起诉要求撤销《房屋征收补偿协议》，应以该办公室为被告。陈前生、张荣平错列金寨县政府为被告，且在一审法院明确告知后拒绝变更，属于"错列被告且拒绝变更的"情形，故一审法院裁定驳回起诉并无不当。据此作出（2016）皖行终233号行政裁定，驳回上诉，维持一审裁定。陈前生、张荣平在向最高人民法院提出的再审申请中称：1. 依据《国有土地上房屋征收与补偿条例》第四条第一款的规定，金寨县政府为征收补偿责任主体。2. 一、二审法院依据《国有土地上房屋征收与补偿条例》第四条第二款认定本案错列被告，违反该条第一款的规定，更不符合该条例的基本原则。故请求本院撤销一、二审裁定，撤销再审被申请人与再审申请人所签《房屋征收补偿协议》。最高人民法院认为：本案系再审申请人陈前生、张荣平针对其与金寨县征补办签订的《房屋征收补偿协议》提起诉讼。起诉是以金寨县政府为被告。金寨县政府辩称，其不是协议的签订人，不是适格被告。一审法院则认定再审申请人将金寨县政府列为被告系主体错误，并据此裁定驳回起诉。因而，适格被告问题就成为本案的核心争议。本院经审查认为，以金寨县政府为被告提起本案诉讼，确系错列被告。在再审申请人拒绝变更的情况下，一审法院裁定驳回起诉，符合《最高人民法院关于适用〈中华人民共和国行政诉讼法〉若干问题的解释》第三条第一款第三项的规定。

▶【本案争点】>>>

1. 该案件是否属于行政诉讼受案范围？
2. 该案件中被告是否适格？

▶【评析研判】>>>

该案件属于行政诉讼受案范围。主要理由如下：

（一）行政协议的界定

行政协议是指行政机关为实现行政管理目标，依法履行行政职责，而与行政相对人协商一致达成的协议。《最高人民法院关于适用〈中华人民共和国行政诉讼法〉若干问题的解释》第十一条规定:"行政机关为实现公共利益或者行政管理目标,在法定职责范围内,与公民、法人或者其他组织协商订立的具有行政法上权利义务内容的协议,属于行政诉讼法第十二条第一款第十一项规定的行政协议。公民、法人或者其他组织就下列行政协议提起行政诉讼的,人民法院应当依法受理:(一)政府特许经营协议;(二)土地、房屋等征收征用补偿协议;(三)其他行政协议。"

行政协议与传统的单方行政行为不同,属于双方行政行为。传统的单方行政行为以命令、强制等方式为主要特征,而行政协议则体现了双方的合意性。行政协议的方式可以有效弥补传统行政管理方式的不足,用协议的方式明确双方当事人的权利义务,更利于行政相对人主动接受和履行。行政协议与民事合同在行为主体、行政行为目标等多方面具有差异。行政协议与民事合同相比,具有以下特征:(1)从缔约主体看,行政协议中一方主体恒定为行政主体。(2)行政协议的目的旨在实现公共利益。(3)行政主体享有行政优益权。行政协议包括协议的签订、履行、变更、解除等一系列行为。在行政协议中,行政主体具有一定的优益性。

(二)相关法律规定

1989年《行政诉讼法》对行政协议没有规定,实践中各地法院做法不一。有的按照民事案件受理,有的按照行政案件受理,这种实践中的矛盾和冲突造成审理依据、适用规则、审判结果不一致,有损法制统一,不利于实现同案同判。因此,《行政诉讼法》在修法时将行政协议纳入行政诉讼受案范围。《行政诉讼法》第十二条规定,"人民法院受理公民、法人或者其他组织提起的下列诉讼:……(十一)认为行政机关不依法履行、未按照约定履行或者违法变更、解除政府特许经营协议、土地房屋征收补偿协议等协议的;……"从法条来分析,除了政府特许经营协议、土地房屋征收补偿协议之外,还有其他行政类型的行政协议。主要包括以下几种:国有土地使用权出让合同;国有资产承包经营、出售、租赁合同;特定范围内的政府采购合同;公共工程合同;矿产资源使用权出让合同;等等[①]。

(三)该案属于行政协议之诉

该案件属于行政协议之诉。尽管行政协议具有公法上的权利和义务关系,

① 梁凤云:《行政协议案件的审理和判决规则》,《国家检察官学院学报》2015年第4期。

其仍然属于合同，基于双方意思一致而产生，双方当事人地位平等。合同具有相对性，合同权利义务只能约束合同当事人，在特定的合同当事人之间发生法律效力。换言之，合同一方当事人基于合同向合同相对方提出请求，而不能向合同相对方以外的其他主体主张。本案中，与再审申请人签订房屋征收补偿协议的是金寨县征补办。因此，再审申请人针对补偿协议提起诉讼只能以协议的相对方金寨县征补办作为被告，而不能以金寨县政府作为被告，否则将违反合同的相对性原则。

此外，从传统的行政诉讼当事人的角度加以分析，金寨县征补办在本案中是适格被告。在行政诉讼中，被告应当是依法成立的、具有行政主体资格的机构。

一般遵循"谁行为，谁被告"，且被告需能够独立承担责任。《国有土地上房屋征收与补偿条例》第四条第二款规定："市、县级人民政府确定的房屋征收部门（以下称房屋征收部门）组织实施本行政区域的房屋征收与补偿工作。"由此可见，房屋征收部门在房屋征收与补偿工作中具有独立的行政主体资格。《国有土地上房屋征收与补偿条例》第十二条第二款规定："作出房屋征收决定前，征收补偿费用应当足额到位、专户存储、专款专用。"金寨县征补办有能力、有资金履行协议所约定的给付义务，也能够独立承担相应的法律责任。因此，金寨县征补办应当为适格的被告。在行政诉讼中，原告起诉的被告不适格，法院应当告知原告变更被告；原告不同意变更的，法院将裁定驳回起诉。综上，陈前生、张荣平提出的再审申请理由不能成立，其再审申请不符合《行政诉讼法》第九十一条规定的情形，法院不予支持。依照《行政诉讼法》第一百零一条、《民事诉讼法》第二百零四条第一款之规定，裁定如下：驳回再审申请人陈前生、张荣平的再审申请。

▶【拓展训练】> > >

原告马争茹与第三人杜玉强系祖母与孙子的关系。原告之子是杜秋海，杜秋海有两个儿子为杜玉强、杜玉双。原告之夫即第三人杜玉强祖父于 1962 年去世。杜秋海于 2015 年初去世。涉案宅基地为祖传旧宅基。第三人提交的证据 1、2 表明，1984 年至 1987 年，该宅基地以杜秋海为使用权人与邻居杜耀华、刘保成发生宅基纠纷，先后以司法裁判和调解协议方式得以解决。1988 年定州市进行宅基清理登记，涉案宅基地以原告马争茹为户主进行登记。1988 年 3 月 30 日填写的 356 号宅基地清理登记表载明：户主姓名马争茹，人口 4 人。东边长 12.21 米，西边长 19.98 米，北边长 9.32 米，南边长 8.40 米，面积 288.6 平方米。东至杜玉双，西至道，南至刘，北至张秀英。2013 年定州市启动的古城恢复改造工程，将涉案宅基地纳入征收范围之内。2013 年 11 月 14 日，定州市北城区办事处作为征收补偿单位与杜玉强、杜栋（杜玉双之子）作为涉案宅基地的房屋所有权人分别签订征收补偿协议。在与第三人杜玉强签订的第 JYA108 号补偿安置协议书中，对杜玉强予以 187.55 平方米安置用房产权调换补偿安置。安置房屋位于君悦华府二期，交房时间为 2016 年 5 月 14 日。同时补偿第三人搬迁补助费、临时安置补助费、奖励资金共计 28611.5 元。对杜栋的补偿安置同第三人杜玉强一致。上述协议签订时，原告马争茹正在外地女儿家居住。目前，涉案宅基地及房屋已被征收拆迁。原审法院经审理认为，宅基地登记是政府对权利人合法使用土地的确认。虽然原告之子即被告之父杜秋海以土地房屋权利人的身份进行过诉讼，但是定州市人民政府 1988 年 3 月 30 日对以原告为户主姓名进行的宅基地清理登记具有最终的法律效力。原告马争茹享有登记土地、房屋的相关权利。定州市北城区办事处作为征收补偿安置部门，应当对被征收土地房屋的产权进行审查、确认，再进行补偿安置①。

讨论问题：该案是否应当提起行政诉讼？

▶【问题提示】> > >

该案涉及土地、房屋等征收征用补偿协议。被告定州市北城区办事处对本案中被征收土地、房屋产权没有进行基本调查核实，因此应当提起行政诉讼。

案例 4　李国飞等六人诉浙江省宁波市镇海区农业局农业行政检查案②

▶【案件回顾】> > >

李国飞等六人诉浙江省宁波市镇海区农业局农业行政检查案③中，原告李国飞、王雪江、俞国君、徐行达、王梦君、王文均六人系畜禽专业户，2008 年 4 月

① 保定市（2015）保行终字第 204 号，中国裁判文书网。
② 案例来源：浙江省宁波市镇海区人民法院（2010）甬镇行初字第 9 号行政判决。
③ 浙江省宁波市镇海区人民法院（2010）甬镇行初字第 9 号行政判决。

17日至同年7月6日期间,原告李国飞等向第三人胡昌兆购买玉米粉等饲料,用以喂养猪等畜禽,不久,食用了该批饲料的畜禽大批死亡。原告李国飞等向被告宁波市镇海区农业局进行投诉,要求被告宁波市镇海区农业局对其饲养的畜禽大批死亡的事故进行调查处理。2008年7月30日,被告宁波市镇海区农业局向原告李国飞等通报以下事故调查结论:原告李国飞等饲养的畜禽死亡属于正常死亡,可能由气候、环境等原因造成,具体死亡原因不明,无法认定该次事故系因原告李国飞等从第三人胡昌兆处购买的饲料劣质所致。

原告李国飞等六人诉称,六名原告系养猪专业户,2008年4月17日至同年7月6日,六名原告向第三人胡昌兆购买玉米粉等饲料,用以喂养猪、牛等畜禽。不久,食用了该批饲料的畜禽突然大批死亡,给六名原告造成巨大经济损失。2008年7月30日,被告宁波市镇海区农业局作出的事故调查结论通报认为无法确定畜禽死亡为饲料劣质造成的。经原告了解,被告作出的调查结论并不属实,具体行政行为认定事实不清、证据不足,依法应予撤销,被告应对第三人胡昌兆经营劣质饲料的行为进行查处。

被告宁波市镇海区农业局辩称,被告受理原告的上访后,由区兽医站、农业执法大队等相关人员,对涉及本案相关的人员、第三人进货渠道进行了调查和检查,并委托市有关部门对生猪死亡原因作了科学检验,认定该批畜禽死亡为正常死亡,无法核实该批次事故是第三人胡昌兆销售的饲料有质量问题造成的。综上所述,被告于2008年7月30日向李国飞等作出事故调查结果通报证据充分真实,应予维持。

第三人胡昌兆述称,第三人出售的饲料质量合格,价格合理,原告认为是发霉变质的饲料缺乏事实根据。被告所做的工作积极到位、调查细致深入,结果通报句句属实。

浙江省宁波市镇海区人民法院经审理认为:行政机关作出的具体行政行为必须以事实为依据。本案中,由于被告在作出被诉具体行政行为时认定的事实缺乏相应的证据,且2008年7月31日下午作出的调查取证和其他事后补正也依法不能作为被诉具体行政行为作出时的依据,为此,被告所作的被诉具体行政行为认定的事实缺乏主要证据,应予撤销。根据国务院《饲料和饲料添加剂管理条例》的规定,被告有依法查处"经营的饲料、饲料添加剂失败、霉变或者超过保质期的"职权。据此判决撤销被告宁波市镇海区农业局于2008年7月30日作出的调查结果通报,并责令被告宁波市镇海区农业局于本判决生效之日起三十日对第三人胡昌兆在2008年4月至同年6月期间是否经营发霉变质玉米饲料进行调查处理。

▶【本案争点】>>>

被告浙江省宁波市镇海区农业局所作出的事故调查结果通报是否具有可诉性?

▶【评析研判】>>>

《行政诉讼法》第二条规定:“公民、法人或者其他组织认为行政机关和行政机关工作人员的行政行为侵犯其合法权益,有权依照本法向人民法院提起诉讼。前款所称行政行为,包括法律、法规、规章授权的组织作出的行政行为。”“行政行为”成为界定受案范围的基本概念。2014年《行政诉讼法》修改时将“具体”两个字删除,但是并不意味着抽象行政行为纳入了受案范围。实践中,具体行政行为依然作为判断行政诉讼受案范围的基本标准。具体行政行为是指具有行政权能的组织运用行政权,针对特定相对人设定、变更或消灭权利义务所作的单方行政行为,具有以下四个要件:行政权能的存在;行政权的实际运用;法律效果的存在;表示行为的存在。①

在本案中,事故调查结论是否具有可诉性有两种不同观点。第一种观点为,该调查结论仅为行政机关对于事实的认定,对于当事人无强制约束力,只是作为有关机关处理相关案件的依据。该调查结论对原告的权利义务并不产生实际影响,不具有可诉性。第二种观点认为,事故调查结果是否可诉不能简单地加以认定,应当结合案件具体分析。本案中原告饲养的畜禽出现大量死亡的事故,因此要求被告调查该事故是否系第三人销售劣质饲料引起。被告宁波市镇海区农业局作为饲料管理部门具有依法查处“经营饲料、饲料添加剂失败、霉变或者超过保质期的”法定职责。该行政机关在接到举报后,没有履行查处劣质饲料的法定职责,构成行政不作为。行政机关的不作为对当事人的权利义务有可能产生影响。综上所述,被告所作的该调查结果通报与原告具有法律上的利害关系,影响到相对人的权利义务,因此该行为具有可诉性。

我们认为,本案中,被告的行为属于行政确认行为。所谓“行政确认”是指

① 姜明安:《行政法与行政诉讼法(第五版)》,北京大学出版社、高等教育出版社2011年版,第191—196页。

行政主体依法对行政相对人的法律地位、法律关系或者有关法律事实进行甄别，给予确定、认可、证明（或者否定）并予以宣告的具体行政行为。有些行政确认行为属于技术鉴定，其本身并不直接规定行政相对人的权利义务，但是，鉴定的结论的确是决定行政相对人权利义务的先决条件[①]。本案中，被告的调查结论认定第三人胡昌兆生产销售饲料与畜禽死亡之间没有因果关系，也就意味着原告无法向第三人胡昌兆要求赔偿，进而对原告的权利义务关系产生影响。综上所述，宁波市镇海区农业局在作出行政行为时证据不足。依据《行政诉讼法》的相关规定，法院应当受理该案件。

▶【拓展训练】> > >

2015 年 5 月 8 日，威海市政府作出《关于“5·11”电梯碰撞一般事故调查报告的批复》（威政字〔2015〕26 号）。第一，同意事故调查报告对事故原因的分析、事故性质的认定及事故预防和整改措施。第二，同意事故调查报告对事故责任的认定及对事故责任单位、责任人员的处理建议。你局要按照有关规定，依法实施行政处罚。第三，威海市质量技术监督局（以下简称威海市质监局）要督促有关单位认真吸取事故教训，按照“安全第一、预防为主、综合治理”的方针，进一步加强安全生产监管，严防类似事故发生。原告迅达电梯公司诉称，被诉行政批复行为属于行政诉讼受案范围。《山东省威海市“5·11”电梯碰撞一般事故调查报告》（以下简称《事故调查报告》）认定原告对事故的发生负主要责任，被告作出批复同意事故责任的认定，并要求威海市质监局依法实施行政处罚，该批复内容直接影响并损害原告的合法权益。根据《行政诉讼法》第十二条、国法秘函〔2015〕314 号《关于特种设备安全事故调查有关事项适用法律问题的复函》及相关规定，被诉行政批复行为属于行政诉讼受案范围。被告威海市政府答辩称，原告与被告作出的批复之间没有直接的利害关系，被诉行政批复行为不属于行政诉讼受案范围。被告作出的批复系根据威海市质监局的请示作出，批复的发文对象为威海市质监局，批复内容是对威海市质监局作出的事故调查报告的一种内部审批，且该批复未直接送达原告，未产生对外的法律效果，对原告的权利义务未产生直接的实质影响[②]。

---

① 姜明安：《行政法与行政诉讼法（第五版）》，北京大学出版社、高等教育出版社 2011 年版，第 249 页。

② 山东省（2016）鲁行终 1575 号，中国裁判文书网。

讨论问题：该批复是否可诉？

▶【问题提示】> > >

威海市政府作出的批复作为行政机关进行处罚的依据，并向原告送达。该批复对原告的实体权益造成影响，因此，被诉行政批复行为属于行政诉讼受案范围。

案例5　戴世华诉济南市公安消防支队消防验收纠纷案[①]

▶【案件回顾】> > >

在戴世华诉济南市公安消防支队消防验收纠纷案[②]中，原告戴世华诉称：原告所住单元一梯四户，其居住的801室坐东朝西，进户门朝外开启。距离原告门口0.35米处的南墙挂有高1.6米、宽0.7米、厚0.25米的消火栓。人员入室需后退避让，等门扇开启后再前行入室。原告的门扇开不到60度至70度根本出不来。消防栓的设置和建设影响原告的生活。请求依法撤销被告济南市公安消防支队批准在其门前设置的消防栓通过验收的决定；依法判令被告责令报批单位依据国家标准限期整改。被告济南市公安消防支队辩称：建设工程消防验收备案结果通知是按照建设工程消防验收评定标准完成工程检查，是检查记录的体现。如果备案结果合格，则表明建设工程是符合相关消防技术规范的；如果不合格，公安机关消防机构将依法采取措施，要求建设单位整改有关问题。由于其性质属于技术性验收，而并不是一项独立、完整的具体行政行为，不具有可诉性，不属于人民法院行政诉讼的受案范围，请求驳回原告的起诉。法院经审理查明：针对戴世华居住的馆驿街以南棚户区改造工程1—8号楼及地下车库工程，济南市公安消防支队对其消防设施抽查后，于2011年11月21日作出济公消验备〔2011〕第0172号《建设工程消防验收备案结果通知》。济南高新技术产业开发区人民法院于2012年11月13日作出（2012）高行初字第2号行政裁定，驳回原告戴世华的起诉。戴世华不服一审裁定提起上诉。济南市中级人民法院经审理，于2013年1月17日作出（2012）济行终字第223号行政裁定：

① 案例来源：山东省济南市中级人民法院（2012）济行终字第223号行政裁定，最高人民法院指导案例第12批，司法案例研究网。

② 山东省济南市中级人民法院（2012）济行终字第223号行政裁定，最高人民法院指导案例第12批，司法案例研究网。

一、撤销济南高新技术产业开发区人民法院作出的(2012)高行初字第2号行政裁定;二、本案由济南高新技术产业开发区人民法院继续审理。

法院生效裁判认为:《中华人民共和国消防法》(以下简称《消防法》)第四条第一款中规定:“县级以上地方人民政府公安机关对本行政区域内的消防工作实施监督管理,并由本级人民政府公安机关消防机构负责实施。”《建设工程消防监督管理规定》第三条第二款规定:“公安机关消防机构依法实施建设工程消防设计审核、消防验收和备案、抽查,对建设工程进行消防监督。”第二十四条第一款规定:“对本规定第十三条、第十四条规定以外的建设工程,建设单位应当在取得施工许可、工程竣工验收合格之日起七日内,通过省级公安机关消防机构网站进行消防设计、竣工验收消防备案,或者到公安机关消防机构业务受理场所进行消防设计、竣工验收消防备案。”上述规定表明,建设工程消防验收备案就是特定的建设工程施工人向公安机关消防机构报告工程完成验收情况,消防机构予以登记备案,以供消防机构检查和监督,备案行为是公安机关消防机构对建设工程实施消防监督和管理的行为。消防机构实施的建设工程消防备案、抽查的行为具有行使行政职权的性质,体现出国家意志性、法律性、公益性、专属性和强制性,备案结果通知是备案行为的组成部分,是备案行为结果的具体表现形式,也具有上述行政职权的特性,应该纳入司法审查的范围。关于行为的后果,《消防法》第十三条规定,“按照国家工程建设消防技术标准需要进行消防设计的建设工程竣工,依照下列规定进行消防验收、备案:……(二)其他建设工程,建设单位在验收后应当报公安机关消防机构备案,公安机关消防机构应当进行抽查。依法应当进行消防验收的建设工程,未经消防验收或者消防验收不合格的,禁止投入使用;其他建设工程经依法抽查不合格的,应当停止使用”。《建设工程消防监督管理规定》第二十五条第二款规定:“公安机关消防机构应当在已经备案的消防设计、竣工验收工程中,随机确定检查对象并向社会公告。对确定为检查对象的,公安机关消防机构应当在二十日内按照消防法规和国家工程建设消防技术标准完成图纸检查,或者按照建设工程消防验收评定标准完成工程检查,制作检查记录。检查结果应当向社会公告,检查不合格的,还应当书面通知建设单位。建设单位收到通知后,应当停止施工或者停止使用,组织整改后向公安机关消防机构申请复查。公安机关消防机构应当在收到书面申请之日起二十日内进行复查并出具书面复查意见。”上述规定表明,在竣工验收备案行为中,公安机关消防机构并非仅仅是简单地接受建设单位向其报送的相关资料，还要对备案资料进行审查，完成工程检查。消防机构实施的建设工程消防备案、抽查的行为能产生行政法上的拘束力。对建设单位而言，在工程竣工验收后应当到公安机关消防机构进行验收备案，否则，应当承担相应的行政责任，消防设施经依法抽查不合格的，应当停止使用，并组织整改；对公安机关消防机构而言，备案结果中有抽查是否合格的评定，实质上是一种行政确认行为，即公安机关消防机构对行政相对人的法律事实、法律关系予以认定、确认的行政行为，一旦消防设施被消防机构评定为合格，那就视为消防机构在事实上确认了消防工程质量合格，行政相关人也将受到该行为的拘束。

据此，法院认为作出建设工程消防验收备案通知，是对建设工程消防设施质量监督管理的最后环节，备案结果通知含有消防竣工验收是否合格的评定，具有行政确认的性质，是公安机关消防机构作出的具体行政行为。备案手续的完成能产生行政法上的拘束力。故备案行为是可诉的行政行为，人民法院可以对其进行司法审查。原审裁定认为建设工程消防验收备案结果通知性质属于技术性验收通知，不是具体行政行为，并据此驳回上诉人戴世华的起诉，确有不当。

▶【本案争点】> > >

建设工程消防验收备案结果是否具有可诉性？

▶【评析研判】> > >

首先，从行为主体分析建设工程消防验收备案结果的行为性质。依据《消防法》等法律规定，公安机关对本行政区域内的消防工作实施监督管理，并由本级人民政府公安机关消防机构负责实施。公安机关消防机构依法实施建设工程消防设计审核、消防验收和备案、抽查，对建设工程进行消防监督。建设工程消防验收备案由建设工程施工方向公安机关消防机构报告工程的完成验收情况，消防机构予以登记备案。从行为主体看，消防机构对建设工程进行备案属于行政主体行使行政职权的行为。

其次，从行为内容分析建设工程消防验收备案结果的行为性质。建设工程消防验收备案通知，是对建设工程消防设施进行质量监督的重要环节。该验收备案属于行政确认行为。建设工程消防验收备案直接关系到该工程能否顺利竣工。如果消防设施经验收不合格的，应当停止使用，并组织整改。综上，公安机关消防机构的验收备案实际上属于行政确认行为。该确认行为不仅在事实上对消防工程质量予以评价、认可，同时，也会影响到其他公民、法人或者组织的合法权益。依据《行政诉讼法》的相关规定，建设工程消防验收备案结果具有可诉性，属于人民法院行政诉讼的受案范围。

▶【拓展训练】> > >

原告高继祥诉称，哈尔滨市驾友交通事故鉴定中心于 2015 年 4 月 29 日作出的驾友司法鉴定中心〔2015〕鉴字第 766-1 号交通事故车辆安全技术司法鉴定意见书，鉴定意见为原告轿车制动系行车制动不合格，现原告认为被告对其车辆的安全技术司法鉴定违法，向法院提起行政诉讼，请求确认哈尔滨市驾友交通事故鉴定中心作出的驾友司法鉴定中心〔2015〕鉴字第 766-1 号交通事故车辆安全技术司法鉴定意见书违法[①]。

讨论问题：该案件是否可诉？

▶【问题提示】> > >

哈尔滨市驾友交通事故鉴定中心不具有行政主体资格，不是行政诉讼适格被告。

---

① 黑龙江（2016）黑 0103 行初 2 号，中国裁判文书网。

CHAPTER 2

第二章

行政诉讼参加人

案例6　张玉荣等诉密云县政府案[①]

▶【案件回顾】> > >

密云县×镇×巷×号院原有北房六间，南房六间。1991 年，侯××和其妻张玉荣共同对北房六间进行翻建。2012 年 8 月 20 日，侯××、张玉荣与两个儿子侯清扬、侯清林四人在北京市渔阳公证处共同作了房产分割协议书，协议约定：一、坐落于密云县×镇×巷×号北正房六间东数第 1—2 间归侯××、张玉荣夫妇所有，东数第 3—4 间归侯清扬所有，东数第 5—6 间归侯清林所有。二、院落共用。三、本协议经立协议人签字后生效。2013 年 5 月 6 日，密云县人民政府作出密政房征字（2013）1 号《房屋征收决定》（以下简称“被诉征收决定”），主要内容为：为进行密云县第二中学校园改造一期工程项目建设，根据《国有土地上房屋征收与补偿条例》（以下简称《征补条例》）之规定，经密云县政府研究决定，对东至密云县中医院，南至康复路，西至现第二中学东侧操场围栏，北至规划路中心线范围内的房屋及其附属物实施征收，国有土地使用权同时收回。

原告张玉荣、侯清扬、侯清林认为，侯××、张玉荣、侯清扬、侯清林四人应为×巷×号房屋的所有权人。2013 年 5 月 6 日，被告在明知密云县×镇×巷×号房屋所有权人为侯××和三位原告的情况下，对侯××作出了被诉征收决定。同年 10 月 11 日，被告作出密政房补决（2013）1 号《密云县人民政府关于房屋征收补偿决定》（以下简称“补偿决定”）。但三原告对被告所作出的上述两个决定并不知晓，直至 2014 年 5 月密云县人民法院通知执行时才得知。被告的行政决定违反法律规定，严重侵害了原告的合法权益。因此请求法院撤销被诉征收决定。

---

① 案例来源：北京市高级人民法院（2015）高行终字第 400 号行政裁定。

本案一审认定原告不具备提起本案诉讼的原告主体资格，裁定驳回原告起诉；二审裁定驳回上诉，维持一审裁定；原告申请再审，最高人民法院裁定驳回再审申请。

▶【本案争点】> > >

本案原告张玉荣、侯清扬、侯清林是否具有原告主体资格？

▶【评析研判】> > >

公民、法人或者其他组织向人民法院提起行政诉讼，应当与被诉的具体行政行为具有法律上的利害关系。《征补条例》第二条规定："为了公共利益的需要，征收国有土地上单位、个人的房屋，应当对被征收房屋所有权人（以下称被征收人）给予公平补偿。"根据上述规定，被征收人应当是被征收房屋的所有权人。但本案中，被征收的密云县×镇×巷×号院房屋未办理房屋所有权证，鉴于此，《密云县第二中学校园改造一期工程项目房屋征收补偿安置方案》载明："被征收人是指房屋所有权证、建房批示及原产权单位出具的证明所载明的所有权人。"根据《个人占地建设申请表》和《个人占地建设审批表》的记载，被征收房屋的建房申请人为侯××，并非本案三原告，因此，本案被征收人应为侯××。虽然侯××、张玉荣与侯清扬、侯清林就密云县×镇×巷×号院北正房六间达成了分割协议，但上述房产分割协议达成后，并未进行房产变更登记，因此，房产分割协议对房屋所有权的设立和变更，对外并未发生法律效力。张玉荣、侯清扬、侯清林并非被征收房屋的所有权人和建房申请人，与被诉征收决定无法律上的利害关系，不具备提起本案诉讼的原告主体资格，其起诉应予驳回。

▶【拓展训练】> > >

徐庆发在桓仁镇朝阳街 6 组 17 号有砖木结构住宅房屋一处，建筑面积 72 平方米。2010 年桓仁满族自治县人民政府（以下简称桓仁县政府）开展旧城区改造工作。2010 年 4 月 2 日，桓仁满族自治县发展和改革局（以下简称桓仁县发改局）作出桓改发（2010）37 号《关于国有资产经营有限公司旧城改造项目立项的批复》（以下简称 37 号立项批复），同意桓仁满族自治县国有资产经营有限公司（以下简称县国资公司）报请对旧城改造项目的立项。2010 年 4 月 5 日，桓仁县政府作出桓政发（2010）19 号《关于依法收回原中药厂地段国有建设用地使用权的决定》（以下简称19号收地决定），将原中药厂地段49748平方米的国有建设用地使用权收回，交给县国资公司，县国资公司做好地上附着物等国有资产的处置工作，并依法妥善做好该地段63户居民的补偿安置工作，完成净地出让工作。2010年5月18日，桓仁县城建局为县国资公司颁发桓房拆许字（2010）第003号《房屋拆迁许可证》（以下简称3号拆迁许可证）。徐庆发的房屋在拆迁区域内。徐庆发与县国资公司经多次协商未能达成拆迁安置补偿协议。2011年1月18日，桓仁县城建局作出桓城裁字（2011）1号《拆迁裁决书》（以下简称1号拆迁裁决）。徐庆发不服1号拆迁裁决，提起行政诉讼。桓仁满族自治县人民法院作出（2011）桓行初字第23号行政判决，驳回徐庆发要求撤销1号拆迁裁决的诉讼请求。徐庆发上诉，本溪市中级人民法院于2011年7月13日作出（2011）本行终字第25号行政判决，驳回上诉，维持原判。2011年7月27日，桓仁满族自治县人民法院作出（2011）桓行执字第62号行政裁定，准予对徐庆发的房屋强制执行。2015年6月26日，徐庆发提起本案诉讼，请求确认桓仁县城建局颁发3号拆迁许可证行为违法，确认颁证行为所依据的桓仁县政府19号收地决定和桓仁县发改局37号立项批复违法，赔偿损失并解决相关民事争议。本溪市中级人民法院（2015）本行初字第39号行政裁定认为，《房屋拆迁许可证》是房屋拆迁管理部门颁发给拆迁人的允许其实施拆迁活动的许可证，即该许可证表现的法律关系是桓仁县城建局与县国资公司之间的行政许可关系，而徐庆发作为拆迁区域的房屋所有人，与该行政许可之间无法律上的利害关系。实际影响徐庆发权益的是拆迁裁决，而裁决已经诉讼，因此徐庆发无原告资格。另徐庆发在拆迁裁决案中即已提供《房屋拆迁许可证》，知悉内容，直到2015年6月26日才提起本案行政诉讼，早已超过二年起诉期限。依照《最高人民法院关于适用〈中华人民共和国行政诉讼法〉若干问题的解释》第三条第（一）、（二）项规定，裁定驳回徐庆发的起诉。徐庆发不服一审裁定，提起上诉。辽宁省高级人民法院（2015）辽行终字第358号行政裁定认为，徐庆发起诉拆迁裁决的案件，已经审理终结，判决已经发生法律效力，徐庆发的房屋已经强拆。在这种情况下，徐庆发与拆迁许可已经没有利害关系。徐庆发在起诉拆迁裁决的案件中即已知道拆迁许可行为，2015年6月26日提起诉讼，已超过法定的起诉期限，一审裁定驳回起诉正确。徐庆发一审诉讼还请求确认桓仁县政府19号收地决定违法、桓仁县发改局37号立项批复违法。依据《行政诉讼法》第五十三条规定，审查规范性文件的前提是原告提起的诉讼进入了实体审查，而且请求审查的应当是规范性文件。由于徐庆发的起诉被裁定驳回,没有进行实体审理。因此,不可能脱离本诉,单独对规范性文件进行审查。另外,根据徐庆发提供的材料,其要求审查的两份文件也不属于规范性文件的范围,一审未将桓仁县政府、桓仁县发改局列为被告,并不违反法律规定。依据《行政诉讼法》第八十九条第一款第(一)项之规定,裁定驳回上诉,维持一审裁定。徐庆发申请再审称:1. 一、二审裁定适用法律错误。房屋拆迁管理部门颁发给拆迁人的允许其实施拆迁活动的许可证,与房屋所有人有法律上的利害关系,徐庆发符合起诉条件。徐庆发从2010年10月18日第一次起诉,一直在起诉、上诉、申请再审,诉讼时效未曾中断。根据《行政诉讼法》第四十六条关于不动产案件应当适用二十年起诉期限的规定,本案不应适用二年的起诉期限。2. 一审违反法定程序。徐庆发在起诉状上列了三个被告,一审刻意遗漏案件当事人,遗漏审查37号立项批复、19号收地决定两个规范性文件的诉讼请求。一审违反法定质证程序,没有开庭审理即径行裁定驳回起诉。请求撤销一、二审裁定,依法改判或发回重审,支持徐庆发一、二审的诉讼请求。最高人民法院经审查认为,关于原告资格问题,《行政诉讼法》第二十五条规定,与被诉行政行为有利害关系的公民、法人或者其他组织,是行政诉讼的适格原告。行政机关颁发拆迁许可证,同意对拆迁范围内的房屋实施拆迁,直接影响拆迁范围内房屋所有人的合法权益。因此,通常情况下,房屋所有人与拆迁许可行为具有法律上的利害关系,属于适格原告。本案中,徐庆发作为被拆迁人,拆迁许可将直接影响其房屋所有权和使用权,徐庆发原本与被诉3号拆迁许可行为具有利害关系,属于适格原告。但是,在本案起诉之前,徐庆发已对1号拆迁裁决提起了行政诉讼,经两级法院判决,驳回徐庆发的诉讼请求,对徐庆发的补偿安置裁决已经生效,原属其所有的房屋权属自此转移给拆迁人,徐庆发与拆迁许可行为不再具有利害关系。故一、二审以徐庆发不具有本案原告主体资格为由,裁定驳回其起诉,并无不当①。

讨论问题:如何判断与行政行为有法律上的利害关系?

▶【问题提示】> > >

利害关系包含对所涉利害的权衡:既要应当考虑通过诉讼保护当事人权利的需要,也要考虑行政秩序的安定性、连续性不被过分打扰。一般而言,法律上

① (2016)最高法行申1299号,中国裁判文书网,访问日期2017年2月1日。

的利害关系是指对特定人所产生的特别的利害关系。法律上的利害关系要求相关利益是现实的或者伸手可得的,而不纯粹是一种期待的、虚无缥缈的利益[①]。具体到拆迁领域,房屋所有人与拆迁许可行为具有法律上的利害关系,属于适格原告。本案中,徐庆发作为被拆迁人,拆迁许可将直接影响其房屋所有权和使用权,徐庆发原本与被诉3号拆迁许可行为具有利害关系,属于适格原告。但是,在本案起诉之前,对徐庆发的补偿安置裁决已经生效,原房屋权属已经转移给拆迁人,徐庆发与拆迁许可行为不再具有利害关系。

案例7　张丽梅诉泗阳县政府案[②]

▶【案件回顾】> > >

原告张丽梅是泗阳县某幼儿园的创建人,租用了泗阳县众兴镇红光四组部分房屋开办众兴镇爱心幼儿园,并于2009年增建了约12间房屋,2013年3月当地开始实施房屋征收,上述房屋均在"瑞禾阳光城C区"房屋征收范围内。原告于2013年9月3日以邮寄方式向被告申请公开泗阳县众兴镇"瑞禾阳光城"项目征收决定、征收补偿方案(含征求意见公告)、公开选择房地产评估机构的材料、社会稳定风险评估报告、资金证明文件、征收或者征用土地房屋拆迁补偿补助费用的发放使用情况等信息材料。2013年9月27日,被告作出泗公开复(2013)第2号《政府信息公开答复书》,载明:"……你申请公开泗阳县众兴镇'瑞禾阳光城'项目的征收决定、征收补偿方案、公开选择房地产评估机构、社会稳定风险评估报告、资金证明文件、征收或者征用土地、房屋拆迁及其补偿补助费用的发放和使用情况的申请表已收悉。根据《政府信息公开条例》第二十一条第一款第(一)项的规定,已将你的申请转交泗阳县国有土地上房屋征收补偿办公室,涉及征收或者征用土地情况已转交泗阳县国土资源局,由上述两个单位按照你申请的方式予以公开。"2013年9月30日,被告将该答复书以特快专递方式寄给原告。原告向法院提起行政诉讼,请求法院判决确认被告未公开"瑞禾阳光城"项目征收决定等6项信息的不作为行为违法,并责令被告向原告公开上述6项信息。

---

① 何海波:《行政诉讼法》,法律出版社2011年版,第196—197页。
② 案例来源:江苏省宿迁市中级人民法院(2014)宿中行初字第0001号行政判决。

立案后，被告得知原告没有收到相关信息，于 2013 年 12 月 27 日（本案立案后第二天）安排该县法制办工作人员将“瑞禾阳光城 C 区”项目房屋征收决定公告、房屋征收补偿方案、公开选择评估机构材料、社会稳定风险评估报告、资金证明文件、房屋征收及补偿补助费用的发放、使用情况（红光四组）等材料送达原告张丽梅及其委托代理人任海峰。之后，被告又于 2014 年 3 月 5 日将“瑞禾阳光城 C 区”项目房屋征收补偿方案征求意见公告送达给原告。

庭审中，原告将本案诉讼请求变更为：1. 撤销泗公开复（2013）2 号《政府信息公开答复书》；2. 确认被告公开“瑞禾阳光城”征收补偿方案、公开选择房地产评估机构的材料、社会稳定风险评估报告、资金证明文件信息答复行为违法；3. 确认被告未依法公开“瑞禾阳光城”项目征收决定、房屋征收补偿方案征求意见公告、征收或者征用土地房屋拆迁补偿补助费用的发放使用情况信息行为违法；4. 判令被告继续履行公开“瑞禾阳光城”项目征收决定、房屋征收补偿方案征求意见公告、征收或者征用土地房屋拆迁补偿补助费用的发放使用情况信息。被告当庭表示同意原告变更诉讼请求。

被告泗阳县政府辩称，因公共利益需要，该县于 2013 年启动了“瑞禾阳光城 C 区”征收项目，并公告了房屋征收决定和征收补偿方案。5 月 31 日，征收实施单位与泗阳县众兴镇红光四组签订了《房屋征收补偿协议》。原告系红光四组部分房屋的承租人，并非被征收房屋的所有权人，其与房屋征收行为之间不存在利害关系，故其不具备本案的原告主体资格。被告 2013 年 9 月 16 日收到原告的信息公开申请后，于 2013 年 9 月 27 日向原告送达了《政府信息公开答复书》，告知原告其所申请的信息公开由泗阳县国土资源局（以下称泗阳国土局）和泗阳县国有土地上房屋征收办公室（以下称泗阳征收办）负责给予答复。后被告得知原告未获取有关信息，即于 2013 年 12 月 27 日安排法制办工作人员将原告申请公开的 6 项信息材料送达给原告及其代理人，故被告已经履行了信息公开义务，请求驳回原告的诉讼请求。

▶【本案争点】＞＞＞

张丽梅是否具有提起本案行政诉讼的原告主体资格？

▶【评析研判】＞＞＞

《最高人民法院关于审理政府信息公开行政案件若干问题的规定》第三条

规定:"公民、法人或者其他组织认为行政机关不依法履行主动公开政府信息义务,直接向人民法院提起诉讼的,应当告知其先向行政机关申请获取相关政府信息。对行政机关的答复或者逾期不予答复不服的,可以向人民法院提起诉讼。"本案中,张丽梅虽是承租红光四组的房屋开办幼儿园,但因该幼儿园在房屋征收范围之内,政府征收行为直接影响了张丽梅幼儿园的相关经营活动,张丽梅作为承租人有申请公开相关房屋征收信息的权利,其对被告作出的政府信息公开答复行为不服,依法有权提起诉讼。根据国务院《国有土地上房屋征收与补偿条例》第二条、第十四条的规定,征收补偿及征收决定与被征收人具有法律上的利害关系,被征收人有权对此提起行政复议或者行政诉讼,上述条款并未赋予承租人对此提起行政复议或者行政诉讼的权利。但本案并未涉及具体房屋征收行为,而是针对房屋征收过程中政府信息公开问题,且法律法规对承租人就相关信息公开问题提起诉讼并无禁止性规定,故张丽梅有权提起本案诉讼,其具有本案原告主体资格。被告辩称张丽梅并非被征收房屋的所有权人,不具备本案原告主体资格的理由不能成立,法院未予支持是正确的。

信息公开案件和一般的行政诉讼案件不同,请求人提出信息公开申请时无须以保护自身权益为前提要件,即使不存在权益保护的必要时,公民或其他组织也可以广泛地行使信息公开申请权。行政机关拒绝公开政府信息的决定所侵害的也不是公开申请人所固有的"法律上的利益",而是作为公民或其他组织所拥有的信息公开请求权和获得答复的权利。行政机关在法定期限内未作出答复恰恰影响了申请人信息获取权的行使或实现,所以,原告与被诉政府信息公开行政行为之间具有"利害关系"。在行政机关已作出答复的情形下,所谓的"利害关系",针对的是政府信息公开行政行为,而非政府信息公开行政行为的标的(政府信息的内容)。

由上述两个案例可知,在信息公开案件中,原告主体资格的认定需要考虑的"利害关系"与其他行政诉讼案件不同,主要体现在以下三个方面。

1. 其他行政诉讼案件的"利害关系"的认定要求被诉行政行为对原告实体权利义务产生实际影响(包括行政行为的内容)。但是信息公开案件中的"利害关系"的认定则基于"公民、法人或其他组织"与"提起诉讼的具体行政行为本身"之间,不包括信息公开行为的内容。

2. 原告基于"三需要"原则与被诉信息公开行政行为有"利害关系"。根据《政府信息公开条例》第十三条的规定,除行政机关主动公开的政府信息外,公民、法人或其他组织还可以根据自身生产、生活、科研等特殊需要，向国务院部门、地方各级人民政府及县级以上地方人民政府部门申请获取相关政府信息。比如，原告作为“拆迁人”，申请公开拆迁地段（原告的住址在拆迁地段内）的规划材料。

3. 原告基于其合法权益受到侵犯与被诉信息公开行政行为有“利害关系”。根据《政府信息公开条例》第三十三条第二款规定，公民、法人或其他组织认为行政机关在政府信息公开工作中的具体行政行为侵犯其合法权益的，可以依法申请行政复议或提起行政诉讼。

▶【拓展训练】>>>

2006年11月1日，杭州市人民政府因西溪湿地二期保护工程农居点整治项目建设的需要，批准杭国土字（2006）第374号《建设用地项目呈报材料“一书一方案”》，同意西溪湿地指挥部（龙章、蒋村、合建、包建等社区居民委员会）使用集体土地17.3432公顷。2006年11月2日，杭州市国土资源局因西溪湿地二期保护工程农居点整治项目建设的需要，依据杭发改投资（2006）814号、（2006）年浙规用证01000362号、杭国土字（2006）第374号《建设用地项目呈报材料“一书一方案”》，向西溪湿地指挥部颁发杭土资拆许字（2006）第072号《房屋拆迁许可证》。2007年1月31日，杭州市蒋村乡人民政府（甲方）与合建村俞国林户（乙方）签订《征用集体土地房屋拆迁补偿安置协议书》（编号2-12），主要内容为：乙方房屋补偿费、过渡费、其他费用合计599800元。乙方由拆迁人以统一建造的多层成套住宅安置，实行产权调换和资金结算。安置地点在蒋村乡集镇多层公寓蒋村花园组团内安置，乙方安置建筑面积258.5平方米，安置人口为俞国林、徐爱娥等五人。2007年3月9日，徐爱娥在俞国林（户）拆迁补偿、安置费用结算单上签名，并于2007年3月26日领取结算金额412404元。此后，俞国林与徐爱娥离婚。2008年4月23日，胡有平与徐爱娥结婚，后生育一女徐胡烨。2011年10月13日，胡有平户籍从浙江省淳安县临岐镇梅峰村梅岭脚33号迁入徐爱娥户。2011年9月10日，俞国林户和徐爱娥户分别抽签选中相关安置房屋。

原告胡有平、徐爱娥认为，胡有平、徐胡烨没有得到农转居安置补偿，安置也没到位，被告杭州市人民政府对原告要求解决的问题视而不见，被告的行为违反了行政机关的法定职责，属于严重的行政不作为，侵害了原告的合法权益，故请求依法撤销被告作出杭国土字(2006)第374号《建设用地项目呈报材料“一书一方案”》的具体行政行为。被告杭州市人民政府答辩理由之一为:原告主体资格不符合法律规定。

讨论问题:原告胡有平是否具有行政诉讼原告主体资格?

▶【问题提示】>>>

杭州市人民政府2006年11月作出被诉行为,同意西溪湿地指挥部使用集体土地17.3432公顷,胡有平当时系浙江省淳安县临岐镇梅峰村村民,直至2008年4月23日才与徐爱娥结婚,2011年10月13日其户籍迁入徐爱娥户。因此,其与被诉行为之间不存在利害关系,原审法院认定其不具有原告主体资格,并无不当。

案例8　王桂香诉柘荣县医院案[①]

▶【案件回顾】>>>

王桂香因不服柘荣县医院于2011年6月7日作出的编号为K350413517号《出生医学证明》向法院提起诉讼,一审法院认为,柘荣县医院作出《出生医学证明》的行为附带于其所提供的医疗服务,不属于具体行政行为的范畴,起诉人的起诉不属于人民法院行政诉讼受案范围,裁定对起诉人王桂香的起诉,不予受理。王桂香不服,提起上诉。

二审法院经审理,认为本案柘荣县医院出具《出生医学证明》的行为属于人民法院行政审判受案范围。主要理由为:1. 从法律对行政诉讼被告主体的规定看,《行政诉讼法》(1989年通过)第二十五条第一款规定:“公民、法人或者其他组织直接向人民法院提起诉讼的,作出具体行政行为的行政机关是被告。”故行政诉讼被告的主体不仅包括行政机关,还包括法律法规授权的组织。《母婴保健法》第二十三条规定:“医疗保健机构和从事家庭接生的人员按照国务院卫生行政部门的规定,出具统一制发的新生儿出生医学证明;有产妇和婴儿死亡以及新生儿出生缺陷情况的,应当向卫生行政部门报告。”因此,医疗机构出具《出

① 案例来源:福建省福安市人民法院(2014)安行初字第59号行政裁定。

生医学证明》系属法律法规授权所实施的行为。2. 从医疗机构出具《出生医学证明》的行为特性看。出具《出生医学证明》的行为是医疗机构按照法律授权单方实施的行为，且医疗机构必须按照法定程序出具《出生医学证明》。同时，《出生医学证明》具有相应的法律效力，对相关人的权利产生影响和拘束。3. 医疗机构出具《出生医学证明》的行为不同于一般的医疗服务行为。医疗机构依法出具《出生医学证明》的行为无须以婴儿在该医疗机构出生为前提条件，只要具备法定条件，相关医疗机构即应出具《出生医学证明》。因此，二审法院裁定撤销一审裁定。

▶【本案争点】> > >

医院出具《出生医学证明》，其能否作为行政诉讼被告？

▶【评析研判】> > >

行政主体是指具有公共行政职能，能以自己的名义作出具体行政行为并独立对外承担责任的组织。我国行政主体包括国家行政机关和法律、法规授权的组织。我国通过多年的政府职能改革，许多非政府组织，如学校、医院、行业协会等通过法律法规的授权，已经获得了部分公共行政职能，有权对众多社会公共事务进行管理，为社会提供保障与服务。具有助产资格的医疗保健机构便是这一多元化行政主体格局中的一员。《母婴保健法》第二十三条规定，“医疗保健机构和从事家庭接生的人员按照国务院卫生行政部门的规定，出具统一制发的新生儿出生医学证明；……”。该法律规定对医疗保健机构出具《出生医学证明》进行了明确授权。但是，司法实践中对医疗保健机构出具《出生医学证明》的行为仍存在不同的认识。否定者认为，医疗保健机构是纯民事主体，不是行政主体，不具有公共行政职能，其所实施的医疗服务等行为，是民事行为，不是行政行为；医疗保健机构出具《出生医学证明》，虽然有法律的授权，但该授权属于民事职能性质的授权，不是公共行政职能性质的授权。肯定者认为，医疗保健机构不仅有民事职能，且有公共行政职能，不仅是民事主体，且是行政主体；医疗保健机构出具《出生医学证明》，是其履行法律授予的公共行政职能的一种表现，是一种行政行为而非民事行为。

事实上，医疗保健机构是以拯救生命，修复、维持、促进人民健康为主要目的的特殊社会组织，具有公益性。它们的职能从法律上来讲，既有私法意义上的民事职能,如对社会个体一般性疾病的医疗、预防,又在传染病的预防、医疗与控制,突发公共卫生事件的处置,职业病、地方病的防治,母婴保健、计划生育中的管理,麻醉药品、毒性药品、精神药品的管理中具有公法意义上的公共行政职能。当它行使公共行政职能时,便是行政法律关系中的行政主体,能以自己的名义作出具体行政行为并独立对外承担责任。

《出生医学证明》是证明婴儿出生状态、血亲关系以及申报国籍、户籍取得公民身份的法定医学证明。它的主要内容包括:新生儿姓名、性别、出生日期及时间、出生地、出生孕周、健康状况、体重、身长、母亲基本情况、父亲基本情况、接生机构名称等。根据上述分析,可以看出出具《出生医学证明》的行为即是确认婴儿出生的法律事实,其与生母、生父之间的法律关系以及其作为我国公民的法律地位的一种证明。尽管出具《出生医学证明》的行为并不是创设新的法律关系,但由于其系法定权利凭证,出生医学证明所标注的信息,必然使相对人享有和行使权利受到影响。对婴儿来说,至少关系到被抚养权、继承权和户口登记、儿童保健服务等方面的权利;对父母而言,既是父母对子女血缘关系的证明,也关系到父母监护权、对婴儿姓名的协商决定权以及其他人身权益的行使。

因此,医疗保健机构作为法律授权的组织出具《出生医学证明》是履行公共行政职能的行为,相对人对该行为不服可以以医疗保健机构作为被告提起行政诉讼。

▶【拓展训练】> > >

原告田永于 1994 年 9 月考取北京科技大学,取得本科生的学籍。1996 年 2 月 29 日,田永在电磁学课程的补考过程中,随身携带写有电磁学公式的纸条。考试中,去上厕所时纸条掉出,被监考教师发现。监考教师虽未发现其有偷看纸条的行为,但还是按照考场纪律,当即停止了田永的考试。被告北京科技大学于 1994 年制定了校发(94)第 068 号《关于严格考试管理的紧急通知》(以下简称第 068 号通知)。该通知规定,凡考试作弊的学生一律按退学处理,取消学籍。被告据此于 1996 年 3 月 5 日认定田永的行为属于作弊行为,并作出退学处理决定。同年 4 月 10 日,被告填发了学籍变动通知,但退学处理决定和变更学籍的通知未直接向田永宣布、送达,也未给田永办理退学手续,田永继续以该校大学生的身份参加正常学习及学校组织的活动。1996 年 9 月,被告为田永补办了学生证,之后每学年均收取田永交纳的教育费,并为田永进行注册、发放大学生补助津贴，安排田永参加了大学生毕业实习设计，由其论文指导教师领取了学校发放的毕业设计结业费。田永还以该校大学生的名义参加考试，先后取得了大学英语四级、计算机应用水平测试 BASIC 语言成绩合格证书。被告对原告在该校的四年学习中成绩全部合格，通过毕业实习、毕业设计及论文答辩，获得优秀毕业论文及毕业总成绩为全班第九名的事实无争议。

1998 年 6 月，田永所在院系向被告报送田永所在班级授予学士学位表时，被告有关部门以田永已按退学处理、不具备北京科技大学学籍为由，拒绝为其颁发毕业证书，进而未向教育行政部门呈报田永的毕业派遣资格表。田永所在院系认为原告符合大学毕业生和授予学士学位的条件，但由于当时原告因毕业问题正在与学校交涉，故暂时未在授予学位表中签字，待学籍问题解决后再签。被告因此未将原告列入授予学士学位资格的名单交该校学位评定委员会审核。因被告的部分教师为田永一事向国家教委申诉，国家教委高校学生司于 1998 年 5 月 18 日致函被告，认为被告对田永违反考场纪律一事处理过重，建议复查。同年 6 月 10 日，被告复查后，仍然坚持原结论。田永认为自己符合大学毕业生的法定条件，北京科技大学拒绝给其颁发毕业证、学位证是违法的，遂向北京市海淀区人民法院提起行政诉讼。

讨论问题：本案中，北京科技大学能否作为行政诉讼的适格被告？

▶【问题提示】> > >

高校作为法律、法规授权的组织可以作为行政主体行使一定的行政权，包括颁发学位证、毕业证等。本案中，北京科技大学可以作为行政诉讼的适格被告。

案例 9　徐立新诉湖北省人力资源和社会保障厅案[①]

▶【案件回顾】> > >

徐立新系武汉市江汉区房地产公司退休职工，于 2014 年 6 月 13 日邮寄了《政府信息公开申请表》，要求省人社厅公开并提供 2013 年（或者 2014 年）省人社厅制定或者贯彻执行的事业单位离退休人员政策性补贴发放规定。

① 案例来源：湖北省武汉市中级人民法院（2016）鄂 01 行终 610 号行政判决。

省人社厅于同年6月16日收到该申请后，于同年7月4日作出2014年第46号《政府信息公开回复处理单》，答复称湖北省事业单位离、退休人员离退休待遇的相关文件属于不公开件。后徐立新对省人社厅作出的答复不服，向中华人民共和国人力资源和社会保障部申请行政复议，人力资源和社会保障部决定维持省人社厅的答复。徐立新仍不服，遂向人民法院提起行政诉讼，请求判决撤销被告作出的2014年第46号《政府信息公开回复处理单》，并判令被告重新作出答复。本案一审审理过程中省人社厅提供了不予公开的证据并进行了说明。

一审法院认为，省人社厅收到徐立新的政府信息公开申请后，对徐立新申请公开的相关文件进行了是否公开的审查，相关文件显示为机密或不公开件，属于不予公开的范围。省人社厅在法定的期限内以徐立新申请公开的相关文件属于不公开的范围向徐立新进行了答复，符合《政府信息公开条例》第二十一条、第二十四条的规定。依照《最高人民法院关于审理政府信息公开行政案件若干问题的规定》第十二条第一项和《行政诉讼法》第五十六条第四项的规定，判决如下：驳回徐立新要求撤销湖北省人力资源和社会保障厅作出的2014年第46号《政府信息公开回复处理单》并判令其重新作出答复的诉讼请求。

徐立新不服原审判决，提起上诉称，上诉理由之一为，原审未依法通知第三人武汉市江汉区房地产公司参诉有误。

二审法院经审理，认定上诉人徐立新的上诉理由均不成立，判决：驳回上诉，维持原判。

▶【本案争点】> > >

一审法院未予追加第三人参加诉讼是否合法？

▶【评析研判】> > >

新修正的《行政诉讼法》第二十九条第一款规定："公民、法人或者其他组织同被诉行政行为有利害关系但没有提起诉讼，或者同案件处理结果有利害关系的，可以作为第三人申请参加诉讼，或者由人民法院通知参加诉讼。"

本案中，尽管徐立新为武汉市江汉区房地产公司退休职工，但本案为政府信息公开之诉，目的是为了保护上诉人的知情权，被告省人社厅是本案的政府信息公开义务主体，具有政府信息公开的职责，所作出的《政府信息公开回复处理单》与该公司没有利害关系；从本案的处理结果来看，无论是否撤销行政机关的信息公开答复行为均不会对该公司的权利义务产生影响，因此，原告在一审中要求追加公司为第三人不符合《行政诉讼法》的规定，法院未予追加其为第三人参加诉讼并无不当。

▶【拓展训练】> > >

2015 年 7 月 5 日，房鹏飞、于倩、史早霞三人来到位于延庆区井庄镇房老营村赵永亮家盖房的房场，找到赵永亮、李春莲夫妇，称赵永亮家盖房超占了房鹏飞祖家留下的菜园子的地方，双方因占地问题发生争吵后撕扯。井庄派出所于 2015 年 12 月 15 日作出被诉处罚决定，根据《治安管理处罚法》第四十三条第一款之规定，给予李春莲罚款二百元的处罚决定，于当日送达李春莲，李春莲拒绝签字，井庄派出所于 2015 年 12 月 16 日向房鹏飞送达被诉处罚决定。李春莲不服被诉处罚决定，于 2015 年 12 月 28 日向延庆区人民政府申请行政复议，延庆区人民政府于当日受理。2016 年 1 月 13 日，延庆区人民政府追加房鹏飞为第三人，2016 年 1 月 20 日召开听证会。2016 年 1 月 28 日，延庆区人民政府作出被诉复议决定，维持井庄派出所于 2015 年 12 月 15 日作出的被诉处罚决定。2016 年 2 月 14 日，李春莲向延庆区人民法院提起诉讼，要求撤销被诉处罚决定及被诉复议决定①。

讨论问题：房鹏飞是否应当作为行政诉讼第三人？

▶【问题提示】> > >

在行政处罚中被处罚人、其权益受到被处罚人侵害的受害人都属于行政诉讼第三人。本案中，房鹏飞应当作为行政诉讼第三人。

案例 10　林光华诉郑州市城乡建设委员会案②

▶【案件回顾】> > >

2011 年 6 月，河南中林置业有限公司开发建设的中林国际广场在未取得《建设工程施工许可证》的情况下开始施工，原告林光华为该项目的拆迁安置

---

① （2016）京 01 行终 982 号。

② 案例来源：河南省郑州市中级人民法院（2015）郑行终字第 152 号行政判决。

户。2011 年 6 月 22 日，被告郑州市城乡建设委员会发现该违法行为后，对该项目进行了立案调查，2011 年 6 月 22 日作出了郑建监字（2011）225 号《建设监察通知书》和郑建监停字（2011）210 号《责令停工通知书》；2012 年 5 月 14 日作出郑建停违字（2012）2005 号责令停止违法行为通知书，再次责令停工，本次停工 16 个月；2013 年 11 月 26 日，被告发现其复工后又作出郑建停违字（2013）5016 号责令停止违法行为通知书，第三次责令其停工，监理和施工单位作出停工承诺；2014 年 3 月 4 日，被告发现其复工后又作出郑建停违字（2014）5005 号责令停止违法行为通知书，第四次责令停工。2014 年 4 月 16 日，被告与规划局监察队、办事处等单位联合执法，采取对施工现场张贴封条的方式制止上述违法建设行为。原告林光华诉至本院，要求确认被告在对“中林国际广场”项目的违法建设中行政不作为，并由被告承担本案的诉讼费用。

法院认为，本案中，2011 年 6 月，河南中林置业有限公司开发建设的中林国际广场在未取得《建设工程施工许可证》的情况下开始施工，被告于 2011 年 6 月 22 日发现该违法行为后，先后四次对违法单位下发责令停止违法行为通知书，并联合其他单位对施工现场张贴封条，制止上述违法建设行为。原告诉称被告行政不作为理由不成立。判决驳回原告林光华的诉讼请求。

林光华对该判决不服并提起上诉理由之一为，河南中林置业有限公司作为被上诉人具体行政行为的相对人，同本案有利害关系，一审法院应当通知其作为第三人参加诉讼，以便查明本案事实。因此，一审法院未通知河南中林置业有限公司作为第三人参加诉讼，属于程序违法。被上诉人郑州市城乡建设委员会针对该上诉理由辩称：一审判决程序合法。本案系上诉人认为被上诉人未履行法定职责而提起的行政不作为诉讼。此类案件中行政机关由于尚未对案件实体问题作出任何认定，也就不存在履责行为的利害关系人，因此无须追加第三人，一审判决程序合法。

二审认为：一、关于上诉人所称一审法院未通知河南中林置业有限公司作为一审第三人参加诉讼属于程序违法的理由，法院认为本案是林光华诉郑州市城乡建设委员会不履行法定职责，河南中林置业有限公司并非必须参加本案诉讼的第三人，一审法院未追加河南中林置业有限公司不违反法律的强制性规定。二、郑州市城乡建设委员会作为《建设工程施工许可证》的颁发机关，在河南中林置业有限公司未取得涉案项目的《建设工程施工许可证》，涉案项目一直处于违法建设状态下，虽四次责令其停工，但未实际有效制止该涉案项目的违法建设，郑州市城乡建设委员会并未依法履行其法定职责切实查处、制止涉案违法建设项目，且未提供证据证明有相关合法、合理的事由，其行为已构成行政不作为。二审判决：撤销一审判决，责令被上诉人郑州市城乡建设委员会于本判决生效后 60 日内对河南中林置业有限公司“中林国际广场”项目中的违法建设行为予以查处。

【本案争点】> > >

法院未予追加第三人参加诉讼是否合法？

【评析研判】> > >

本案为起诉行政机关不履行法定职责案件（履责之诉）中追加第三人的问题。从诉讼法的规定来看似乎是没有问题的，与行政行为有利害关系或者同案件处理结果有利害关系的就应当追加为第三人，而且《行政诉讼法》也已经明确规定了不履行法定职责也是“行政行为”的一种，因此，只要与不履行法定职责有利害关系的公民、法人或其他组织都应当追加为第三人。但在实践中，履责之诉却非常复杂，是否追加第三人，如何追加第三人颇具争议。那么履责之诉案件中是否需要追加第三人呢？

目前在实践中有一种观点认为，履责之诉案件中，没有追加第三人的必要。其理由在于，此类案件行政机关由于尚未对案件实体问题作出任何认定，也就不存在履责行为的利害关系人，因此无须追加第三人。本案被上诉人郑州市城乡建设委员会的答辩意见就属于这种观点。

但是，对于履责之诉是否需要追加第三人不应这样一概而论。行政行为分为依申请的行政行为和依职权的行政行为。由此产生了两种不同的行政不作为形式，即不予答复和拒绝履行。不予答复是指公民、法人或其他组织，请求行政机关履行保护人身权、财产权法定职责或申请某事项，行政机关不予理睬的行为；拒绝履行是指行政机关对其应依职权履行法定职责未予履行或行政机关在程序上作为了，但在实体上作出了拒绝履行的决定，利害关系人提起履责之诉。对于第一种针对依申请行政行为提起的履责之诉，因为法院仅审查行政机关是否应就申请人之申请给予答复以及是否已经给予了答复，尚不涉及申请人申请事项的实体问题，也就不涉及第三人利益，因此可不追加第三人。比如，某校学生向发改委投诉，认为学校存在乱收费行为，而发改委对此投诉未予答复。

该学生要求发改委对其投诉行为给予答复提起行政诉讼。该案中,学校尚未与发改委是否应当答复产生法律上的利害关系,因此,法院审理的范围只限于发改委是否有职责就学生的投诉予以答复,而这与学校是否存在违法行为是无关的,换言之,学校并非是该案审理的法律关系中的当事人。只有当发改委对学校是否存在乱收费作出认定后,学校才与行政行为之间产生法律上的利害关系。因而在这种案件中,无须追加学校为第三人。

但在依职权行政行为中,情况就有所不同。比如本案,本案的审理不可避免地要审查该公司是否存在违法建设的问题,被告是否应对其进行行政处罚,以及应当进行何种处罚,本案最终判决责令郑州市城乡建设委员会对河南中林置业有限公司"中林国际广场"项目中的违法建设行为予以查处,该判决已经对公司造成了实际影响,因此,该公司与被诉行政行为以及案件处理是存在利害关系的。如果不追加该公司为第三人,就可能造成经过审理认定行政机关未能履行法定职责,判决行政机关对该公司进行处罚,而企业却没有任何发表意见的机会,这对该公司的利益无疑会造成影响。本案中,法院没有追加公司为第三人,构成遗漏当事人,属程序违法。

▶【拓展训练】>>>

1976 年 8 月,某县政府为县城搬迁一次性征用荣站村土地 200 余亩用以创建机瓦厂。9 年后该土地被转交县万绽纱厂办工厂,因其建筑面积不足征用的一半而闲置 101 亩土地。2005 年该土地及厂房通过某县政府挂牌交易,由第三人永盛公司购得,闲置的土地也一直未开发利用。为收回闲置土地,荣站居委会从 1993 年起,多次找某县政府提出申请,要求依法收回闲置土地未果。荣站居委会遂以某县政府不作为向法院提起行政诉讼,要求被告某县政府履行法定职责,依据《土地管理法》第三十七条的规定,无偿收回用地单位土地使用权,并依法将该土地交还原所有人即原告耕种。本案原告荣站居委会只起诉了被告某县政府,并没有列现有土地使用者永盛公司为第三人。

讨论问题:是否应列永盛公司为本案第三人?

▶【问题提示】>>>

行政诉讼第三人应当同被诉行政行为有利害关系或者同案件处理结果有利害关系。应当列永盛公司为本案第三人。

案例11　天锦合作社诉国家工商行政管理总局商标评审委员会案[①]

▶【案件回顾】>>>

原告兴城市天锦蔬菜种植专业合作社(以下简称天锦合作社)因商标申请驳回复审行政纠纷一案,不服被告国家工商行政管理总局商标评审委员会(简称商标评审委员会)作出的商评字〔2015〕第82297号关于第14250293号"金豆"商标驳回复审决定(以下简称被诉决定),向北京知识产权法院提起行政诉讼。

原告天锦合作社到法院立案时,向法院提交了委托敖玉龙、闫东海代为参加本案诉讼的《委托书》,其上载明敖玉龙为原告法律顾问,但未提交其他材料予以佐证且未注明闫东海身份。案件受理后,法院电话联系闫东海,告知其作为公民代理原告参加诉讼不符合法律规定,建议变更代理人。

2016年1月26日,原告向法院提交《告知书》,要求将敖玉龙更换为闫东升作为代理人,同时提交了《委托代理书》,委托闫东升代为参加本案诉讼。兴城市华盛蔬菜种植专业合作社于同日出具《代理人推荐》,载明:"兴城市华盛蔬菜种植专业合作社现推荐,我社闫东升同志为兴城市天锦蔬菜种植专业合作社,商标行政纠纷案件诉讼代理人。"

2016年1月27日,闫东海、闫东升在开庭审理时明确认可其并非原告社员,是以《行政诉讼法》第三十一条规定的"有关社会团体推荐的公民"的身份参加诉讼,并主张其所在的华盛果业种植专业合作社属于社会团体的范畴。被告当庭对闫东海、闫东升的代理人身份提出质疑。合议庭当庭释明,鉴于原告及闫东海、闫东升均系来自外地,为避免给当事人造成不必要的诉累,故先行开庭,庭后合议庭将对闫东海、闫东升的代理人身份问题进行评议,如果确认其代理不符合法律规定,将再通知各方当事人。

2016年2月4日,法院电话联系闫东海、闫东升,明确告知其作为原告诉讼代理人参加本案诉讼,不符合《行政诉讼法》第三十一条"有关社会团体推荐的

① 案件来源:北京知识产权法院(2015)京知行初字第6241号行政裁定。

公民”的规定，建议变更代理人。之后，原告向法院提交了两份《聘书》，其上载明闫东海、闫东升为原告的农业技术员，兼闫艳技术顾问，聘请日期为2015年7月1日至2018年7月1日，但未提交能够佐证双方之间存在合法劳动人事关系的其他书面证明材料。原告同时提交了手写材料《科技特派员证证明》，载明“科技特派员闫艳、闫东海、闫东升被兴城市科学技术局特派同一工作单位（兴城市刘台子乡），是同一单位同志”，并附有由兴城市科学技术局出具的闫艳、闫东海、闫东升的科技特派员证，其上载明工作单位均为兴城市刘台子乡。

2016年3月1日，法院电话联系闫东海、闫东升，询问是否能够进一步提交证明其与原告存在合法劳动人事关系的材料。闫东海、闫东升之后未补充提交相关材料。2016年4月15日，法院电话联系闫东海、闫东升，要求其告知原告法定代表人闫艳的联系方式，闫东海、闫东升拒绝提供，并表示与本案诉讼相关事宜联系闫东海、闫东升即可。

2016年5月5日，法院向原告营业执照上注明的住所地邮寄《北京知识产权法院告知书》，明确告知闫东海、闫东升不属于原告工作人员，也不属于《行政诉讼法》第三十一条所规定的“有关社会团体推荐的公民”，在本案中不具备诉讼代理人资格，建议更换符合法律规定的诉讼代理人，并同时送达了受理通知书、被告答辩状、2016年5月25日开庭传票等诉讼材料。2016年5月9日，上述诉讼材料由原告法定代表人闫艳本人签收。2016年5月25日，闫东海、闫东升仍然坚持作为原告的委托代理人参加诉讼，并提交了兴城市刘台子满族乡潘山村村民委员会于2016年5月23日出具的《证明》，载明“我村村民闫艳、闫东海、闫东升是亲姐弟关系，情况属实”。

法院认为，闫东海、闫东升在本案中不具备诉讼代理人资格。原告在法院多次释明并告知其委托代理人不符合法律规定的情况下，仍然拒绝更换诉讼代理人，坚持由不具备诉讼代理人资格的闫东海、闫东升参加诉讼。基于此，法院认定，原告经法院合法传唤，无正当理由拒不到庭，对其起诉按照撤诉处理。

▶【本案争点】>>>

闫东海、闫东升是否具备法律所规定的诉讼代理人资格？

▶【评析研判】>>>

诉讼代理制度是诉讼法中的一项重要制度，当事人委托代理人参加诉讼应当符合法律规定。根据《行政诉讼法》第三十一条的规定，下列人员可以被委托为诉讼代理人：(1)律师、基层法律服务工作者；(2)当事人的近亲属或者工作人员；(3)当事人所在社区、单位以及有关社会团体推荐的公民。

在本案审理过程中，法院发现原告委托的诉讼代理人不符合《行政诉讼法》第三十一条有关诉讼代理人的规定，并多次告知变更代理人。在2016年1月27日开庭审理时，被告亦对原告代理人身份提出质疑，闫东海、闫东升当庭明确其并非原告社员，但以"有关社会团体推荐的公民"的身份参加诉讼，并主张其所在的合作社属于社会团体。庭审后，原告又向法院补充提交了相关材料，用以证明闫东海、闫东升为原告工作人员，且其与原告法定代表人闫艳之间为亲姐弟关系。综合考虑上述委托材料，法院认为闫东海、闫东升在本案中不具备诉讼代理人资格，分别评述如下。

首先，关于闫东海、闫东升是否属于《行政诉讼法》第三十一条规定的"有关社会团体推荐的公民"。《社会团体登记管理条例》第二条第一款规定，"本条例所称社会团体，是指中国公民自愿组成，为实现会员共同意愿，按照其章程开展活动的非营利性社会组织"。第六条第一款规定，"国务院民政部门和县级以上地方各级人民政府民政部门是本级人民政府的社会团体登记管理机关（以下简称登记管理机关）。"因此，"非营利性"是社会团体的重要特征，各级民政部门是社会团体的登记管理机关。闫东海、闫东升在2016年1月27日开庭审理时明确表示其均为华盛果业种植专业合作社社员，但由于该合作社并非在民政部门登记成立，且无证据表明其具有社会团体的"非营利性"属性，故不宜认定该合作社属于社会团体的范畴。因此，闫东海、闫东升不属于《行政诉讼法》第三十一条规定的"有关社会团体推荐的公民"。

其次，关于闫东海、闫东升是否属于《行政诉讼法》第三十一条规定的当事人的工作人员。当事人、法定代表人可以委托当事人的工作人员担任诉讼代理人，但需提交相关证明材料以证明代理人与当事人之间存在合法劳动人事关系。本案中，闫东海、闫东升于2016年1月27日开庭审理时明确认可其并非原告社员，在法院告知其不具备诉讼代理人资格后，尽管又补充提交了由原告出具的聘期自2015年7月1日起的《聘书》，用以证明其为原告农业技术员，但未提交劳动合同、工资支付记录等能够佐证双方之间真实存在合法劳动人事关系的书面证明材料。因此，在案材料尚不足以证明闫东海、闫东升为原告工作人员，其不能以当事人的工作人员的身份参加本案诉讼。

最后，关于闫东海、闫东升是否属于《行政诉讼法》第三十一条规定的当事人的近亲属。亲属是指因婚姻、血缘或收养而产生的人与人之间的社会关系，故“当事人的近亲属”中的“当事人”仅应理解为自然人。因此，即便原告法定代表人与闫东海、闫东升之间为亲姐弟关系，但由于原告并非自然人，故闫东海、闫东升以当事人的近亲属身份参加本案诉讼的主张亦不能成立。

▶【拓展训练】> > >

郭志英、张宗钢、姜流勇、李冬梅均系丰台区南苑乡石榴庄村村民。2014 年 4 月 28 日，郭志英、张宗钢、姜流勇向南苑乡政府提交《公民代理推荐申请书》，提出因其起诉南苑乡政府信息公开一案已于 2014 年 4 月 23 日立案，为保障其合理诉求，能在法庭上充分表达，故申请南苑乡政府推荐李冬梅作为诉讼代理人。如不给开具推荐信请书面说明理由，否则将以行政不作为为由向法院提起诉讼。2014 年 5 月 8 日，南苑乡政府作出《关于〈公民代理推荐申请书〉的回复》，针对郭志英、姜流勇、张宗钢申请推荐李冬梅作为行政诉讼代理人的申请答复如下：因姜流勇、张宗钢、郭志英和李冬梅均非我单位工作人员，依据《行政诉讼法》和相关规定，我单位无权利和义务推荐李冬梅作为姜流勇、张宗钢、郭志英的行政诉讼代理人。同年 5 月 9 日、5 月 16 日、5 月 19 日，姜流勇、郭志英及张宗钢分别领取了涉案回复。2014 年 6 月 20 日，北京市丰台区人民政府作出丰政复字〔2014〕58 号行政复议决定书，维持了南苑乡政府 2014 年 5 月 8 日作出的涉案回复。姜流勇、张宗钢、郭志英、李冬梅不服上述具体行政行为，向法院提起行政诉讼。

讨论问题：南苑乡政府是否具有推荐公民作为诉讼代理人的法定职权？

▶【问题提示】> > >

南苑乡政府并不属于上述法律规定的推荐主体，即南苑乡政府不具有推荐公民作为诉讼代理人的法定职权。依据《行政诉讼法》规定，当事人、法定代理人可以委托一至二人代为诉讼。律师、社会团体、提起诉讼的公民的近亲属或者所在单位推荐的人，以及经人民法院许可的其他公民，可以受委托为诉讼代理人。

CHAPTER 3

第三章

行政诉讼管辖

案例12　史某不服A县公安局行政处罚案[①]

▶【案件回顾】> > >

在史某诉A县公安局一案中，原告史某，邯郸市A县××镇××村人。因不服A县公安局作出的A公(小)行罚决字〔2014〕003号公安行政处罚决定书，于2014年9月19日向B县人民法院提起行政诉讼，B县人民法院于2014年9月19日受理后，在2014年9月24日向被告送达了起诉状副本及应诉通知书。B县人民法院依法组成合议庭，于2014年10月27日公开开庭审理了本案。原告史某及委托代理人王某，被告委托代理人贾某某到庭参加诉讼。

被告A县公安局以原告史某于2014年1月29日14时许在北京市中南海周边进行非正常上访，后被北京市公安局西城分局府右街派出所依法训诫。根据《治安管理处罚法》第二十三条第一款第二项之规定，于2014年3月11日对原告史某作出A公(小)行罚决字〔2014〕003号公安行政处罚决定书，对史某行政拘留五日。被告A县公安局于2014年9月30日向B县人民法院提供了作出被诉具体行政行为的证据、依据。1. 2014年1月31日、2014年3月11日，A县公安局城关派出所对史某的询问笔录；2. A县公安局城关派出所对常某某的询问笔录；3. A县处理信访突出问题及群体性事件联席会议办公室关于史某进京非正常上访情况的说明；4. 北京市公安局西城分局〔2014〕第2014××××号、〔2013〕第2013××××号、〔2013〕第2013××××号训诫书，北京市公安局天安门地区分局〔2013〕第013××××号、〔2013〕第2013××××号训诫书；5. 北京市公安局西城分局府右街派出所2014年3月10日、2013年12月

---

① 案例来源：河北省邯郸市永年县人民法院(2014)永行初字第30号。

28日出具的工作说明;6. A县国土资源局城关所2014年3月1日出具的证明;7. A县公安局城关派出所工作人员徐警官2014年1月31日出具的情况说明;8. A县公安局城关派出所2014年3月11日史某前科证明;9. A公(小)行罚决字〔2014〕003号、〔2013〕3209号、〔2014〕0002号公安行政处罚决定书;10. 受案登记表、受案回执、延长办案期限审批表、传唤审批表、A县公安局A公(小)行传字〔2014〕第0011号传唤证、A县公安局被传唤人家属通知书、A县公安局公安行政处罚告知笔录、行政拘留审批表、异地执行拘留审批表、邯郸市公安局行政拘留执行回执、行政拘留家属通知书、结案审批表、行政权利义务告知书、史某户籍证明信。

原告史某诉称:"2014年1月5日,被告没有证据证明我在北京中南海地区扰乱公共场所秩序,就依据《治安管理处罚法》第二十三条第一款第二项对我作出行政拘留五日的决定,且该违法决定已执行完毕。被告认定的处罚事实严重违法:第一,信访是法律和宪法给予公民的权利;第二,被告认定我扰乱公共场所秩序没有任何证据;第三,被告依据《治安管理处罚法》第二十三条对我进行处罚的事实不清、证据不足;第四,被告的行为超越职权,《行政处罚法》第二十条明文规定,违法行政处罚由案发地县级以上人民政府管辖,法律法规另有规定的除外。而本案当中我即使真的违法,也不应由A县公安局处罚。"为此,史某特提起行政诉讼,要求依法确认A公(小)行罚决字〔2014〕第003号公安行政处罚决定书违法,并依法撤销A公(小)行罚决字〔2014〕第003号公安行政处罚决定书;判令被告赔偿史某的一切经济损失,并依法追究当事人的责任;本案诉讼费由被告承担。原告史某提供了A公(小)行罚决字〔2014〕003号公安行政处罚决定书,邯郸市公安局邯公复决字(2014)48号行政复议决定书,北京市公安局西城分局政府信息公开接待室西城公安分局〔2014〕第840号登记回执各1份。

被告A县公安局辩称,经查证,违法行为人史某于2013年7月18日至2013年12月27日4次到北京天安门地区、中南海周边非正常上访,严重扰乱了公共场所秩序。按照2013年7月19日新修订的公安部《关于公安机关处置信访活动中违法犯罪行为适用法律的指导意见》以及《治安管理处罚法》第二十三条第一款第二项之规定,对史某行政拘留五日。以上事实有史某的陈述和辩解、证人常军华的证言、A县信访局证明、A县国土资源局城关所证明、前科材料、北京市公安局西城分局府右街派出所出具工作说明及训诫书和北京市公安局天安门地区分局治安大队训诫书等证据证明。《行政处罚法》第二十条规定,行政处罚由违法行为发生地的县级以上地方人民政府具有行政处罚权的行政机关管辖。法律、行政法规另有规定的除外。《公安机关办理行政案件程序规定》第九条第一款规定:“行政案件由违法行为地的公安机关管辖。由违法行为人居住地公安机关管辖更为适宜的,可以由违法行为人居住地公安机关管辖,但是涉及卖淫、嫖娼、赌博、毒品的案件除外。”原告反映的信访事项也是在居住地发生的问题,所以由A县公安局管辖更为适宜。综上所述,A县公安局认为A公(小)行罚决字〔2014〕第003号行政处罚决定书认定事实清楚,证据确凿,适用法律正确,程序合法,请B县人民法院依法维持A县公安局A公(小)行罚决字〔2014〕第003号行政处罚决定书。

经庭审质证,B县人民法院对以下证据作如下确认:原告提供了A县公安局于2014年3月11日作出的A公(小)行罚决字〔2014〕第003号行政处罚决定书,以证明自己被处罚的事实,B县人民法院予以采信;被告提供的证据,符合证据的合法性、客观性和关联性,B县人民法院予以采信。

经审理查明,原告史某系A县城关镇库庄村人,2014年1月29日14时到中南海周边地区上访,北京市公安局西城分局府右街派出所对其进行训诫,A县公安局依据《治安管理处罚法》第二十三条第一款第二项的规定,作出A公(小)行罚决字〔2014〕第003号公安行政处罚决定书,对原告作出行政拘留五日的处罚决定,并已经执行完毕。原告不服提起行政复议,邯郸市公安局2014年5月13日作出邯公复决字〔2014〕48号行政复议决定,维持A县公安局作出的A公(小)行罚决字〔2014〕第003号公安行政处罚决定书,原告仍不服,于2014年6月3日向A县人民法院提起行政诉讼。A县人民法院受理此案后认为案情较为复杂,应由邯郸市中级人民法院审理,并报请邯郸市中级人民法院决定。2014年8月4日,邯郸市中级人民法院作出(2014)邯市行辖字第114号行政裁定书,指定该案由B县人民法院管辖。

B县人民法院认为,原告史某就相关问题向有关部门反映是其享有的合法权利,但其反映问题应依法到相关机关设立或指定的场所提出。原告到北京市中南海周边上访,北京市公安局西城分局府右街派出所对其进行了训诫。原告非正常上访的行为,扰乱了公共秩序,事实清楚,证据确凿。被告A县公安局根据《治安管理处罚法》第二十三条第一款第二项之规定,作出(小)行罚决字〔2014〕第003号公安行政处罚决定书,事实清楚,适用法律、法规正确,符合法定程序，应当予以维持。原告辩称自己是正常上访，即使处罚也不应当由A县公安局来处罚的主张，无事实和法律依据，B县人民法院不予支持。依照《行政诉讼法》第五十四条第一项之规定，判决维持被告A县公安局于2014年3月11日作出的A公（小）行罚决字〔2014〕第003号公安行政处罚决定书。案件受理费50元，由原告史某负担。

▶【本案争点】> > >

根据现行《行政诉讼法》的规定，原告向A县人民法院起诉是否合法？为什么由B县人民法院审理A县居民史某的行政案件？

▶【评析研判】> > >

行政诉讼的管辖，是指人民法院之间受理第一审行政案件的职权分工。在司法实践当中，对于人民法院来说，它确定了同级人民法院和上下级人民法院之间受理第一审行政案件的具体分工和权限；对于当事人来说，它决定了发生行政争议后到什么级别的、什么地方的法院起诉和应诉。

根据是否有法律规定的标准，行政诉讼的管辖可以分为法定管辖和裁定管辖。其中，法定管辖又可以分为级别管辖和地域管辖；裁定管辖又可以分为指定管辖、移送管辖和管辖权的转移。地域管辖又可以进一步分为一般地域管辖与特殊地域管辖。一般地域管辖是指以最初作出具体行政行为的行政机关所在地为标准来确定行政案件的管辖法院。对特定行政案件的管辖法院进行规定的属于特殊地域管辖，区别于一般地域管辖。本案主要涉及行政诉讼的特殊地域管辖问题。

2014年新修订的《行政诉讼法》第三章用十一个条文专门对管辖作出了相关规定。其中，第十四条至第十七条规定的是级别管辖的内容，同时兼具了一般地域管辖的内容。即基层人民法院、中级人民法院、高级人民法院、最高人民法院的管辖范围。第十四条规定，基层人民法院管辖第一审行政案件。这是最基础的级别管辖规定，也是最基本的一般地域管辖内容。

2014年新修订的《行政诉讼法》第十八条第一款规定，行政案件由最初作出行政行为的行政机关所在地人民法院管辖。经复议的案件，也可以由复议机关所在地人民法院管辖。我们可以理解为，行政相对人对某具体行政行为不服，未经复议机关复议而直接向人民法院提起诉讼的行政案件，由被告所在地人民法院管辖;或者行政相对人提经行政复议之后,而不论复议机关决定维持或裁定改变原具体行政行为的行政案件,只要行政相对人仍对该具体行政行为不服向人民法院提起诉讼的,都由被告(最初作出该具体行政行为的行政机关或上级复议机关)所在地人民法院管辖。这仍然规定的是采用一般地域管辖原则的内容。需要注意的是,若按照原《行政诉讼法》第十七条关于管辖的规定内容,经复议的案件,只有复议机关改变原具体行政行为的,才可以由复议机关所在地人民法院管辖。

2014 年新修订的《行政诉讼法》第十八条第二款至第二十条规定了对若干人民法院跨行政区域管辖行政案件、限制人身自由案件、不动产案件等行政案件的特殊地域管辖。其中,第十九条规定,对限制人身自由的行政强制措施不服提起的诉讼,由被告所在地或者原告所在地人民法院管辖。

本案中,A 县公安局以"A 公(小)行罚决字〔2014〕第 003 号公安行政处罚决定书"对本县居民史某处以限制人身自由即行政拘留五日的行政处罚,邯郸市公安局以"邯公复决字〔2014〕第 48 号行政复议决定书"维持 A 县公安局作出的 A 公(小)行罚决字〔2014〕第 003 号公安行政处罚决定书。根据现行《行政诉讼法》第十八条第一款之规定,本案应由邯郸市公安局所在地基层人民法院(复议机关所在地)或 A 县人民法院(被告 A 县公安局所在地)管辖。根据现行《行政诉讼法》第十九条之规定,本案应由邯郸市 A 县人民法院(既是被告所在地也是原告所在地)管辖。因此,原告向 A 县人民法院提起行政诉讼符合法律规定。

但是,根据现行《行政诉讼法》第二十三条之规定,有管辖权的人民法院由于特殊原因不能行使管辖权的,由上级人民法院指定管辖。因此,本案原告史某不服 A 县公安局行政处罚决定,向 A 县人民法院提起行政诉讼。A 县法院受理此案后认为案情较为复杂,应由邯郸市中级人民法院审理,并报请邯郸市中级人民法院决定。邯郸市中级人民法院随后作出(2014)邯市行辖字第 114 号行政裁定书,指定该案由 B 县人民法院管辖。

该案事发于 2014 年 1 月,判决于 2014 年 10 月。2014 年 11 月 1 日,第十二届全国人大常委会第十一次会议表决通过修改《行政诉讼法》的决定,自 2015 年 5 月 1 日起施行。因此,该案的管辖、受理、判决等问题均依照的是原《行政诉讼法》的相关规定。即原《行政诉讼法》第二十三条之规定,上级人民法院有权审判下级人民法院管辖的第一审行政案件,也可以把自己管辖的第一审行政案件移交下级人民法院审判。下级人民法院对其管辖的第一审行政案件,认为需要由上级人民法院审判的,可以报请上级人民法院决定。结合案情,A 县人民法院认为需要由其上级人民法院审判并报请上级人民法院决定、邯郸市中级人民法院指定 B 县人民法院管辖此案的做法符合法律规定,所以,B 县人民法院依法受理并审理了 A 县居民史某诉 A 县公安局的行政案件。

▶【拓展训练】> > >

在任福利、任福安等不服河南省新乡市红旗区人民法院行政受理决定二审案中,上诉人任福利、任福安、任中会、刘树欣、申凤云、丁先勇、梁秀英不服新乡市红旗区人民法院(2014)红行立初字第 3 号不予受理行政裁定,向法院提起上诉。其上诉理由是:上诉人对新乡市住房和城乡建设委员会以新建拆管字(2005)第 134 号《延期拆迁公告》形式作出的城市房屋拆迁延长期限许可的行政行为不服提起诉讼,因新乡市住房和城乡建设委员会所在地在新乡市红旗区,新乡市红旗区人民法院应该受理本案。原审法院认为应由不动产所在地法院管辖,对上诉人的起诉不予受理属于适用法律错误,请求二审法院裁定新乡市红旗区人民法院对上诉人的起诉立案审理。法院经审查认为:《立法法》(2000 年)第八十三条规定,同一机关制定的法律、行政法规、地方性法规、自治条例和单行条例、规章,特别规定与一般规定不一致的,适用特别规定;新的规定与旧的规定不一致的,适用新的规定。本案为因拆迁引起的行政诉讼,属于"因不动产引起的行政诉讼",根据上述法律适用原则,本案自应适用第十九条有关不动产行政诉讼管辖的规定。因本案不动产所在地在新乡市卫滨区,上诉人应向不动产所在地人民法院起诉,原审法院对上诉人的起诉不予受理并无不当。综上,上诉人的上诉理由不能成立,法院不予支持。依照《最高人民法院关于执行〈中华人民共和国行政诉讼法〉若干问题的解释》第六十三条之规定裁定如下:驳回上诉,维持原裁定。

讨论问题:行政诉讼管辖中的一般地域管辖与特殊地域管辖的关系?

▶【问题提示】> > >

一般地域管辖与特殊地域管辖是行政诉讼理论中法定管辖部分针对地域管辖进行的两种分类。区别于行政诉讼的级别管辖和裁定管辖。一般地域管辖是指以最初作出具体行政行为的行政机关所在地为标准来确定行政案件的管辖法院；特殊地域管辖是相对于一般地域管辖的例外规定，主要分为专属管辖和共同管辖。根据《立法法》（2000 年）第八十三条之规定，同一机关制定的法律、行政法规、地方性法规、自治条例和单行条例、规章，特别规定与一般规定不一致的，适用特别规定；新的规定与旧的规定不一致的，适用新的规定。即特殊法优于普通法之原理。

案例 13　张某、某彩弹射击运动有限公司不服长乐市林业局、福州市林业局行政处罚案①

▶【案情回顾】> > >

原告张某和某彩弹射击运动有限公司不服长乐市林业局作出的行政处罚以及福州林业局作出维持的行政复议，向福州市仓山区人民法院提起行政诉讼。经审查，福州市仓山区人民法院认为，福州市林业局系因作出维持的行政复议决定而成为共同被告，福州市林业局的住所地系仓山，根据《福建省高级人民法院关于部分行政案件实行跨行政区划管辖的公告》第三条“下列一审行政案件不实行跨行政区划管辖：1. 以省政府、省直行政机关以及各设区市的市直行政机关为被告的案件，但上述行政机关因作出维持的行政复议决定而成为共同被告的案件除外”之规定，市直单位作出维持原行政行为的复议决定而成为共同被告的，仍应进行交叉管辖，故本案依法应由福州市鼓楼区人民法院管辖。依照《行政诉讼法》第二十二条之规定，裁定移送福州市鼓楼区人民法院管辖。

▶【本案争点】> > >

根据《行政诉讼法》关于行政案件管辖的规定，本案是否可以适用异地交叉管辖？

▶【评析研判】> > >

总的来看，行政诉讼的管辖大致上可以从两个方面进行划分，一个方面是级别管辖，另一个方面是地域管辖，除此之外，还有特殊案件的裁定管辖。

---

①　案例来源：福建省福州市仓山区人民法院（2016）闽 0104 行初 30 号行政裁定。

级别管辖一般可分为基层人民法院的管辖、中级人民法院的管辖以及复议维持案件的级别管辖。级别管辖中第一个大类是基层人民法院的管辖。新修正的《行政诉讼法》第十四条规定:“基层人民法院管辖第一审行政案件。”据此,除法律规定由上级人民法院管辖的特定情形之外,行政案件都应由基层人民法院负责管辖。本条规定目的在于方便当事人行使诉权,参加行政诉讼。我国目前有3119个基层法院,具有数量大、分布广的特点,且当事人所在地、争议财产所在地、行为地一般都在基层法院辖区内,原则上由基层法院审理行政案件,一方面,便于当事人诉讼减少诉累,另一方面,便于法院及时受理审理案件和执行裁判。

第二个大类是中级人民法院的管辖。党的十八届三中全会作出《中共中央关于全面深化改革若干重大问题的决定》后,为加强知识产权运用和保护,健全技术创新激励机制,探索建立知识产权法院,考虑到为改革预留空间,《行政诉讼法》取消了确认发明专利权的案件由中级人民法院管辖的规定。现在,中级人民法院管辖的第一审行政案件包括以下五种:专业性强的案件,被告级别高的案件,辖区内重大、复杂的案件,WTO行政案件,其他法律规定由中级人民法院管辖的案件。

专业性强的,例如,海关处理的案件。首先,海关业务种类繁多且专业技术性较强,同时涉及对外贸易和技术文化的交流。其次,许多地方只有分关一级且多数设在大中城市,所以把海关处理的案件规定由中级人民法院管辖,符合司法便民的原则。被告级别高的案件分为对国务院各部门所作的行政行为提起诉讼的案件和被告为县级以上地方政府的案件,规定这两种案件归中院管辖,前者行政案件因为一般具有重大影响或者较为疑难、复杂以及涉及较强的政策性和较高的专业技术;而后者因为基层人民法院的人、财、物往往受制于当地政府,难以对相关行政案件作出独立、公正的裁判。由中院受理以上案件,减少行政权对司法权的干涉,有利于实现司法审判的独立和公正。本辖区内重大、复杂的案件,主要取决于具体案件的疑难和影响力,比如,社会影响重大的共同诉讼、集体诉讼以及重大涉外,涉港、澳、台的案件,由中级人民法院受理一审,有利于提高司法公信力。确有必要的、特别重大的案件,为了保护当事人合法权益、维护社会的和谐稳定,可以由高院一审。WTO行政案件包括国际贸易案件、反倾销案件、反补贴案件等,其中,第一审国际贸易案件由中级以上人民法院管辖;第一审反倾销、反补贴案件中,原告应向高级人民法院起诉,高院在受理后决定自行管辖或者指定辖区内某一中院管辖。最后，还有一个“兜底条款”，即其他法律规定由中级人民法院管辖的案件。

第三个大类是有关复议维持案件的级别管辖，这一块的规定比较复杂。《最高人民法院关于适用〈中华人民共和国行政诉讼法〉若干问题的解释》中第八条规定：“作出原行政行为的行政机关和复议机关为共同被告的，以作出原行政行为的行政机关确定案件的级别管辖。”在我国，复议决定类型包括：维持决定、撤销决定、变更决定、履行决定、确认违法决定、驳回复议申请决定。在所有的类型中，维持决定属于维持原行政行为，撤销决定、变更决定、履行决定、确定违法决定属于复议机关改变原行政行为，这些并没有争议。具有争议的是驳回复议申请决定。我国《行政复议法实施条例》第四十八条第一款规定：“有下列情形之一的，行政复议机关应当决定驳回行政复议申请：（一）申请人认为行政机关不履行法定职责申请行政复议，行政复议机关受理后发现该行政机关没有相应法定职责或者在受理前已经履行法定职责的；（二）受理行政复议申请后，发现该行政复议申请不符合行政复议法和本条例规定的受理条件的。”此条款第一项相当于行政诉讼判决类型中的驳回诉讼请求，本质是属于对复议申请作出审查之后的实体性处理决定，实际上是维持决定的另一种形式。如果原行政行为是作为，则适用维持决定；原行政行为是不作为，由于没有可以被维持的效果和内容，故作出驳回复议申请的决定。此时提起行政诉讼，复议机关和原机关为共同被告。第二项相当于行政诉讼中的驳回起诉裁定，本质上属于对行政复议申请的程序性驳回，而不属于维持原行政行为和改变原行政行为。因为复议机关未对被申请复议的具体行政行为进行审查，而是在受理案件后，对自己受理行为产生否定，所以案件不属于行政复议的审查范围。原告起诉的，有选择被告的权利，若不服原行为的，告原机关；不服复议机关的，告复议机关。

对于复议维持案件，虽然由原机关和复议机关作为共同被告，但是，应当根据原机关确定案件级别管辖。首先，复议机关级别高，一般来说为县级以上政府，若按复议机关定级别管辖，数量较少的中级人民法院负担将过于沉重，而数量众多的基层人民法院案件下降，与将矛盾和争议在基层解决的精神相违背。其次，这类案件与原行为的作出机关关系更为密切，由原机关确定级别管辖，既符合实际操作中的需要，又符合司法便利的原则。

行政诉讼管辖的另一种分类是地域管辖，可细分为一般地域管辖和特殊地域管辖。一般地域管辖，又称普通地域管辖，是指按照最初作出行政行为的行政机关所在地确定的管辖。特殊地域管辖,或者特别管辖,是指不囿于一般地域管辖原则,而按照法律特别规定所确定的管辖,可分为专属管辖、共同管辖、裁定管辖以及跨行政区域管辖。

专属管辖是指法律以诉讼标的所在地为标准,特别规定特定的诉讼只能由特定法院进行管辖,具有管辖上的排他性特点。例如,因不动产而提起的诉讼,由不动产所在地的法院管辖,便于受诉法院调查、勘验、收集证据和进行正确、及时的审理。

共同管辖是指两个或两个以上法院对同一案件都有管辖权情况下确定管辖法院的制度。引起共同管辖的原因主要有三种:第一种是诉讼主体方面原因,当一个案件的被告不止一个且在不同法院辖区内,被告所在地各法院对案件都有管辖权;第二种是诉讼客体方面原因,当同一案件所涉及的财产所在地或侵权行为发生地分布在不同法院辖区内,均具有管辖权;第三种基于法律条文的直接规定。关于对两个以上法院有管辖权案件的处理,原告可以向其中任一法院提起诉讼,若原告向两个以上法院提起诉讼的,由最先立案的法院管辖。三大类案件适用共同管辖:一类是限制人身自由的行政案件,另一类是经复议的案件,还有一类是涉及多地的不动产诉讼。限制人身自由的案件中单纯地限制人身自由的行政案件,由被告所在地或者原告所在地管辖,此规定目的在于保障原告便利行使诉讼权利,因为此时原告被限制人身自由,若仍要求原告必须向被告所在地法院提起诉讼,现实中原告的诉权将很难得到行使。既涉及人身自由又涉及财产权的案件,相对人可以选择原告所在地或者被告所在地法院起诉,受诉法院对基于同一事实的涉及人身和财产的案件可以一并受理。经复议的案件既可以由最初作出行政行为的行政机关所在地法院管辖,也可以由复议机关所在地法院管辖。最后一类是若不动产所在地跨两个以上法院,则这些法院均有管辖权。

裁定管辖,是指根据法院作出的裁定或者决定而不是法律的直接规定来确定行政案件的管辖。意义在于解决管辖冲突,使得案件管辖能够顺利进行。所谓管辖冲突,是指两个以上法院对于同一个案件都认为应属于或都认为不属于自己管辖而产生的冲突。为了避免这种冲突,法律规定了移送管辖、指定管辖以及管辖权转移三种裁定管辖形式。

跨行政区域管辖是一个新课题。根据我国《宪法》第一百二十六条规定,人民法院依照法律规定独立行使审判权,不受行政机关、社会团体和个人的干涉。

人民法院作为国家审判机关和维护社会公平正义的最后一道屏障，如果连公正审理案件都无法保证，那么可能导致的将是社会公众丧失对法律的信仰。诚如法国历史学家托克维尔所说，“若法院干预政府行政，只对案件有害；而行政机关干预法庭则会使人们堕落”。在我国当前的司法体制下，地方法院的人、财、物均由地方管理，法院行使司法审判权的独立性难免受到影响。因此，行政干预司法，尤其是一些地方党政对司法的干预，成为影响司法公正的一个主要因素。可喜的是，近几年来，最高人民法院在管辖制度方面力行改革，推动行政案件提级管辖、交叉管辖和集中管辖，并取得了一定的积极效果，为解决行政诉讼立案难、审理难、执行难积累了有益经验。

本案是一个裁定移送管辖的典型案例。值得注意的是，本案裁定书中提及“交叉管辖”。这个概念最早发端于2002年7月浙江省台州市中级人民法院的一项司法改革尝试，具体做法是基层法院将县级以上人民政府为被告或有10名以上原告的行政案件，提交给中级人民法院，再由中级人民法院指定被告所在地以外的基层法院进行异地审理。[①] 行政诉讼异地交叉管辖打破了行政诉讼一般管辖制度中的“原告就被告”原则，即将行政诉讼案件交由被告行政机关所在地以外的人民法院管辖。异地交叉管辖减少了本地政府对法院审判工作的不当干扰，减少了本地政府与法院之间的不正当关系，能最大化保障原告方诉权得到充分实现。

本案中，原告张某和某彩弹射击运动有限公司向福州市仓山区人民法院起诉长乐市林业局以及福州林业局。福州市林业局的住所地系仓山，且因作出了维持长乐市林业局行政处罚决定的行政复议决定而成为本案共同被告。根据《福建省高级人民法院关于部分行政案件实行跨行政区域管辖的公告》第三条“下列一审行政案件不实行跨行政区划管辖：1. 以省政府、省直行政机关以及各设区市的市直行政机关为被告的案件，但上述行政机关因作出维持的行政复议决定而成为共同被告的案件除外”之规定，市直单位作出维持原行政行为的复议决定而成为共同被告的，仍应进行交叉管辖，故本案依法应由福州市鼓楼区人民法院管辖。依照《行政诉讼法》第二十二条之规定，裁定移送福州市鼓楼区人民法院管辖。

福州市仓山区人民法院按照《福建省高级人民法院关于部分行政案件实行

① 张倩：《行政诉讼异地交叉管辖》，《法制与社会》2010年第18期。

跨行政区划管辖的公告》文件精神裁定移送管辖,正是行政诉讼中“异地交叉管辖”的实践表现形式,可以看作是行政诉讼案件跨行政区域管辖的雏形。

党的十八届三中全会提出“探索建立与行政区划适当分离的司法管辖制度”和党的十八届四中全会提出“完善行政诉讼体制机制,合理调整行政诉讼案件管辖制度,切实解决行政诉讼立案难、审理难、执行难等突出问题”的改革要求。新修正的《行政诉讼法》以及最新司法解释,对行政诉讼的管辖部分进行了微调。特别是在第十八条第二款中规定:“经最高人民法院批准,高级人民法院可以根据审判工作的实际情况,确定若干人民法院跨行政区域管辖行政案件。”这是“跨行政区域管辖”在行政诉讼法律规定中的正式亮相。最高人民法院为此专门制定了《最高人民法院关于人民法院跨行政区域管辖行政案件的指导意见》,指导部分高级人民法院根据本地实际,确定若干法院跨行政区划管辖行政案件,为行政案件跨行政区划集中管辖提供了明确的法律依据。目前,行政案件跨行政区域集中管辖改革已经在全国部分法院铺开试点。据统计,按照新修改的《行政诉讼法》第十八条第二款规定,目前全国有将近一半的高级法院已经获批在辖区范围内开展行政案件跨行政区域集中管辖改革。[①] 跨行政区域管辖行政案件,有利于保证法院依法独立行使审判权,有利于防止和排除影响公正司法的非法干预,有利于让人民群众在每一起行政案件中感受到公平正义,有利于通过合理调整行政诉讼案件管辖制度,切实解决行政诉讼立案难、审理难、执行难等突出问题。

福建省作为试点省份之一,与安徽、山西的试点模式较为相似,走出了一条全面试点的道路。即在整个辖区范围内,所有基层法院全面开展改革试点。根据《福建省高级人民法院关于部分行政案件实行跨行政区划管辖的公告》部署要求,在中级人民法院一审行政案件跨行政区划管辖分工上,把全省 9 个设区的市划分为 3 个司法管辖片区,各片区范围内的原属各中院管辖的以市、县(区)二级政府为被告的一审行政案件,统一指定给片区内其他中院管辖,且为不对应交叉管辖。在基层法院行政案件相对集中管辖分工上,在全省 8 个设区的市的基层法院实行相对集中管辖,除龙岩外,在 8 个设区的市确定 2—4 个基层法院为集中管辖法院,并集中管辖指定范围内原属其他基层法院管辖的一审行政案件。

---

① 程琥:《行政案件跨行政区域集中管辖与行政审判体制改革》,北京市第四中级人民法院官网,http://bj4zy.chinacourt.org/article/detail/2017/03/id/2631443.shtml。

当然，在司法实践中，涉及异地交叉管理最多的还是铁路法院。目前，全国现有17个铁路运输中级法院，59个铁路运输基层法院，遍布全国29个省、自治区、直辖市。目前，除西藏、海南和特区未设铁路法院外，铁路运输法院基本涵盖全国。2012年，铁路法院改制移交地方统一管理后，除与铁路有关的少量案件外，普遍存在案件少，编制、人员和场所闲置的问题。此次推进行政案件跨行政区域集中管辖改革，地方法院积极依托铁路法院开展改革试点工作。比如，北京第四中级人民法院、上海第三中级人民法院，均是依托铁路运输中级法院设立的跨行政区划法院，集中管辖特殊重大行政案件。

北京市第四中级人民法院（北京铁路运输中级法院），是按照党的十八届四中全会关于"探索设立跨行政区划的人民法院"，全面推进依法治国的重要部署，在北京市建立的跨行政区划的中级法院，于2014年12月30日正式挂牌办案。它的成立标志着我国设立跨行政区划法院迈出了关键性一步，对于优化司法审判资源，方便群众参与诉讼，保障法院依法独立公正行使审判权，具有重要的意义和作用。北京市第四中级人民法院（北京铁路运输中级法院）的案件管辖范围主要包括：以本市区县人民政府为被告的行政案件；按照级别管辖标准，应由本市中级人民法院管辖的金融借款合同纠纷案件、保险纠纷案件、涉外及涉港澳台的商事案件；跨地区的重大环境资源保护案件、重大食品药品安全案件；市人民检察院第四分院提起公诉的案件；市高级法院指定管辖的其他特殊案件；原北京铁路运输中级法院管辖的刑事、民事案件。

党的十八届三中全会通过的《中共中央关于全面深化改革若干重大问题的决定》提出了"人财物省级统管"，要求改革司法管理体制，落实法检系统省以下统管，从而避免地方干预，实现司法独立。虽然各地相继实行了改革措施，但省级统管的政策性规定仍然缺乏法律规定。基层法院的司法资源不独立仅仅是限制司法独立的一方面原因，要从根本上解决行政诉讼中的难题，还需从改革管辖制度着手。① 如果说由基层法院管辖行政诉讼案件一审的制度是为了照顾司法便利，那么设置跨行政区域管辖制度应当是在此基础上兼顾司法独立与裁判公正。立法作为高层建筑，需要考虑各方利益诉求，是在兼听各方权利主张的情况下实现全局考虑、通盘权衡的利益博弈和衡平过程。

① 崔明：《我国行政诉讼管辖制度改革研究》，华东政法大学硕士学位论文（2016年）。

▶【拓展训练】> > >

程某诉福建省莆田市住房和城乡建设局拆迁案。原告程元禧诉被告莆田市住房和城乡建设局拆迁行政裁决一案,于 2015 年 9 月 29 日向法院提起行政诉讼,法院受理后,发现被告作出的莆建房拆裁字(2015)第 3 号《房屋拆迁纠纷裁决书》针对的不动产标的物坐落在莆田市城厢区辖区内。法院认为,根据《行政诉讼法》第十八条第二款的规定:"经最高人民法院批准,高级人民法院可以根据审判工作的实际情况,确认若干人民法院跨行政区域管辖行政案件。"以及《福建省高级人民法院关于部分行政案件实行跨行政区划管辖的公告》第三条第一项的规定,下列一审行政案件不实行跨行政区划管辖:以省政府、省直机关以及各设区市的市直行政机关为被告的案件,但上述行政机关因作出维持的行政复议决定而成为共同被告的案件除外。被告莆田市住房和城乡建设局属于市直机关,不适用跨行政区划管辖。因本案涉及不动产纠纷,故应适用专属管辖的规定。根据《行政诉讼法》第二十条的规定:"因不动产提起的行政诉讼,由不动产所在地人民法院管辖。"本案被告作出的莆建房拆裁字(2015)第 3 号《房屋拆迁纠纷裁决书》所涉及的不动产标的物位于城厢区内,不属于本院管辖范围,因此本案应移送至有管辖权的莆田市城厢区人民法院受理。据此,依照《行政诉讼法》第二十条、第二十二条的规定,裁定本案移送至莆田市城厢区人民法院受理。

讨论问题:本案是否可以适用新修正的《行政诉讼法》规定的跨行政区域管辖?如何看待跨行政区域管辖?

▶【问题提示】> > >

根据《福建省高级人民法院关于部分行政案件实行跨行政区划管辖的公告》第三条第一项之规定,本案不适用跨行政区域管辖。实践当中,行政诉讼跨行政区域管辖试点过程中也出现了"有案无人办"和"有人无案办"等问题。总的来看,行政案件跨区域集中管辖属于行政审判体制改革过程中为了解决行政诉讼突出问题的过渡性制度安排。[①]

① 程琥:《行政审判专门法院:行政诉讼体制改革的关键》,《学习时报》2015 年 10 月 29 日,第 4 版。

案例 14　刘某等诉北京市西城区房屋管理局行政诉讼管辖异议案[①]

▶【案情回顾】> > >

上诉人刘某、杨某、郝某因与被上诉人北京百姓家园房地产开发集团有限公司(以下简称“百姓家园公司”)、原审被告北京市西城区房屋管理局(以下简称“西城房管局”)房屋拆迁纠纷裁决一案,上诉人刘某等不服北京市西城区人民法院(2014)西行初字第 291 号管辖权异议行政裁定,向北京市第二中级人民法院提起上诉。该院于 2014 年 7 月 21 日受理后,依法组成合议庭审理了此案。

百姓家园公司在一审中起诉称:百姓家园公司具有在北京市西城区 × 街实施“土地一级开发”项目建设拆迁工作的《房屋拆迁许可证》,杨永清(已故)在拆迁范围内北京市西城区 × 号承租公房 1 间,此房址有 1 个户籍,在册户口 3 人,即户主刘慧英(系杨永清之妻)、刘慧英与杨永清之女杨秀兰、外孙郝杨杨;因与刘某、杨某、郝某在拆迁公告规定期限内未达成协议,百姓家园公司向西城房管局申请裁决,百姓家园公司认为,西城房管局所作西房裁字(2014)第 51 号《城市房屋拆迁纠纷裁决书》第一项不合理,故以西城房管局为原审被告,以刘某、杨某、郝某为原审第三人提起诉讼。

一审法院向西城房管局及刘某、杨某、郝某送达起诉状后,刘某、杨某、郝某在提交答辩状期间向一审法院提出了管辖权异议,认为本案系重大、复杂案件,依据《行政诉讼法》及其他相关规定,本案应由中级人民法院管辖。

一审法院经审理认为,刘某、杨某、郝某提出的管辖权异议申请的理由不能成立,一审法院不予支持。一审法院裁定:驳回刘某、杨某、郝某提出的管辖权异议申请。

刘某、杨某、郝某不服一审裁定,向北京市第二中级人民法院提起上诉,其上诉理由为:一审法院管辖权异议行政裁定认定事实、适用法律错误,本案系重大、复杂案件,依据《行政诉讼法》第十四条及《最高人民法院关于执行〈中华人民共和国行政诉讼法〉若干问题的解释》第八条的规定,本案应由中级人民法院

① 案例来源:北京市第二中级人民法院(2014)二中行终字第 00832 号行政裁定。

管辖。刘某、杨某、郝某据此上诉，请求撤销一审法院(2014)西行初字第291号行政裁定，将本案移送至北京市第二中级人民法院审理。百姓家园公司、西城房管局对于刘某、杨某、郝某的上诉，均未向北京市第二中级人民法院提交书面答辩意见。

▶【本案争点】> > >

该案是否应由中级人民法院管辖？

▶【评析研判】> > >

本案属于行政诉讼管辖权异议案件。行政诉讼管辖权异议是指人民法院受理行政诉讼案件后，当事人认为受诉人民法院对已受理的案件没有管辖权，不服该受诉法院管辖，从而提出该人民法院不应管辖该行政案件的诉权主张行为。受案人民法院应对此进行审查，并分别作出移送或驳回的裁定。

在行政诉讼过程当中，对管辖权异议的提起，应当具备如下条件：第一，提出管辖权异议的主体只能是行政诉讼当事人，一般为行政诉讼的被告，第三人也有权提出(本案中的刘某、杨某、郝某即是原审第三人)。其他诉讼主体或诉讼外主体即使对该受诉人民法院的管辖有不同意见，也不能提出管辖权异议，不能构成法律上的管辖权异议主体。第二，提出管辖权异议只能对第一审法院提出，对第二审法院是不能提出的。第三，提出管辖权异议必须在法定期限内以法定方式提出。根据《最高人民法院关于执行〈中华人民共和国行政诉讼法〉若干问题的解释》第十条第一款规定："当事人提出管辖异议，应当在接到人民法院应诉通知之日起10日内以书面形式提出。"即在人民法院受理相应案件之后，作为管辖权异议主体的当事人应当在接到人民法院应诉通知之日起10日内以书面形式提出。逾期不提出异议的，视为认可和接受受诉人民法院管辖。第四，提出管辖权异议的方式必须是以书面方式，仅以口头方式提出管辖权异议是无效的。

关于受诉人民法院对当事人在行政诉讼过程当中提出管辖权异议的处理，《最高人民法院关于执行〈中华人民共和国行政诉讼法〉若干问题的解释》第十条第二款对此作了专门规定，即对当事人提出的管辖权异议，人民法院应当进行审查。异议成立的，裁定将案件移送有管辖权的人民法院；异议不成立的，裁定驳回。

司法实践中，若当事人不服受诉人民法院所作出的管辖权异议裁定，可依照《最高人民法院关于执行〈中华人民共和国行政诉讼法〉若干问题的解释》第六十三条规定处理：当事人对管辖异议裁定不服的，可在10日内向上一级人民法院提起上诉。逾期不提起上诉的，人民法院第一审裁定即发生法律效力。

本案当中，作为一审法院的西城区人民法院向西城房管局及刘某、杨某、郝某送达起诉状后，刘某、杨某、郝某在提交答辩状期间向一审法院提出了管辖权异议，并认为本案系重大、复杂的案件，依据《行政诉讼法》及其他相关规定，本案应由中级人民法院管辖。一审法院经审理认为，刘某、杨某、郝某提出的管辖权异议申请的理由不能成立，不予支持。裁定：驳回刘某、杨某、郝某提出的管辖权异议申请。

作为原审第三人的刘某、杨某、郝某不服一审裁定向北京市第二中级人民法院提起上诉，认为一审法院管辖权异议行政裁定认定事实、适用法律错误，本案系重大、复杂案件，依据《行政诉讼法》第十四条及《最高人民法院关于执行〈中华人民共和国行政诉讼法〉若干问题的解释》第八条的规定，本案应由中级人民法院管辖。那么，根据我国《行政诉讼法》（1989年）的相关规定，该案是否应该由中级人民法院管辖呢？

中级人民法院的管辖范围属于学理上级别管辖的内容。行政诉讼的级别管辖是划分各级法院之间受理第一审行政案件的分工和权限。一般可分为基层人民法院的管辖、中级人民法院的管辖以及特殊案件的管辖。

关于中级人民法院的管辖范围，根据《行政诉讼法》（1989年）第十四条规定，中级人民法院管辖下列第一审行政案件：（1）确认发明专利权的案件、海关处理的案件；（2）对国务院各部门或者省、自治区、直辖市人民政府所作的具体行政行为提起诉讼的案件；（3）本辖区内重大、复杂的案件。根据《最高人民法院关于执行〈中华人民共和国行政诉讼法〉若干问题的解释》（法释〔2000〕8号）第八条规定，有下列情形之一的，属于《行政诉讼法》第十四条第三项规定的“本辖区内重大、复杂的案件”：（1）被告为县级以上人民政府，且基层人民法院不适宜审理的案件；（2）社会影响重大的共同诉讼、集团诉讼案件；（3）重大涉外或者涉及香港特别行政区、澳门特别行政区、台湾地区的案件；（4）其他重大、复杂案件。

根据本案案情，一审法院认为，北京市西城区×街实施“土地一级开发”项目建设中因拆迁产生的纠纷，不属于《最高人民法院关于执行〈中华人民共和国行政诉讼法〉若干问题的解释》(法释〔2000〕8 号)第八条规定的“本辖区内重大、复杂的案件”的情形。故本案不应有中级人民法院管辖,而应由基层人民法院管辖。同时,鉴于本案争议标的为“位于北京市西城区 ×号的拆迁房屋”,属于因不动产提起的行政诉讼。本案所涉拆迁房屋位于北京市西城区 ×号,属于西城区法院辖区范围。根据《行政诉讼法》(1989 年)第十九条关于“因不动产提起的行政诉讼,由不动产所在地人民法院管辖”的规定,西城区法院作为一审法院对本案具有管辖权。刘某、杨某、郝某关于本案应由中级人民法院管辖的上诉理由不符合法律规定,北京市第二中级人民法院不予支持,其上诉请求应予驳回。

综上,本案中一审法院裁定结果是正确的,应当维持原裁定,所以北京市第二中级人民法院依照《行政诉讼法》(1989 年)第五十九条、第六十一条第(一)项之规定,裁定驳回上诉人刘某、杨某、郝某的上诉,维持一审法院原裁定。

▶【拓展训练】> > >

袁守义诉北京市土地整理储备中心朝阳分中心、北京市朝阳区房屋管理局行政诉讼管辖异议案。

上诉人袁守义因与被上诉人北京市土地整理储备中心朝阳分中心(以下简称“土地整理储备朝阳分中心”)、北京市朝阳区房屋管理局(以下简称“朝阳房屋管理局”)行政诉讼一案,不服北京市朝阳区人民法院(2014)朝行初字第 189 号管辖权异议行政裁定,向北京市第三中级人民法院提起上诉。北京市第三中级人民法院于 2014 年 5 月 9 日受理后,依法组成合议庭审理了此案。

土地整理储备朝阳分中心在一审中起诉称:土地整理储备朝阳分中心依据朝阳房屋管理局核发的京房朝拆许字(2004)第 232 号《房屋拆迁许可证》及续证,在北京市朝阳区和平一、二、三村地区进行土地一级开发项目建设,拆迁公告的搬迁期限为 2004 年 12 月 6 日至 2005 年 2 月 6 日中午 12 时,后经延期,《房屋拆迁许可证》有效期已延至 2014 年 5 月 29 日。北京市朝阳区 ×房屋位于拆迁范围内,该房屋所有权人为袁守义。因土地整理储备朝阳分中心与袁守义在拆迁公告规定的搬迁期限内经协商未达成拆迁补偿协议,土地整理储备朝阳分中心申请朝阳房屋管理局依法进行裁决。2013 年 12 月 17 日,朝阳房屋管理局作出朝房裁字(2013)第 221 号《北京市城市房屋拆迁纠纷裁决书》。土地整理储备朝阳分中心认为该裁决书的第四项有违法及不合理之处。因此,土地整理储备朝阳分中心诉至一审法院,请求判令撤销朝阳房屋管理局作出的朝房裁字(2013)第221号《北京市城市房屋拆迁纠纷裁决书》第四项中要求土地整理储备朝阳分中心将拆迁补偿款办理提存公证的内容等。

一审法院向朝阳房屋管理局、袁守义送达起诉状后,袁守义在接到一审法院应诉通知之日起10日内以书面形式向一审法院提出了管辖权异议,其事实与理由为:本案系重大、复杂案件,依据《行政诉讼法》(1989年)第十四条第三项规定,应由北京市第三中级人民法院管辖。

一审法院经审理认为:原审第三人袁守义提出的管辖权异议申请的理由不能成立,一审法院不予支持。综上,一审法院裁定:驳回原审第三人袁守义提出的管辖权异议申请。

袁守义不服一审裁定,向北京市第三中级人民法院提起上诉,其上诉理由为:一、一审法院认定事实不清,适用法律错误。一审法院裁定认为,袁守义提出的管辖权异议理由不成立,并依照《最高人民法院关于执行〈中华人民共和国行政诉讼法〉若干问题的解释》第十条第二款的规定驳回袁守义的诉讼请求。袁守义认为,本案应该依法由北京市第三中级人民法院审理。根据《行政诉讼法》(2014年)第十五条之规定,"中级人民法院管辖下列第一审行政案件:……(三)本辖区内重大、复杂的案件"。因本案涉及袁守义的重大财产,涉及案件标的较大,且涉及的拆迁项目的审批手续具有重大违法性,2007年北京市规划委员会已为中国人民解放军总参谋部管理保障部在涉案土地上批准核发了《建设用地规划许可证》,拆迁主体已发生变更,即土地整理储备朝阳分中心无权申请行政裁决,朝阳房屋管理局违法作出行政裁决,涉及案件复杂,故应当属于本辖区内重大复杂的案件,应当由北京市第三中级人民法院管辖。二、朝阳房屋管理局作出的朝房裁字(2013)第221号《北京市城市房屋拆迁纠纷裁决书》明显缺乏事实根据,明显缺乏法律、法规依据,损害了袁守义的合法实体权益。袁守义认为朝阳房屋管理局作出的行政裁决存在认定事实错误,主要证据缺乏,适用法律、法规错误,裁决程序严重违法,且存在严重滥用职权等问题,侵犯了袁守义的合法财产权。三、土地整理储备朝阳分中心与朝阳房屋管理局的诉讼,无论哪一方胜诉,备受其害的都是袁守义的被拆迁房屋,该房屋是袁守义的巨大财产,袁守义的房屋财产将遭受巨大损失。土地整理储备朝阳分中心与朝阳房屋管理局均为北京市朝阳区人民政府的相关各部门,北京市朝阳区人民政府在财政、经济、人事方面对一审法院有利益影响,故一审法院不适宜本案的审理工作，因此本案一审应当由北京市第三中级人民法院审理，而不应由一审法院审理。四、一审法院单纯依据《最高人民法院关于执行〈中华人民共和国行政诉讼法〉若干问题的解释》第十条第二款的规定，贸然驳回袁守义的请求，实际上是对法条的曲解，一审法院的行政裁定书上，并未提供相应的依据对袁守义提出管辖权异议的理由不成立作出说明。综上，请求二审法院撤销一审裁定，依法将本案移送至北京市第三中级人民法院审理。

土地整理储备朝阳分中心对于袁守义的上诉未向北京市第三中级人民法院提交书面的答辩意见。

讨论问题：该行政诉讼管辖权异议案件应如何处理？

▶【问题提示】> > >

本案系土地整理储备朝阳分中心进行土地开发项目建设中因拆迁产生的纠纷，不属于《最高人民法院关于执行〈中华人民共和国行政诉讼法〉若干问题的解释》第八条规定的“本辖区内重大、复杂的案件”的情形。《行政诉讼法》(2014年)第二十条规定：“因不动产提起的行政诉讼，由不动产所在地人民法院管辖。”本案属于因不动产提起的行政诉讼，所涉拆迁房屋位于北京市朝阳区广和东里，故本案应由不动产所在地即北京市朝阳区人民法院管辖。袁守义关于本案应由本院管辖的上诉理由不符合法律规定，其上诉请求应予驳回。

CHAPTER 4

第四章

行政诉讼证据

案例15　陈某某诉德清县人力资源和社会保障局案[①]

▶【案件回顾】> > >

德清人社局在德清人才网发布《2011年德清县部分事业单位公开招聘工作人员公告》，专业要求是城市规划与设计及国民经济管理。后经各项考核，物流管理专业的考生汪某为德清铁路办规划管理岗位拟聘用人员。陈某某认为汪某所学专业不符合该岗位的专业要求，德清人社局和德清县发改委就此作了《关于县铁路建设管理办公室规划管理岗位招聘专业资格审查有关问题的情况说明》，认为允许汪某报名是根据工作需要，符合岗位与专业匹配的原则，符合专业审查中相近相关原则。陈某某于2011年9月29日以德清人社局和德清发改委为被申请人向德清县人民政府申请行政复议，后德清县人民政府以德政复决字(2011)04号决定书驳回了原告陈某某以德清发改委为被申请人的行政复议，以德政复决字(2011)05号决定书维持了德清人社局作出的具体行政行为。

陈某某向法院提起行政诉讼，请求判令德清人社局对汪某作出的招聘行政行为无效。法院认为，事业单位与受聘人员之间的关系，从事业单位人员聘用制度，包括公开招聘、签订聘用合同、定期考核、解聘辞聘等制度中，可以确认双方是平等、协商的聘用关系，而非行政任用关系，非本案审查的范围，故对原告的诉讼请求不予支持。

陈某某上诉称：1. 原审判决认定事实不清。被上诉人和德清发改委虽于2011年9月6日共同作出答复，但对上诉人所提异议未作明确说明。原审法院对上诉人提交的浙江省人力资源和社会保障厅于2011年9月13日作出的答复

---

① 案例来源：浙江省杭州市中级人民法院(2011)浙杭行终字第246号。

和浙江省教育厅于同月18日作出的答复均不作认定，没有法律依据。2. 原审判决适用法律错误。《关于在事业单位试行人员聘用制度的意见》中规定：受聘人员与聘用单位在公开招聘问题上发生争议的，当事人可以申请当地人事争议仲裁委员会仲裁。人事仲裁是可选程序不是复议前置程序，且被上诉人作出的具体行政行为具有可诉性。故请求法院撤销原判，改判确认被上诉人德清人社局在德清铁路办规划管理岗位对原审第三人汪某作出的招聘行政行为无效，被上诉人履行让上诉人进行递补。被上诉人德清人社局答辩称：1. 一审判决认定事实清楚。德清人社局和德清发改委为此作出资格审查有关问题的情况说明，认为汪某的专业符合相关相近原则。该答复意见因不属于资格审查这一具体行政行为，未产生行政法律关系的权利义务，故不具有行政可诉性。2. 原审判决适用法律法规正确。一审判决引述了人事部《关于在事业单位试行人员聘用制度的意见》的相关条文，用以论述受聘人员与招聘单位因公开招聘引发争议，属人事争议，当事人可提起人事仲裁，故不具有行政可诉性。

经审理，二审法院认为德清人社局同意汪某报考并无不当。关于浙江省人力资源和社会保障厅于2011年9月13日所作的答复和浙江省教育厅于同月18日所作的答复的证据效力问题，法院审查认为，该两份答复均系上诉人陈某某通过因特网咨询获得回复后下载打印的电子证据，难辨真伪，尽管浙江省教育厅之后就其答复作出了真实性确认，但陈某某并未在法定举证期限内提交一审法院；且上述两份答复的内容均不符合证据的关联性要求，浙江省人力资源和社会保障厅的答复仅说明了相近专业的可参照标准，浙江省教育厅的答复系从普通高校招生培养角度对大学本科相关相近专业作出解释，与本案事业单位招聘专业资格条件属不同路径，一审法院对该两份答复均不作认定符合证据认定规则，故陈某某就此提出的上诉意见，法院不予采信。最终驳回上诉，维持原判。

▶【本案争点】> > >

浙江省人力资源和社会保障厅和教育厅共同作出的答复是否可作为认定本案事实的证据？

▶【评析研判】> > >

证明案件真实情况的一切事实都是证据。[①] 在行政诉讼中，我国《行政诉讼

① 陈一云主编：《证据学》，中国人民大学出版社1991年版，第99页。

法》第三十三条规定："……以上证据经法庭审查属实，才能作为认定案件事实的根据。"可见，证据材料须经过法庭的审查质证才能确定其证据能力和证明力，进而作为效力完全的证据来认定案件的事实。行政诉讼证据具有一般证据的属性，即客观性、关联性和合法性。客观性是指证据是否具有能够客观反映案件事实的属性，客观性排除相关人员的主观臆断，任何推断、猜测的结论都不能作为认定案件事实的证据。关联性指证据必须与待证事实之间存在某种关联关系，只有直接或间接地证明与案件相关的事实才能被认定为证据。《最高人民法院关于行政诉讼证据若干问题的规定》第五十四条规定，法庭应当对经过庭审质证的证据和无需质证的证据进行逐一审查和对全部证据综合审查，遵循法官职业道德，运用逻辑推理和生活经验，进行全面、客观和公正地分析判断，确定证据材料与案件事实之间的证明关系，排除不具有关联性的证据材料，准确认定案件事实。合法性指证据主体、证据形式及证据获取方式等应符合法律的规定。《行政诉讼法》第四十三条第三款规定，以非法手段取得的证据，不得作为认定案件事实的根据。除这些证据具有的共性之外，行政诉讼证据还有其自身的特性。行政诉讼的证据主要由被告提供，因为在行政诉讼案件中，法院以行政行为的合法性为主要审查内容，行政行为由行政机关作出，行政机关掌握着实施行政行为的证据，因而对于行政行为合法与否的证明责任则由行政机关承担。因此，不同于刑事诉讼和民事诉讼，行政诉讼的证据主要由行政机关提供，若不能提供证明其行政行为合法性的证据，则承担不利的风险。

我国行政诉讼的证据种类法定，仅限于《行政诉讼法》第三十三条规定的八种证据类型。书证是指以书面的文字、符号等所记载和表达的内容来证明案件事实的书面文件或物品。物证是以其存在方式、内部属性、外部特征证明案件事实的物体或痕迹，作为证据的物体具有特定性和不可替代性，因其具有较强的客观性来证明案件事实。视听资料是指运用录音、录像等科学技术手段等记录下来的音响、图像等以用来证明案件事实。视听资料往往需要由一定科技含量的载体来储存，其在展示的过程中具有动态直观性，但由于其可以转载等，因此须审查其是否为原始载体，在审查过程中需要依赖科学技术。电子数据是以数字化形式传送、接收或储存的信息，是2014年《行政诉讼法》修改过程中新加入的证据种类，将电子数据加入《行政诉讼法》的证据类型是着眼于现实与未来发展的需要。随着互联网技术的发展，人们的出行、购物等无不渗透着互联网的痕迹,将电子数据纳入证据种类更有利于法院查清事实,维护当事人合法权益。电子数据具有不同于其他证据的一些特征:第一,高科技性。这是电子数据最显著的特征,是与其他证据种类最大的区别,电子数据是随着科技发展而来的,其发生、传输、保存都需要以互联网或电子计算机为载体,依次体现了其对科学技术的依赖。第二,复合性。电子数据可作为文字、图像、音频、视频等多种形式出现,其表现形式多种多样。第三,脆弱性。其脆弱性体现在两方面,一方面是指其真实性易受到侵害,电子数据受科技的影响较大,容易被复制、修改、删除,因而对其真实性应严格审查;另一方面在于电子数据本身的存在具有脆弱性,因意外的技术事故或人为的操作失误都有可能导致电子数据的丧失。证人证言是指证人在诉讼中就自己所知道的案件情况以口头或书面方式向法院所作的对案件事实的陈述。证人是直接或间接了解案件情况的自然人,不能正确表达意思的人所作的陈述,不能作为证据使用。当事人陈述是指当事人(包括原告、被告、第三人)就自己所经历的关于案件事实的陈述。当事人作为案件的亲历者,对案情有着清楚的理解和把握,但由于纠纷涉及自身利益,当事人往往出于自身利益的考量,可能会对事实真相有所隐瞒或歪曲,因此法院再审查当事人陈述时应结合其他证据来认定案件事实。鉴定意见指由鉴定机构或人民法院指定具有专门知识或技能的人,对案件中的专业性问题进行检查、测试、分析、鉴别后作出科学结论。鉴定人作为诉讼参加人,在案件中保持中立的地位,仅对专业性问题出具意见。勘验笔录是指在行政机关工作人员或法院审判人员对于能够证明案件事实的现场或者不能、不便拿到法院的物证,就地勘验、检查、测量后所制作的记录。现场笔录是指行政机关工作人员在执行职务过程中当场制作的文字记载材料。现场笔录是行政诉讼证据区别于民事诉讼和刑事诉讼证据的特殊之处,原因在于行政机关在行政执法的过程中往往面临紧急的情况需要现场处理、现场笔录作为记录现场执法的证据,具有其现实需要。如《行政强制法》第十八条规定,行政机关实施行政强制措施应当制作现场笔录,现场笔录由当事人和行政执法人员签名或者盖章,当事人拒绝的,在笔录中予以注明;当事人不到场的,邀请见证人到场,由见证人和行政执法人员在现场笔录上签名或者盖章。现场笔录作为行政机关当场处罚或及时处理的依据,具有以下特征:一是主体特定。只能由现场实施行政行为的行政执法人员作出,其他人员无权作出,因为只有现场执法的人员才切实地了解案件的情况,才能够对现场的情况进行如实记录。二是时间特定。现场笔录的制作时间只限于行政案件的发生过程中，只有在行政行为进行过程中，才能够真实地记录现场情况，现场笔录的发生也才有其紧急性与必要性。三是地点特定。顾名思义，现场笔录必须在行政行为实施的现场来进行，以此才能体现现场笔录的真实性，从而保证其证据资格。四是程序特定。现场笔录的制作应当符合法定程序：现场笔录由当事人和行政执法人员签名或者盖章，当事人拒绝的，在笔录中予以注明。当事人不到场的，邀请见证人到场，由见证人和行政执法人员在现场笔录上签名或者盖章。

本案中，法院首先对浙江省人力资源和社会保障厅、浙江省教育厅共同所作答复的证据效力问题产生了质疑，法院认为“两份答复均系上诉人陈某某通过因特网咨询获得回复后下载打印的电子证据，难辨真伪”，从法院的态度不难看出，在对于电子数据的审查过程中，由于电子数据本身的脆弱性导致其易被修改、删减，所以法院很难认定电子数据的真实性，当然也很难仅就电子数据本身作为证据适用，还需其他相关证据予以证明。本案中，电子数据的制作机关（浙江省教育厅）就其所作电子数据（答复）作出了真实性确认，以此来确认电子数据的真实性。当然，若要将电子数据作为本案证据使用，仅有真实性是不够的，还要满足关联性和合法性的要求。从法院的审理过程中未能发现相关证据的合法性问题，我们在此着重讨论证据的关联性问题。关联性指证据必须与待证事实之间存在某种关联关系，只有直接或间接地证明与案件相关的事实才能被认定为证据。

本案中人力资源和社会保障厅的答复说明了相近专业的可参照标准，教育厅的答复系从普通高校招生培养角度对大学本科相关相近专业作出解释，二者都未说明本案的争议焦点问题——事业单位招聘专业资格条件。因此，法院认为答复与待证事实属不同路径，对该两份答复认定不符合证据认定规则。

▶【拓展训练】> > >

金某诉公安交警支队行政处罚案[①]。2009 年 10 月 16 日，金某驾驶轿车从绍三线驶入 104 国道时，因未按规定使用安全带，被执勤交警当场查获。执勤交警对其作出 50 元罚款的处罚，并向其当场送达简易程序处罚决定书。金某

① http://www.hnga.gov.cn/hnga/fzyd/yasf/news-30108.html，最后访问时间：2016 年 11 月 16 日 10:40。

在该处罚决定书上签名,并签具“事实有异议”的意见。之后,金某曾向市公安局申请行政复议。2009 年 11 月 25 日,市公安局作出了行政复议决定书,维持了被告所作的处罚决定。金某不服,以市公安局交通警察支队为被告,向区人民法院提起诉讼。

原告诉称:被告以原告没有按规定使用安全带为由处罚 50 元和记 2 分。当时原告并没有未按规定使用安全带,并当场申辩且在处罚决定书上注明“事实有异议”。被告的处罚缺乏事实的佐证,虽已向市公安局提出行政复议,但该局仍维持被告的处罚。为此,要求法院依法撤销简易程序处罚决定书。被告辩称:原告驾车驶入环岛时,因未按规定使用安全带而被查获,事实清楚,证据确凿,执勤交警依法当场作出处罚决定适用法律正确,量罚适当,程序合法,请求法院依法维持支队对原告所作的处罚决定。

越城区人民法院经审理认为,交警陈述客观真实,且原告自认与两执勤交警没有利害关系,故该陈述属优势证据,应当作为认定事实的证据。原告既未能提供证据证明自己并不存在违法事实,亦不能证明执勤交警有滥用职权的故意,故其诉辩不予采信支持。越城区人民法院判决维持处罚决定。金某不服,向市中级人民法院提起上诉。市中级人民法院经审理认为:一、法律认可在适用简易程序的交通违法案件中可以由一名交通警察现场作出行政处罚,这一规定是基于交通违法行为具有结果不易固定的特殊性,而交通民警作为现场目击、执行公务的人,法律赋予了其特定职责,而本案的行政处罚系据此作出。二、在被上诉人现场作出的行政处罚决定书中,载明上诉人的违法行为是未按规定使用安全带,对该认定具有现场笔录的效力。三、两名相关民警均出庭陈述了证言,证明上诉人未使用安全带,其陈述较为客观,具有可信度。被上诉人在本案中对事实的认定已具有优势证据,在不能证明被上诉人包括现场民警对其存在偏见等情形,使其证据难以采信的前提下,上诉人仅持有异议,或者主观认为民警作证有利害关系,均不能削弱被上诉人证据的证明力。上诉人认为不存在未使用安全带违法行为的上诉理由法院不予采信。市中级人民法院判决:驳回上诉,维持原判。

讨论问题:本案现场笔录可否作为证据使用?

▶【问题提示】>>>

结合本案情况,审查现场笔录的合法性。

案例16　禄久顺等诉郑州市中原区人民政府案[①]

▶【案件回顾】> > >

禄久顺、邢瑞英原在郑州市建设西路107号院居住。1999年10月20日，郑州市拆迁办在拆迁人没有向拆迁部门提供禄久顺等10户私房产权资料，也未与禄久顺达成书面拆迁协议和土地使用权转让协议的情况下为河南一纺器公司颁发了第076号《房屋拆迁许可证》。1999年11月7日，河南一纺器公司以禄久顺拒绝签订协议、拒绝搬迁为由向郑州市拆迁办申请裁决。同年12月6日，郑州市拆迁办作出郑拆管裁字第02号行政裁决。禄久顺不服，向郑州市人民政府申请复议，郑州市人民政府于2000年3月3日作出第28号行政复议决定，维持了第02号行政裁决。禄久顺不服，于2000年3月20日向郑州市中原区人民法院提起行政诉讼。此案经一审、二审及再审，最终撤销了第02号行政裁决。

2000年3月22日，中原区政府在没有给禄久顺、邢瑞英作安置或提供周转用房的情况下，组织中原区拆迁办、房管局等有关部门将禄久顺、邢瑞英住房强行拆除，其家中部分财物由中原区公证处公证后强行搬移至郑州市中原区旮旯王新村12号。本案在审理过程中，郑州中院于2005年4月30日组织对存放被移转财物的郑州市中原区旮旯王新村12号进行现场勘查，在各方当事人均在场的情况下，对争议现存物品进行清点，并制作清点物品清单，清点发现中原区政府及一审第三人提交的物品清单公证书中所载明的物品明显少于现存原告物品。

一审法院认为：本案被诉扣押行为是中原区政府在拆迁过程中，为保证拆迁行为进行而采取的行政强制措施。中原区政府作为进行拆迁的具体组织者，应当作为本案行政诉讼的被告。本案被拆迁房屋的产权人虽为禄久顺、邢瑞英之母张秀珍，但禄久顺、邢瑞英作为该处房屋的居住人，可以推定对房屋中的物品拥有所有权或使用权，故其二人与本案被诉扣押行为有法律上的利害关系，可以作为原告提起行政诉讼。中原区政府强制拆迁行为所依据的第02号行政裁决，已被(2000)郑行终字第256号行政判决撤销，该判决已生效，中原区政府强制拆除原告房屋并搬离其财物的行为没有法律依据。作为房屋拆迁行为的

① 案例来源：河南省郑州市中级人民法院(2005)郑行初字第31号行政判决。

组织者，中原区政府应当在迁出原告财物之前对被搬迁的物品制作详细的扣押物品清单，并经被拆迁人和经手人认可签章，在搬离和委托存放原告财物时应当尽到注意及妥善保管的义务，尽量避免扩大原告的损失。本案中，虽然中原区政府在拆迁中对搬迁物品提供了公证书，但依据法庭在各方当事人均在场的情况下对现存物品所进行的勘验，足以认定经过公证的被搬离物品清单上所载明的物品不是中原区政府当时扣押原告的全部物品，该公证书不能采信，中原区政府提出仅以公证书为赔偿范围的理由与事实不符。结合现场勘查情况、原告提供的相关证人证言以及上诉人提供财产清单与原告现存财物进行比对，可以认定中原区政府在搬离和委托存放原告财物时没有尽到注意及妥善保管的义务，原告的大部分财物存在遗失毁损情况。故中原区政府扣押禄久顺、邢瑞英物品的行为缺乏法律和事实依据，程序违法，其违法扣押行为造成原告的直接财产损失，应当赔偿。本案被诉扣押行为是中原区政府组织实施的，第三人中原区拆迁办是在中原区政府的组织下参与的，故对该违法扣押行为，中原区拆迁办对外不承担责任。河南一纺器公司只是申请中原区政府启动对原告的房屋进行拆除，其对因违法扣押造成原告的财产损失不承担行政赔偿责任。故原告请求判令第三人返还物品，一审不予支持。

中原区政府不服该判决，上诉称：1. 一审判决认定没有为被上诉人安置或提供周转房，属认定事实不清；2. 禄久顺、邢瑞英应当在行政赔偿诉讼中对自己的主张承担举证责任，而二被上诉人没有任何证据证明存在珍贵邮品和字画，一审仅根据其自报财产清单、依据举证责任就支持其主张，应属证据不足；3. 一审判决上诉人赔偿的证据是郑州科健财务咨询有限公司的评估报告，而该评估报告的鉴定人并没有见到被评估物品，评估结论严重违背事实。被上诉人禄久顺、邢瑞英答辩称：1. 中原区政府至今没有提供任何证据证明其为被上诉人提供了安置用房，被扣押财物的地点也是在本案一审法院勘查现场时才知道；2. 上诉人作为拆迁组织者，强制拉走被上诉人财物，并将被上诉人一家限制人身自由或强制带离现场，这种情况下，上诉人应当尽到足够的注意和妥善保管义务，但从其提供的财产清单看，其履行注意义务是不完善的，依法应当为自己的行为承担法律责任；3. 评估结论是在有证据证明物品存在且有市场价格可查的情况下作出的，一审中上诉人对此鉴定结论并未提出异议和要求重新鉴定；4. 对被诉扣押行为违法问题，被上诉人虽未在诉状中明确，但在一审证据目录及一审开庭时都已多次强调，一审法院对扣押行为进行审理不超出起诉人的诉讼请求。一审第三人中原区拆迁办、河南一纺器公司均未提交书面答辩意见，其庭审时的答辩意见与上诉人中原区政府意见相同。

二审法院认为：中原区政府2000年3月22日对禄久顺、邢瑞英财产采取强制措施的主要依据是郑拆管裁字(1999)第02号行政裁决，而该行政裁决已被生效判决撤销，中原区政府所采取的行政强制措施没有法律依据。中原区政府在移转、保管禄久顺和邢瑞英财产过程中，应当负担慎重、妥善的注意义务，确保被移转财产的完整。尽管中原区政府对被移转财产进行了清点，并由中原区公证处出具了公证书，但从郑州中院2005年4月对现存物品的清点情况看，公证书载明物品明显少于现存物品，这说明该公证文书并不能反映被移转物品的全部事实，被移转物品存在争议。对此法院认为：由于中原区政府未能履行慎重、妥善的注意义务，造成被移转物品存在争议，其应当承担相应的法律责任。而从郭国谦等人证言、公证书记载与物品现状不符、部分购物发票及现存邮票、邮册、小本票等证据看，禄久顺、邢瑞英已穷尽了举证义务，证明争议物品曾属自己所有，在中原区政府未履行举证义务的前提下，苛求其更完善的举证不符合实际情况，亦违反公正原则。综上，一审判决认定事实清楚，但认定被诉行政行为属扣押行为及未明确返还财产、给付赔偿的具体期限欠妥，应予纠正①。

▶【本案争点】> > >

谁对原告财产损失数额的确定承担举证责任？

▶【评析研判】> > >

此案争议焦点在于举证责任的分配问题。举证责任是指当事人根据法律规定对特定的事实提供相关的证据加以证明的责任，若不能提供证据，将在诉讼中承担不利的诉讼后果，甚至可能败诉。② 对于行政诉讼中的待证事项由原告还是由被告承担，我国《行政诉讼法》对于双方的举证责任都作了相关规定。不同于民事诉讼和刑事诉讼，行政诉讼中的被告承担了较重的举证责任，这是由行政行为或是说行政权的特征所决定的。行政权一般具有主动性、强制性、单方性的特征，在行政管理过程中处于支配地位，往往未经行政相对人同意便可采取相应的强制措施。行政行为的发起、实施等都由行政机关来完成，本着

① (2005)郑行初字第31号。

② 童卫东：《〈中华人民共和国行政诉讼法〉释义与案例》，中国民主法制出版社2014年版，第99页。

公平原则的内涵,要求在举证方面被告应承担更多的责任。当然,这也基于行政实施目的的考量,行政诉讼一方面是为了解决行政法律关系的纠纷,另一方面是监督行政机关行使行政权,赋予行政机关更重的举证责任,可以在一定程度上约束行政权,避免行政权的滥用,促使其更好地实现依法行政。

《行政诉讼法》第三十四条规定,被告对作出的行政行为负有举证责任,应当提供作出该行政行为的证据和所依据的规范性文件。被告不提供或者无正当理由逾期提供证据,视为没有相应证据。但是,被诉行政行为涉及第三人合法权益,第三人提供证据的除外。此条是对被告举证责任的规定。我国行政诉讼的目的不仅在于解决行政案件的纠纷,还旨在利用司法权来监督行政权的行使。因此,在行政诉讼中,法院主要审查行政行为是否合法,行政机关作为行政行为的实施者,其应对自己行政行为的合法性承担举证责任。这种举证规则是便利诉讼的体现,行政机关对自己作出的行政行为进行合法性说明,其具有便利性,可使诉讼更好地开展。当然,究其本质,此制度的设计旨在促使行政机关依法行政,在作出行政行为时,须有证据及相关法律、行政法规的授权,不可超越职权或滥用职权。另外,该条对行政机关的举证期限也作了较为严苛的规定,这是因为行政机关在实施行政行为之前,应掌握充分的证据,即"先取证,后裁决",而不应在证据不足时作出行政行为。同样,此规定旨在督促行政机关依法行政,以更好地保护行政相对人的权益。

《行政诉讼法》第三十八条规定,在起诉被告不履行法定职责的案件中,原告应当提供其向被告提出申请的证据。但有下列情形之一的除外:(1)被告应当依职权主动履行法定职责的;(2)原告因正当理由不能提供证据的。在行政赔偿、补偿的案件中,原告应当对行政行为造成的损害提供证据。因被告的原因导致原告无法举证的,由被告承担举证责任。此条对原告的举证责任进行了规定,一般说来,在行政诉讼中,举证责任在被告,但此处指的举证责任仅指证明行政行为合法与否的责任,而并非整个行政案件所有的待证事项都由行政机关承担证明义务。

由原告承担举证责任的有两类事项,一是在起诉行政机关不履行法定职责案件中,原告应对曾在行政程序中提出申请承担举证责任。行政机关的不作为包括依行政相对人申请而不作为和依职权应作为而不作为两种情形。在依申请的行政行为中,行政相对人有进行申请行为的义务,以此来引发行政行为,在此情形中,行政相对人应就曾经提出申请的行为进行举证。而依职权不作为情形，作为行政相对人承担举证责任的例外情形，而应由行政机关就未履行职责的合法性承担证明责任。此类案件中另一种免于原告举证的情形是：原告因正当理由不能提供证据的。如原告因被告受理申请的登记制度不完备等正当事由不能提供相关证据，并能够作出合理说明的。[1]

二是在行政补偿或行政赔偿案件中，原告应对所遭受的损害承担举证责任。行政赔偿是指行政机关违法实施行政行为，侵犯相对人合法权益造成损害时由国家承担的一种赔偿责任。行政补偿是指国家行政机关及其工作人员在管理国家和社会公共事务的过程中，因合法的行政行为给公民、法人或其他组织的合法权益造成了损失，由国家依法合理予以补偿的制度。在此类案件中，案件争议焦点往往为行政赔偿或补偿的数额，而非行政行为的合法性问题，而赔偿或补偿的数额需依据相对人所受损害而定，当然行政相对人最了解自己所受损害的范围及程度，以此举证来谋求行政机关的赔偿或补偿可使行政相对人获得更有力地保护。若由于被告的原因而导致原告无法举证，则由被告承担举证责任，即应该由原告承担举证责任的事项却因为被告的行为而导致原告无法举证，此时则由被告承担相关事项的举证责任。由于被告的行为而导致相对人举证不能，则相关败诉风险由被告承担，这是基于公平原则而进行举证责任倒置的规定。

另外，《行政诉讼法》第三十七条规定，原告可以提供证明行政行为违法的证据。原告提供的证据不成立的，不免除被告的举证责任。可见，《行政诉讼法》赋予原告的是举证的权利而非举证的义务，原告可以对行政行为的违法性进行证明，即使原告证明行政行为违法的证据不成立的，还应由被告对其行为的合法性进行举证，若举证不能，则承担败诉的风险。如此规定一方面是为了保护原告的诉讼权利，另一方面是为了更全面地搜集证据，有利于法院更好地查清案件事实，作出公正的裁判。

在本案中，依据《行政诉讼法》第三十八条，对于原告遭受损失的事实和损失数额本应由原告自己举证，但由于在执行拆房等行政强制措施实施之前，行政机关对禄久顺、邢瑞英等人采取了限制人身自由或强制带离现场等行政强制措施，导致行政相对人无法取证，对于这种因行政机关的行为而导致行政相对人无法取证的，应由行政机关承担举证责任。

---

① 童卫东：《〈中华人民共和国行政诉讼法〉释义与案例》，中国民主法制出版社 2014 年版，第 108 页。

▶【拓展训练】> > >

丰浩江等人诉广东省东莞市规划局房屋拆迁行政裁决纠纷案[①]。2002 年 8 月 30 日，广东省东莞市城建规划局（以下简称“东莞市规划局”）根据东莞市城区房地产开发公司（以下简称开发公司）的申请，对位于东纵大道 18 号 24 个商铺私有房产的拆迁安置事宜作出东规行裁（2002）1 号《房屋拆迁行政裁决书》（以下简称“拆迁裁定”）。主要内容包括：（1）东纵大道 18 号 24 个铺位的拆迁按如下方式进行补偿安置，若被申请人选择货币补偿，则由申请人按照申请人提供的拆迁评估报告的评估金额一次性支付给各被申请人；若被申请人选择产权调换，如按拆迁房屋面积与该地新建商铺以 1∶0.6 的标准进行产权调换，双方不需补偿差价；若按拆迁房屋面积与该地新建商铺以 1∶1 的标准进行产权调换，则双方应计算被拆迁房屋的补偿金额和调换房屋的价格，结清产权调换的差价。（2）申请人一次性支付商铺营业损失费给被申请人，具体标准按房屋拆迁公布前 6 个月由税务部门核发的税后平均利润按月以 80% 计算补偿，期限为半年。（3）申请人一次性支付搬家费 1000 元/铺给被申请人。（4）建筑物内部装修补偿按市有关标准给予经济补偿。（5）本裁决生效之日起十五天内被申请人必须迁出东纵大道 18 号 24 个铺位，这些房屋应由申请人拆除。

丰浩江等 17 位业主不服拆迁裁决，向广东省东莞市中级人民法院提起行政诉讼。

原告诉称：被告上述裁决所依据的《评估报告》在委托主体、使用条件和范围、适用程序等方面适用法律错误，且《评估报告》的相关内容和鉴定人身份等没有经过原告质证，其裁决结果损害了原告的合法权益，请求撤销被告的房屋拆迁行政裁决。

被告辩称：裁决所依据的评估报告是由华联公司作出，该公司是经工商行政部门核准登记成立的独立企业法人，且拥有国家财政部批准颁发的资产评估资格，其评估资产范围包括房地产、机器设备等各类资产。而且，评估报告书及其评估机构的资质均在举行听证时经各原告质证。因此，该《评估报告》具有公信力且合法，我局的行政裁决程序合法，适用法律正确，原告的诉讼理由不成立。

东莞市中级人民法院认为：东莞市规划局的裁决经过公开听证，并有《评估

① http://www.pkulaw.cn/case/pfnl_1970324837041936.html? match = Exact，最后访问时间：2016 年 11 月 16 日 10:55。

报告》等为据，裁决结果有货币补偿和产权调换两种方式供各拆迁户选择，且货币补偿的金额是按房地产市场评估价确定的，符合上述法规的规定，应认定为事实清楚，适用法律法规正确，是合法的具体行政行为。驳回原告丰浩江等17人的诉讼请求。一审宣判后，丰浩江等人不服，向广东省高级人民法院提出上诉。

丰浩江等人上诉称：原审认定事实不清，原审法院认定被上诉人于2002年8月20日举行了听证会没有任何依据；原审法院认定的证据存在不合法的现象。《评估报告》将上诉人的商铺分为商铺和仓库，且提出"如按拆迁房屋面积与该地新建成商铺以1∶0.6的标准进行产权调换，双方不需要补偿差价"，显然有违公平。故请求撤销原判，撤销规划局的行政裁决。

规划局答辩称：原审认定事实清楚。丰浩江等人上诉称没有举行听证程序与事实不符；我局只要证明作出《评估报告》的华联公司是依法成立的合法机构，并具有评估资质即可，对于《评估报告》的具体内容无权评头论足。因此，丰浩江等人上诉称《评估报告》作出的价格评估显失公正的主张没有证据支持。

广东省高级人民法院经二审查明，东莞市规划局在受理开发公司的申请后，于2002年8月20日主持了公开听证会，并形成了《行政裁决审理笔录》，该笔录上有上诉人的诉讼代表人李伊凡和委托代理人的签名，且在二审庭审中李伊凡对此已予以确认，故丰浩江等人提出的东莞市规划局没有举行听证的异议理由不成立。原审法院查明的其他事实由于当事人均未提出异议，应予确认。

广东省高级人民法院认为：本案《评估报告》中签署姓名的评估人员为张瑞明和肖晓康，但只有张瑞明具有注册评估师资格，肖晓康不具有注册评估师资格。根据上述规定，该《评估报告》无效。丰浩江等人持有的《房屋所有权证》对涉案房屋均作了"铺位"字样的记载，华联公司没有提供有关证据和法律依据证明"铺位"可以理解为商铺和仓库，故在《评估报告》中将涉案房屋区分为商铺和仓库两部分，缺乏依据，不能采信。此外，华联公司介绍《评估报告》中采用的租金标准，是通过询问涉案房屋周围有关人员后确定的，但评估人张瑞明却不能提供证据对此予以证明，故华联公司采用该租金标准证据不足。由于作出《评估报告》的两位评估人员中有一位不具备法定评估资格，且评估人员既未对委托方房地产开发公司提供的资料进行审核，亦未能依法取证证明其所采纳的租金标准，在程序上存在严重违法。东莞市规划局在未依法对该《评估报告》上述事项进行审查的情况下，即采纳其作为行政裁决的依据，应认定为裁决的证据不足，依法应予以撤销。

讨论问题：本案中，被告行政裁决的合法性问题，应由哪方当事人承担举证责任？

▶【问题提示】> > >

行政行为的合法性由行政机关承担举证责任。

案例 17　夏善荣与徐州市建设局等行政证明纠纷再审案①

▶【案件回顾】> > >

经徐州市计划委员会批准，原奎山乡关庄村实施旧城改造，拆除村民私房，在刘场村建设住宅楼，后奎山乡关庄村将项目交恒信公司开发。夏善荣房屋属被拆迁范围，1999 年 7 月与奎山乡关庄村村委会签订《拆迁协议书》，被安置于刘场村世纪花园小区（以下简称世纪花园），约定 18 个月内上房。2001 年 5 月 8 日，恒信公司向徐州市建设局申报住宅竣工验收，并提供了申报所需的材料。徐州市建设局组织小区竣工验收专家现场验收、评分的结果为无不合格项目，总得分 80.5 分。根据相关法规、规章及规范性文件规定，徐州市建设局于 2001 年 6 月 18 日为恒信公司颁发第 15 号《验收合格证》。另查明，世纪花园自通知上房后能够保证居民通电，但电表 2001 年 9 月才安装到位。

一审法院认为：徐州市建设局作为徐州市建设行政主管部门，具备组织实施本行政区域内住宅小区竣工综合验收工作的法定职责，其应当根据国家有关法律、法规和标准规范。即作为综合验收，建设行政主管部门应检查小区的土地使用情况是否符合要求、小区建设是否符合《建设工程规划许可证》、是否具备各单项工程检验合格证明、是否有消防验收合格证明等，并组织有关人员进行现场综合验收；而出具《建设工程规划许可证》、各单项工程检验合格证明、消防验收合格证明等，均属相应职能部门的法定职责，而非建设行政主管部门的职权范围，因此上述文件内容是否正确、综合验收小组的打分是否正确，不属建设行政主管部门的审查范围。因此判决驳回上诉，维持原判。

上诉人夏善荣申请再审的主要理由为：恒信公司未按照设计要求施工，工程质量、公共配套设施、物业管理等存在严重问题，根本不具备竣工验收条件；

① 案例来源：江苏省高级人民法院（2006）苏行再终字第 0001 号行政判决。

恒信公司承建世纪花园未办理《建设工程规划许可证》,建设局颁发第15号《验收合格证》的主要证据不足;原审判决认定事实不清,适用法律错误。请求本院撤销徐州中院(2003)徐行终字第48号行政判决,依法改判撤销(15)号《验收合格证》;一、二审诉讼费用由徐州市建设局承担。

关于徐州市建设局是否具有对(15)号《验收合格证》所涉房屋进行竣工综合验收的法定职权问题:

原审被上诉人徐州市建设局认为:夏善荣房屋所处的是集体土地。对集体土地上的拆迁安置房屋,并无法律规定必须由建设行政主管部门进行竣工综合验收。但为了保护旧村改造过程中拆迁安置户的利益,避免出现不同的交付标准,根据广大拆迁安置户的要求,并应恒信公司的申请,其对世纪花园进行了竣工综合验收。为此,徐州市建设局在庭审中提交了徐州市人民政府办公室1999年5月21日作出的第20号《市政府办公室关于晓庄部分居民拆迁问题会议纪要》(以下简称《会议纪要》),以证明在原奎山乡关庄村实施旧村改造中,建造农民住宅安置房的土地性质不变,仍为集体土地。

关于徐州市建设局颁发(15)号《验收合格证》是否合法的问题。

被上诉人徐州市建设局认为:徐州市建设局作为徐州市建设行政主管部门,是实施本行政区域内城市住宅小区竣工综合验收工作的组织者。其根据综合验收小组提交的竣工综合验收报告作出(15)号《验收合格证》并无不当。原审上诉人夏善荣认为,恒信公司申请住宅小区竣工综合验收所提交的徐市规建20010108号《建设工程规划许可证》(以下简称0108号《规划许可证》)系伪造。因此,徐州市建设局据此作出(15)号《验收合格证》主要证据不足,应予撤销。原审被上诉人恒信公司认为:世纪花园竣工综合验收中,其向徐州市建设局提供了涉案房屋的0108号《规划许可证》,但该证原件现因被盗而丢失;且原审上诉人在一、二审中并未对0108号《规划许可证》的真实性提出异议。因此,徐州市建设局作出的(15)号《验收合格证》符合相关法律规定。

夏善荣在提出再审申请后,为证明恒信公司承建世纪花园未办理《建设工程规划许可证》,向法院提供了其在举证期限届满后发现的徐州市规划局2004年7月29日作出的《关于对许吉良人民来信的答复》(以下简称《答复》)。该《答复》的主要内容为:徐州市规划局接到许吉良举报后,查明恒信公司承建的世纪花园未办理《建设工程规划许可证》,依法对其进行了查处,并拟在组织听证后按照法定程序作出行政处罚。夏善荣同时向法院申请调取徐州市规划局对恒信公司上述违法行为进行行政处罚的(2004)徐规行罚字第90号《行政处罚决定书》(以下简称90号《处罚决定书》)。

法院依职权向徐州市规划局调取了0108号《规划许可证》的存根、建设工程规划定点批办单徐规定批字(1998)第712号、批准定点通知书存根徐规定通字(1998)第712号、发放登记等4份证据材料。

经审查,法院认为:徐州市建设局对世纪花园进行竣工综合验收,并颁发(15)号《验收合格证》以对所涉房屋规划设计条件的落实情况等进行证明的行为,直接影响到该小区居民的权利义务,故属可诉的行政行为。原审被上诉人恒信公司认为被诉行为不属于行政诉讼受案范围的理由不能成立。本案中,由于徐州市建设局未能对有关验收材料真实性进行严格审查,致其根据虚假的《建设工程规划许可证》作出对世纪花园规划设计条件落实情况的审查结论,显然不符合有关法律规范的规定。徐州市建设局据此颁发(15)号《验收合格证》,主要证据不足、适用法律法规错误,应予撤销。

▶【本案争点】> > >

法院是否能主动调取90号《处罚决定书》和0108号《规划许可证》等证明并当作新证据运用?

▶【评析研判】> > >

调取证据是指法院在诉讼中依照法定程序从掌握证据的诉讼当事人、参加人、参与人或其他人处取得与案件有关的证据的活动。法院调取证据是为了更广泛地收集证据、全面了解案件事实,从而作出公正的裁判。因为当事人或其他诉讼参与人或参加人提供的证据往往由于涉及自身利益或认知的局限等其他原因而带有倾向性,不利于法官准确把握整个案件事实。另外,行政诉讼不同于民事诉讼,一些证明案件事实的关键证据掌握在行政机关手中,行政相对人不方便也不能够获得。基于以上原因,法院在一些情况下可以调取证据。

法院调取证据包括依职权调取和依申请调取。依职权调取证据是指法院在认为需要调取证据时,自发地想了解案件事实、掌握相关证据的行政机关、其他组织或公民调取证据。司法实践中,依职权调取证据主要体现在两个方面:(1)涉及国家利益、公共利益或者他人合法权益的事实认定的。有的情况下,当事人可能仅就与自己切身利益相关的证据提交到法庭,对于与自己切身利益无关的证据没有提供。如果该证据涉及国家利益、社会公共利益和他人合法权益，人民法院又不主动调取证据，将会造成难以弥补的损失。(2)涉及依职权追加当事人、中止诉讼、终结诉讼、回避等程序性事项的。[①] 依申请调取证据指原告或者第三人不能自行收集的某些证据，可以申请法院调取，具体有：1)由国家机关保存而须由人民法院调取的证据。主要指档案材料，包括土地利用规划档案、地籍管理档案等。此类证据须由国家机关保存，若非由国家机关保存，法院不得应原告或第三人申请而调取，另外，此类证据必须由法院才能调取，若当事人通过其他途径可以获得(如申请信息公开等)，则不可申请法院调取，以避免浪费司法资源，当然也是保持法院权威性的体现。2)涉及国家秘密、商业秘密和个人隐私的证据。所谓"国家秘密"是指关系国家的安全和利益，依照法定程序确定，在一定时间内只限一定范围的人员知情的事项。国家秘密包括：①国家事务的重大决策事项；②国防建设和武装力量活动中的秘密事项；③外交或外交活动中的秘密事项以及对外承担保密义务的事项；④国民经济和社会发展中的秘密事项；⑤科学技术中的秘密事项；⑥维护国家安全活动和追查刑事犯罪中的秘密事项；⑦其他经国家保密工作部门确定应当保守的国家秘密事项。关于国家秘密的信息由有关机关设置了相关权限，当事人作为普通民众未经允许不能知晓，因此只能申请法院调取相关证据。按照我国《反不正当竞争法》的规定，商业秘密是指不为公众所知悉、能为权利人带来经济利益，具有实用性并经权利人采取保密措施的技术信息和经营信息。个人隐私是指公民个人生活中不愿为他人公开或知悉的秘密。关乎此三类内容的证据不易获取，若获取易影响国家及社会安全、侵犯相关人员的权利，因此应申请法院来调取。3)确因客观原因不能自行收集的其他证据。事件中的情况多种多样，此条作为兜底性的证据调取救济手段，在出于客观原因当事人确实不能自行调取时，可向法院申请调取，以此来保障当事人的诉讼权利。当然，法院调取证据也不是没有限制的。《行政诉讼法》第四十条规定，人民法院有权向有关行政机关以及其他组织、公民调取证据。但是，不得为证明行政行为的合法性调取被告作出行政行为时未收集的证据。行政机关实施行政行为的合法性应有其自行收集证据进行证明，行政机关在行使行政权作出相关行政行为之前就应该掌握了相关证据，而不能先作出行政行为后收集证据。若没有充分的证据，行政机关不得肆

① 童卫东：《〈中华人民共和国行政诉讼法〉释义与案例》，中国民主法制出版社2014年版，第113页。

意作出行政行为。

另外,法院作为审判机关,出于中立,不能够为了证明一方行为的合法性而代替其收集证据,尤其在行政机关诉讼中,相对人本身就处于弱势,在证据的收集、运用方面都远不如行政机关,若法院收集有利于行政机关的证据,会使得行政相对人质疑司法的公正,不利于推进诉讼的开展,丧失了行政诉讼解决纠纷、保护公民合法权益的意义。

本案中,江苏省高级人民法院根据再审申请人夏善荣的申请,向徐州市规划局调取了90号处罚决定书和108号规划许可证的存根、建设工程规划定点批办单、批准定点通知书存根和发放登记等证据。这就是法院依申请调取证据的情形,此案情应属于"由国家机关保存而须由人民法院调取的证据"的情形,对于徐州市规划局对恒信公司所作的行政处罚,因与夏善荣并无直接利害关系,因此即使夏善荣向徐州市规划局申请查阅或复制相关材料,一般也不会获得徐州市规划局的许可,又因为相关证据由行政机关徐州市规划局保存,因此可以申请法院调取证据。在此,法院调取证据的行为是符合相关法律规定的。

值得探讨的是,本案中法院依申请调取来的证据是否可以作为"新证据"来认定案件的事实呢?

我国《最高人民法院关于行政诉讼证据若干问题的规定》第五十二条对"新的证据"的类型进行了规定:(1)在一审程序中应当准予延期提供而未获准许的证据。此规定第七条规定,原告或者第三人应当在开庭审理前或者人民法院指定的交换证据之日提供证据。因正当事由申请延期提供证据的,经人民法院准许,可以在法庭调查中提供。逾期提供证据的,视为放弃举证权利。此条规定了有"正当事由"的,可获准延期提供证据,而事由的正当性是由法院来认定的,若当事人有正当事由而由于法院的过错而未获准许,则损害了当事人的诉讼权利,使当事人的举证权无法得到救济,因此,将在一审程序中应当准予延期提供而未获准许的证据作为新证据在再审程序中运用也是保护当事人诉权的体现。(2)当事人在一审程序中依法申请调取而未获准许或者未取得,人民法院在第二审程序中调取的证据。法院在一审中未调取或未成功调取而在二审中调取该证据,说明被调取证据本身没有问题,而是因为法院的过错在一审中未调取,因此,同第一种情形类似,其本质是法院为了查清案件事实而作的弥补行为。(3)原告或者第三人提供的在举证期限届满后发现的证据。此种情形属于纯粹的"新证据",其证据的证明力等事项都没有问题,是具有完全效力的证据,只是因案情的发展出现的较晚而已,因此,在再审程序中,为了全面认清案件事实,依法公正作出裁判,应结合新证据来认定有关事实。

本案中,江苏省高级人民法院认定夏善荣所举证的《答复》为新证据:"再审申请人夏善荣申请再审时,以《答复》作为证据。《答复》于原审判决生效后作出,夏善荣不可能在举证期限内发现,因此属于新的证据。夏善荣持新的证据申请再审,符合再审条件,对本案应当立案再审。"

▶【拓展训练】> > >

在谢天申与禹州市住房和城乡规划建设局城乡建设行政管理案[①]中,2000年9月,第三人谢秋生申请原禹州市房产管理局为其办理了房屋所有权证。2010年4月,因房屋区域进行房屋开发。原告租房屋居住,后住在其女儿家。2013年12月,原告过问房屋置换事宜时得知第三人谢秋生已给开发商达成置换协议,即导致诉讼。在审理期间,被告提供的"谢天申自愿放弃权利的弃权书",原告不予认可,称签名与指印不是自己所为。第三人认可"谢天申"名字非谢天申所签。谢天申申请鉴定,法院委托河南公专司法鉴定中心进行鉴定,其意见为"谢天申字样处指印不是谢天申手指捺印形成"。另查得,原禹州市房产管理局职责现由被告住建局承担。

原审法院认为:原禹州市房产管理局为第三人谢秋生办理房屋所有权证时,对第三人提供的"谢天申自愿放弃权利的弃权书"没有认真地进行调查及核实,即为第三人办理了房屋所有权证,侵犯了原告谢天申的权益。判决撤销该房屋所有权证。

上诉人谢秋生不服一审判决,双方对登记在谢秋生名下的房产证号与本案原审原告起诉时的房产证号是否一致发生争议。二审法院依职权向禹州市房产管理服务中心档案室调取的档案查询证明一份,证明谢秋生名下的房产信息在住建局登记的房产证号与本案原审原告起诉时的房产证号一致。最终判决驳回上诉,维持原判。

讨论问题:二审审理期间法院是否应依职权调取相关证据?

▶【问题提示】> > >

依据《行政诉讼法》第四十条,法院有权依职权调取证据。

---

① (2014)许行终字第27号。

案例18　杨新杰诉郑州市人民政府不予受理行政复议申请纠纷案[①]

▶【案件回顾】＞＞＞

2009年7月16日,杨新杰向郑州市人民政府提出行政复议申请,要求撤销为郑春红颁发的集体土地使用证。郑州市政府于7月17日作出《不予受理行政复议申请决定书》,以杨新杰提交的证据材料不能证明登封市人民政府颁证行为侵犯其何种合法权益,不能证明被申请的具体行政行为与其存在利害关系为由,决定不予受理。

杨新杰提起诉讼,称其于1997年5月曾向登封市西关八组申请,并缴纳了1500元空地使用费后,取得了该组位于少室路北段12巷(即原告老宅基)西边的一片宅基地使用权。但一直没有申办正规的报批手续,也没有进行开发建设,且村民组和村规民约均认可原告对该宅基地的使用权。2001年4月,原告因经济困难,曾经将该宅基地使用权转让给安新敏,后因该转让行为违反法律强制性规定,被登封市人民法院(2009)登民一初字第319号民事判决依法认定无效。因此,该宅基地的使用权依法仍应归原告所有。但是,2009年登封市人民政府无视此基本事实,为第三人郑春红颁发登宅集用(2009)第00181号集体土地使用证,确认第三人对该处宅基享有使用权。该行为损害了原告的合法权益,遂向被告提出行政复议申请。而被告不予受理,故提起诉讼。

原告提供的证据有:1. 郑政(不受复决)字(2009)第12号《不予受理行政复议申请决定书》,证明被告收到原告的行政复议申请后,于2009年7月17日作出决定,对原告的复议申请不予受理;2. 登封市人民法院(2009)登行初字第33号行政判决及登封市人民政府2010年2月7日的行政上诉状,证明被告作出郑政(不受复决)字(2009)12号《不予受理行政复议申请决定书》记载的内容,被登封市人民政府作为不服登封市人民法院(2009)登行初字第33号行政判决提出上诉的重要理由;3. 证人何万年2009年7月28日证言一份,证明原告所提交的1997年5月2日收款收据的形成原因,并与该收据一起印证原告对

① 案例来源:河南省郑州市中级人民法院(2011)郑行初字第217号行政裁定。

本案争议土地的权利系从土地所有人处合法取得。

郑州市人民政府认为杨新杰首先没有证据证明其与登封市政府的颁证行为有关联，其次即便有关联，其当初买卖宅基地是出于自愿并获得对价，不存在利益被侵害的情形。综上，原告杨新杰与登封市人民政府的颁证行为无联系，更不存在利害关系，不符合行政复议案件的受理条件，依法应予驳回，请求法院驳回原告的起诉。

第三人郑春红答辩称：杨新杰不享有任何集体土地使用权，登封市政府对郑春红颁发集体土地使用证的行为没有侵犯其合法权益，郑州市人民政府不受理其行政复议申请符合法律规定。郑春红提供的证据有：1. 杨新杰与安新敏签订的土地使用权转让协议，证明杨新杰把涉案土地的使用权协议转让给安新敏；2. 村民组与郑春红签订的土地调整协议，证明安新敏把土地返还给村民组，村民组又将土地使用权转让给郑春红。

综合各方的质证意见，二审法院对以下证据作如下确认：对被告提供的证据，原告及第三人对其真实性、合法性、关联性均无异议，可以证明杨新杰向被告提起复议申请时提供的证据材料及被告作出不予受理复议申请决定并向原告送达的事实，依法应予采信。

对原告提供的证据1，各方均无异议，应予采信；对原告提供的证据2、证据3，被告及第三人均认为与本案无关。二审法院认为：证据2可以证明杨新杰不服登封市人民政府为第三人颁发登宅集用(2009)第00181号集体土地使用证，在向市政府申请行政复议被决定不予受理之后，向登封市人民法院提起行政诉讼，一审终结后，登封市人民政府上诉，二审法院撤销原判，发回重审的事实。对原告提供的证据3，因系被告作出不予受理行政复议申请决定后才形成，且该证据应为杨新杰诉登封市人民政府土地颁证行政诉讼案件审查的对象，与本案争议的焦点问题缺乏关联性，二审法院不予采信。

对第三人提供的证据1、证据2，原告认为土地使用权转让协议已被登封市人民法院生效判决确认无效，土地调整协议与真实情况不符，不存在安新敏将土地交还村组，再由村组调整给郑春红的事实，实际上安新敏是直接把土地交给郑春红；被告认为第三人提供的证据与本案无关。二审法院认为，第三人提供的证据未在行政复议时向复议机关提供，且该证据应为杨新杰诉登封市人民政府土地颁证行政诉讼案件审查的对象，与本案争议焦点缺乏关联性，二审法院不予采信。

经审理查明:2009 年 7 月 16 日,原告杨新杰向被告郑州市人民政府提出行政复议申请,要求郑州市人民政府撤销登封市人民政府为第三人郑春红颁发的登宅集用(2009)第 00181 号集体土地使用证。7 月 17 日,郑州市人民政府作出不予受理行政复议申请决定书,以杨新杰提交的证据材料不能证明登封市人民政府颁证行为侵犯其何种合法权益,不能证明被申请的具体行政行为与其存在利害关系为由决定对杨新杰的复议申请不予受理。7 月 20 日,被告郑州市人民政府将该决定送达原告。原告杨新杰不服,于 2011 年 6 月 7 日向二审法院提起行政诉讼。

另查明,2009 年 7 月 23 日,杨新杰不服登封市人民政府为郑春红颁发登宅集用(2009)第 00181 号集体土地使用证的具体行政行为,向登封市人民法院提起行政诉讼,要求撤销该集体土地使用证。2009 年 12 月 10 日,登封市人民法院作出(2009)登行初字第 33 号行政判决,以登封市人民政府颁证程序严重违法为由,撤销了登封市人民政府为郑春红颁发的集体土地使用证。登封市人民政府不服该一审判决,向二审法院提起上诉,二审法院于 2011 年 5 月 31 日作出(2010)郑行终字第 100 号行政裁定,认为该一审判决认定事实不清,证据不足,裁定撤销原判,发回重审。现该案正在登封市人民法院一审过程中。

二审法院认为:对引发本案诉争的基础法律事实,即登封市人民政府为本案第三人郑春红颁发登宅集用(2009)第 00181 号集体土地使用证的行为,原告在其行政复议申请被被告郑州市人民政府决定不予受理后,已向人民法院提起行政诉讼。虽然登封市人民政府作出的不予受理行政复议申请决定书认定杨新杰申请复议时提交的证据材料不能证明登封市人民政府颁证行为侵犯其何种合法权益,不能证明与被申请的具体行政行为存在利害关系,但这一认定并不影响人民法院对案件的审理。人民法院仍然要按照行政诉讼程序与规则,综合各方当事人提供的证据,对原告与该颁证行为是否有法律上的利害关系的问题,重新依法进行审查和判断。因此,本案被诉不予受理行政复议申请决定不应也实际上没有侵犯原告杨新杰的合法权益,杨新杰的诉讼理由不能成立,二审法院不予支持。依照《最高人民法院关于执行〈中华人民共和国行政诉讼法〉若干问题的解释》第五十六条第四项的规定,判决驳回原告杨新杰的诉讼请求[①]。

① (2011)郑行初字第 217 号。

▶【本案争点】> > >

法院对原告提出证据的质证及认证是否合法？

▶【评析研判】> > >

质证是指在法庭审判阶段由当事人及诉讼代理人对有争议、不能直接采信的证据予以对质、辨认并核实其是否属实、能否作为定案依据的诉讼活动。我国《行政诉讼法》第四十三条规定，证据应当在法庭上出示，并由当事人互相质证。《最高人民法院关于行政诉讼证据若干问题的规定》第三十五条第一款规定，证据应当在法庭上出示，并经庭审质证。未经庭审质证的证据，不能作为定案的依据。第三十九条规定，当事人应当围绕证据的关联性、合法性和真实性，针对证据有无证明效力，以及证明效力大小，进行质证。质证旨在确认一份证据材料是否能够作为认定案件事实的证据。要认定一项证据是否符合法定要求，须全面进行质证。首先应看是否符合证据的基本要求，即合法性、真实性和关联性。从程序上来说，有待质证的证据材料其来源应合法，其收集方式、保存过程都应合法而不得有违反相关证据规定的程序；在实质内容上，证据须客观地描述案件的事实，不得有虚假的成分，证据内容本身也应合理，不得违背常理或前后矛盾；在证据之间的关系上，证据与待证事实之间应有关联性，应能够直接或间接地证明有关的案件事实。只有符合以上要求，证据材料才能具有证明力，具有证据的效力。法庭质证的过程，也是法官对证据的可采性形成内心确信的过程。我国对证据的质证方式也作了相关规定：当事人应当围绕证据的关联性、合法性和真实性，针对证据有无证明效力以及证明效力大小，进行质证。经法庭准许，当事人及其代理人可以就证据问题相互发问，也可以向证人、鉴定人或者勘验人发问。当事人及其代理人相互发问，或者向证人、鉴定人、勘验人发问时，发问的内容应当与案件事实有关联，不得采用引诱、威胁、侮辱等语言或者方式。从规定看来，我国采取的是交叉询问的方式，庭审中的质证活动由法官主导，当事人、证人等的发问或发言须经法庭准许。质问过程包括当事人之间相互发问和对证人进行发问。当事人及其代理人相互发问的方式体现了直接原则和言辞原则，通过当事人双方在庭审中的攻守互动，体现出证据的证明力，以促使法官对证据的认定作出正确的判断。证人证言作为法定证据种类，在庭审过程中是质证的对象，我国对证人出庭作证的要求也有相关规定，凡是知道案件事实的人，都有出庭作证的义务。了解案件事实的人有出庭作证的义务，以此来保障案件当事人的质证权利的行使，同时也可促使法官全面了解案件情况，正确认定案件事实。证人具有特定性、不可替代性，对查明案件事实有着重要的意义，但有些情况证人确实不能或不便出庭时（当事人在行政程序或者庭前证据交换中对证人证言无异议的；证人因年迈体弱或者行动不便无法出庭的；证人因路途遥远、交通不便无法出庭的；证人因自然灾害等不可抗力或者其他意外事件无法出庭的；证人因其他特殊原因确实无法出庭的），经人民法院准许，当事人可以提交书面证言。除证人证言外，《最高人民法院关于行政诉讼证据若干问题的规定》对其他的几类证据也有相关规定：对书证、物证和视听资料进行质证时，当事人应当出示证据的原件或者原物。但有下列情况之一的除外：(1)出示原件或者原物确有困难并经法庭准许可以出示复制件或者复制品；(2)原件或者原物已不存在，可以出示证明复制件、复制品与原件、原物一致的其他证据。视听资料应当当庭播放或者显示，并由当事人进行质证。当然，并不是所有的证据都需要公开质证，涉及国家秘密、商业秘密和个人隐私或者法律规定的其他应当保密的证据，不得在开庭时公开质证。一些涉秘的证据或不宜公开的证据，若在庭审时公开质证，会引发不良的法律后果或社会后果，此类证据往往由法官在庭下进行质证，既保证了证据的证明力也避免了不当公开可能引发的风险。

认证指法庭对证据进行审查的行为。法庭应当对经过庭审质证的证据和无须质证的证据进行逐一审查和对全部证据综合审查，遵循法官职业道德，运用逻辑推理和生活经验，进行全面、客观和公正的分析判断，确定证据材料与案件事实之间的证明关系，排除不具有关联性的证据材料，准确认定案件事实。《最高人民法院关于行政诉讼证据若干问题的规定》对证据认证的真实性和合法性都作了较为详细的规定：在证据合法性的审查上，法庭应当根据案件的具体情况，从以下方面考虑：(1)证据是否符合法定形式；(2)证据的取得是否符合法律、法规、司法解释和规章的要求；(3)是否有影响证据效力的其他违法情形。在证据真实性的审查上，法庭应当根据案件的具体情况，从以下方面考虑：(1)证据形成的原因；(2)发现证据时的客观环境；(3)证据是否为原件、原物，复制件、复制品与原件、原物是否相符；(4)提供证据的人或者证人与当事人是否具有利害关系；(5)影响证据真实性的其他因素。

法规仅对合法性和真实性的审查作了进一步规定，而未涉及证据关联性审查的问题,因为实践中的案情复杂多样,并且事物之间是普遍存在联系的,因此关联性的认定原则很难确定,只能由法官依据自己的职业道德,运用逻辑推理和生活经验,进行全面、客观和公正的分析判断,以确定证据材料与案件事实之间证明关系的紧密程度。

本案中,法院通过公开开庭的方式对原告、被告及第三人提供的证据围绕证据的合法性、真实性和关联性及有无证明力及证明力的大小进行了质证。对被告提供的证据,原告及第三人对其真实性、合法性、关联性均无异议,可以证明杨新杰向被告提起复议申请时提供的证据材料及被告作出不予受理复议申请决定并向原告送达的事实,依法应予采信。对原告提供的证据1,各方均无异议,应予采信;对原告提供的证据2、证据3,被告及第三人均认为与本案无关。法院认为:证据2可以证明杨新杰不服登封市人民政府为第三人颁发登宅集用(2009)第00181号集体土地使用证,在向市政府申请行政复议被决定不予受理之后,向登封市人民法院提起行政诉讼,一审终结后,登封市人民政府上诉,二审撤销原判,发回重审的事实。原告提供的证据3,因系被告作出不予受理行政复议申请决定后才形成,且该证据应为杨新杰诉登封市人民政府土地颁证行政诉讼案件审查的对象,与本案争议的焦点问题缺乏关联性,法院不予采信。对第三人提供的证据1、证据2,原告认为土地使用权转让协议已被登封市人民法院生效判决确认无效,土地调整协议与真实情况不符,不存在安新敏将土地交还村组,再由村组调整给郑春红的事实,实际上安新敏是直接把土地交给郑春红;被告认为第三人提供的证据与本案无关。法院认为,第三人提供的证据未在行政复议时向复议机关提供,且该证据应为杨新杰诉登封市人民政府土地颁证行政诉讼案件审查的对象,与本案争议焦点缺乏关联性,法院不予采信。通过这种当庭质证的方式,法院对各方所举证据都进行了审查,排除了非法及关联性不大的证据,对能够证明案件事实的合法证据予以采用,准确认定了案件事实,作出了公正的判决。

▶【拓展训练】>>>

在永嘉县岩头镇林山村民委员会与永嘉县人民政府行政登记案中①,1983年3月16日,永嘉县人民政府向林山大队颁发永政林字第004264号《山林所有权

① (2014)浙温行终字第304号。

证》，确认山林五块计面积1415亩为林山大队所有，其中包括小地名为“里田、上南山，坑南、坑北两面”两处山林。永嘉县岩头镇岩头村在1983年间称永嘉县岩头区岩头公社岩头大队，1983年3月30日，原岩头区将小地名为“湾里头”“上下天井”“南田小坳”“大坳猫儿雷头”“百座坑老鸦窝”等五处山林登记在岩头大队的权证号为000242号下，但在“百座坑老鸦窝”的权证号项目栏里填写“暂勿抄证”。1983年4月16日，永嘉县人民政府向岩头大队颁发了永政林字第00242号山林所有权证，该证包括前四处山林，而未颁发“百座坑老鸦窝”山林的所有权证，且将“百座坑老鸦窝”登记入《永嘉县有关纠纷未发证山场的统计》中。2006年9月10日，岩头村申请登记“百座坑老鸦窝”山林所有权，经永嘉县林业局审核同意，被告永嘉县人民政府于2006年9月29日同意发证。2007年6月20日，被告向岩头村颁发了永林证字(2007)第569号林权证，其中编号08010s0026号为“百座坑老鸦窝”。原告于2014年3月31日向永嘉县林业局申请“里田、上南山，坑南、坑北两面”山林权登记，永嘉县林业局作出永林登不登字(2014)第1号林权登记不予登记决定书，告知原告：“里田、上南山”“坑南、坑北两面”两处山林四至范围与永嘉县岩头镇河一村于2007年6月登记的“金子尖、会廖岩”山林及岩头村的“百座坑老鸦窝”山林四至范围存在重叠，与“南天小坳”“大坳猫儿雷头”山林接界。原告于2014年5月26日提起本案行政诉讼，认为被告作出被诉具体行政行为，事实不清，证据不足，程序违法，侵犯原告已取得的山林所有权，请求予以撤销。

原判认为：本案被诉行政行为于2007年6月作出，至原告提起诉讼时尚未超过20年法定起诉期限；被告和第三人主张原告于2007年知道被诉具体行政行为内容，已经超过法定起诉期限，但没有提供充分的证据证明，不予采纳。林业登记机关对当事人的登记申请，应当审查林权证明材料是否合法有效、有无权属争议，对于不符上述登记条件的，应当作出不予登记的决定。本案中，“百座坑老鸦窝”林地，在“林业三定”时期因与林山村的“里田、上南山，坑南、坑北两面”存在重复登记而一直不予发证，且被告已经将该林地统计入《永嘉县有关纠纷未发证山场的统计》中。现被告未尽到审查职责，在争议未解决前仅凭林权登记申请书，亦未履行必要的公告程序，径行将争议林地登记在岩头村名下并颁发林权证书，事实不清，主要证据不足，程序违法，依法应予撤销。

各方当事人在一审诉讼中提供的证据均已随案移送至本院。二审中，上诉人补充提供了以下证据：1. 林权登记申请表，用以证明被上诉人于2006年10

月13日申请登记涉案林地，后未获登记，此时其应当知道原审被告将涉案林地所有权证颁发给了上诉人；2. 林地所有权清册，用以证明该清册已公示30天。

二审庭审中对相关争议焦点进行了质证和辩论。综合各方意见，法院认为：1. 原审法院调取的《永嘉县有关纠纷未发证山场的统计》、永嘉县山林所有权登记册等证据未经庭审质证不能作为定案依据；被上诉人提供的附图，上诉人对此提出异议，且该证据来源不明，法院不予采信。上诉人补充提供的林权登记申请表、林地所有权清册，因不属于新证据，法院不予接纳。2. 各方当事人在一审中对被上诉人提供的《林权登记不予登记决定书》均无异议，上诉人在二审中虽对该决定书的内容提出异议，但并未提交足以推翻该决定书内容的相关证据，且该决定书能够证实"里田、上南山，坑南、坑北两面"林地四至范围与"百座坑老鸦窝"林地四至范围存在重叠。3. 原审被告仅凭林权登记申请书即颁发被诉林地所有权证，未尽到审查职责，且被诉林地所有权证中"百座坑老鸦窝"与"里田、上南山，坑南、坑北两面"林地四至范围存在重叠，因此被诉行政行为事实不清、证据不足。4. 原审被告在诉讼过程中没有提交证明其在颁发永林证字(2007)第000569号林地所有权证前已履行公告程序的任何证据，原审法院认定其未履行法定公告程序，并无不当。综上，被诉行政行为事实不清、证据不足、程序违法，依法应予撤销，原审判决撤销被诉行政行为正确。因此判决驳回上诉，维持原判。

讨论问题：法院调取的统计资料、山林所有权登记册和被上诉人提供的附图可否作为定案依据？

▶【问题提示】>>>

除涉密证据，所有证据均须庭审质证，未经质证不能作为定案依据。

案例19　河北省三河市公安局与刘玉恒治安行政处罚纠纷上诉案[①]

▶【案件回顾】>>>

2005年2月7日，刘玉恒携孩子刘倩、刘杰与朋友郑元贵、曲小宁驾驶帕萨

① 案例来源：北京市第二中级人民法院(2006)二中行终字第323号行政判决。

特轿车到三河市燕郊花炮市场购买鞭炮。当日下午16时许,花炮市场发生爆炸引起火灾,部分摊位受损,一辆白色羚羊轿车和一辆黑色摩托车被烧毁。爆炸发生后,刘玉恒驾车准备离开现场时,被人将车辆前部砸坏。刘玉恒遂前往三河市公安局燕郊治安分局报案,被扣留。三河市公安局对花炮市场爆炸事件展开调查,于2005年2月7日至8日分别对各涉案当事人进行询问。在三河市公安局安排的辨认中,白凤利、李海龙、曲通指认刘玉恒燃放鞭炮引燃摊位。2005年2月8日,三河市公安局作出公(燕)决字〔2005〕第55号《公安行政处罚决定书》(以下简称"第55号处罚决定"),认定刘玉恒购买烟花时,燃放"钻天猴"致使白凤利等4个摊位起火爆炸,并将一辆白色羚羊轿车和一辆黑色摩托车烧毁,决定给予刘玉恒行政拘留15天的处罚。

刘玉恒不服上述处罚决定,向廊坊市公安局申请行政复议。廊坊市公安局经复议认为,三河市公安局以《治安管理处罚条例》第二十条第一项"非法携带、存放枪支、弹药或者其他违反枪支管理规定行为,尚不够刑事处罚的"规定对刘玉恒进行处罚属于适用法律错误,并于2005年4月29日作出复议决定,撤销了上述处罚决定。

2005年6月9日,三河市公安局再次向白凤利、李海龙、张艳会、谢长利、曲通、李楠进行了调查。同月11日,三河市公安局重新作出公(燕)决字〔2005〕第285号《公安行政处罚决定书》(以下简称"第285号处罚决定"),在未改变第55号处罚决定认定事实的情况下,援引《治安管理处罚条例》第二十条第二项的规定,决定给予刘玉恒行政拘留15天的处罚。刘玉恒仍不服,再次申请行政复议。廊坊市公安局于同年7月28日作出复议决定,维持了第285号处罚决定。

刘玉恒不服三河市公安局作出的第285号处罚决定,向法院提起行政诉讼。

一审过程中,三河市公安局向法院提交了作出第285号处罚决定所依据的事实证据及法律、法规依据。其中,事实证据包括两组:第一组为2005年2月7日、2月8日对刘玉恒、刘倩、刘杰、郑元贵、曲小宁、白凤利、李海龙、张艳会、李家茂、李振武、曲通、谢长利、李楠、张进文、张进民、张洪涛、蔡万春、张重阳、郭晓龙、张龙强的询问笔录,2005年2月7日组织白凤利、李海龙、曲通进行辨认的笔录;第二组为2005年6月9日对白凤利、李海龙、张艳会、曲通、谢长利、张欢、李楠的询问笔录。

一审法院经对第一组证据进行全面分析、综合认定如下:(1)刘玉恒本人否认其实施了燃放花炮的行为,与刘玉恒同去的郑元贵、曲小宁、刘杰、刘倩证明花炮市场发生爆炸着火时其与刘玉恒正在选购花炮，刘玉恒没有燃放花炮而引燃摊位。(2)事发时在市场购买花炮的顾客张进文、蔡万春等顾客提供的证言证明花炮市场爆炸着火时现场非常混乱，张进文、蔡万春两人也被人指认燃放鞭炮引燃摊位且遭到阻截和殴打。(3)白凤利、李海龙、曲通、张欢、谢长利等5人在接受调查时表示看到有人燃放鞭炮引燃摊位，但上述人员关于肇事者的体貌特征、点燃花炮引燃的具体摊位、爆炸着火后肇事者逃跑的方向及方式等内容的陈述相互矛盾。(4)张欢、谢长利两人虽描述了其看到的肇事者的体貌特征、行为举止，但公安机关未安排两人对肇事者进行辨认，故仅根据张欢、谢长利的陈述无法证明刘玉恒即为肇事者。(5)据曲通的辨认笔录记载，在场进行调查的有2名侦查人员，但在笔录尾部签字的侦查人员只有1人且不是在场的侦查人员，该笔录在形式上存在的重大错误已影响该份证据的效力。(6)其余两位目击者白凤利、李海龙均为受损摊位摊主，其陈述不能单独作为认定刘玉恒系肇事者的事实依据。故一审法院对第一组证据的效力均不予认定，且依照《消防法》及《火灾事故调查规定》的规定，公安消防机构负责火灾事故的调查处理。三河市公安局未向法院提交有关公安消防机关就此次火灾出具的成因分析及责任认定结论，仅凭部分受损摊主的自述及证人证言即自行判断火灾的起因及损失情况，缺乏客观科学的分析判断。

一审法院根据以上认证意见认为，三河市公安局提交的证据材料不足以证明第285号处罚决定认定的“刘玉恒燃放爆竹引燃花炮摊位并导致花炮市场爆炸着火，尚未造成严重后果不够刑罚”这一事实的存在，第285号处罚决定主要证据明显不足，不应予以认可。故依照《行政诉讼法》第五十四条第二项第一目的规定判决：撤销三河市公安局作出的第285号处罚决定．一审判决宣判后，三河市公安局不服，提起上诉。

二审法院经审理认为，原审法院认定事实清楚，适用法律正确，审判程序合法，应予维持。故依照《行政诉讼法》第六十一条第一项的规定判决：驳回上诉，维持一审判决①。

▶【本案争点】>>>

法院在本案中适用的证明标准是否正确？

---

① 北京市(2006)二中行终字第323号判决。

▶【评析研判】> > >

行政诉讼的证明标准是指按照《行政诉讼法》的规定，由举证人提供证据，对案件事实加以证明所达到的程度，它是人民法院查明行政案件事实，尤其是判断被诉具体行政行为是否符合案件事实和法律真实的标准。[①] 由于执法方式的不断发展和行政案件种类的多样化，决定了我国不同的行政诉讼案件类型采用不同的证据证明标准。其大致分为三种。第一种为优势证明标准。这种证明标准一般用于具有民事因素的行政案件中，如行政合同、行政裁决案件，由于案件中包含大量类似于民事关系的双方意思自治的内容，所以法院在裁判的过程中应衡量双方当事人证据的证明力，一方当事人证据的证明力强时，为优势证据，即按照此有力证据来认定争议事实。第二种为清楚与令人信服的证明标准。这种证明标准适用于大多数公权力色彩浓厚的单方行政行为。要求行政机关提供的证据相对于行政相对人而言具有明显的优势，证据所证明的案件事实具有高度的盖然性。[②] 第三种为排除合理怀疑的证明标准。此标准是刑事诉讼中的证明标准，在行政诉讼中适用于对行政相对人的人身权益、财产权益有重大影响的行政行为。所谓“怀疑”是一种两可或多可的意识形态，具有正常理智的人、一般的人在选择其中一种时不能排除其他种的可能性和可行性。“合理”是指怀疑需有理由而非纯粹出于想象或幻想。这种标准要求所有案件事实具有证据证明，证据之间及证据于案件事实之间没有矛盾或者虽有矛盾但能够排除合理怀疑。[③]

本案中，行政机关对行政相对人作出了行政拘留 15 天的处罚，此行政行为属限制人身自由的行政处罚，该行为对刘玉恒人身权益的影响非常重大，因此对本案证据的审查应采用严格的证明标准，即所有案件事实均须充分的证据予以证明。本案中，公安局共提供了两组证据，而第二组证据是公安机关在行政行为实施结束 4 个月后制作的，违反了行政机关收集证据的基本原则，因此排除第二组证据的适用。第一组证据中存在证人证言相互矛盾、现场笔录签字不合法等问题，因此法院对第一组证据的效力均不予认定。最终以三河市公安局

---

① 关保英：《行政法案例教程（修订版）》，中国政法大学出版社 2013 年版，第 484 页。

② 中华人民共和国最高人民法院行政审判庭编：《中国行政审判案例》，中国法制出版社 2011 年版，第 68 页。

③ 贺荣：《行政执法与行政审判实务——知识产权与行政诉讼证据》，人民法院出版社 2005 年版，第 497 页。

提交的证据材料不足以证明行政相对人有违法事实的存在而撤销了三河市公安局作出的处罚决定。法院对于限制人身自由的行政处罚适用排除合理怀疑的证明标准,保障了行政相对人的合法权益,也是对行政机关依法行政的有效监督。

▶【拓展训练】>>>

常州市骏汇工艺品有限公司诉常州市公安局消防支队火灾原因重新认定决定案①。2000 年 10 月 22 日晚 23 时 51 分左右,骏汇公司发生火灾,消防支队接到报警后,立即派消防员赴现场扑救。火被扑灭后,常州市公安局新区分局消防科会同消防支队对火灾现场进行了勘查和调查取证,于同年 10 月 30 日写出了火灾事故调查报告,同年 11 月 1 日新区分局消防科作出了《火灾原因认定书》,认定该起火灾为人为放火。原告骏汇公司对认定结论不服,向消防支队申请重新认定。消防支队受理后进行了调查取证,并把现场提取的物证送公安部消防局火灾原因技术鉴定中心进行了鉴定,于 2001 年 1 月 5 日作出《火灾原因重新认定决定书》,认定该起火灾为人为使用汽油放火。原告骏汇公司不服,依法向常州市天宁区人民法院提起诉讼。

原告骏汇公司诉称:2000 年 10 月 22 日原告公司发生重大火灾事故,被告负责事故调查,被告的下级常州市公安局新区分局消防科于同年 11 月 1 日作出(常新)公消监(2000)第 007 号《火灾原因认定书》。原告不服,向被告申请重新认定火灾原因。被告于 2001 年 1 月 5 日作出(常)公消重(2001)第 01 号《火灾原因重新认定决定书》,认定该起火灾原因为人为使用汽油放火。原告认为被告的认定结论与事实不符,且程序违法,该结论依法不能成立,请求法院依法判决撤销(常新)公消监(2000)第 007 号《火灾原因认定书》和(常)公消重(2001)第 01 号《火灾原因重新认定决定书》及全部诉讼费用由被告负担。

被告消防支队答辩称:公安消防机构作出的火灾原因认定不属于人民法院行政诉讼的受案范围。理由是根据《消防法》规定,公安消防机构依法有权决定火灾原因,并排除其他机构对火灾原因的认定权利。火灾原因、火灾事故责任认定不直接确定公民、经济组织和其他组织的权利和义务,因此这不是具体行政行为。同时,常州市公安局新区分局已经对放火犯罪进行立案侦查。另外,

---

① http://www.pkulaw.cn/case/pfnl_117731138.html? match = Exact.

骏汇公司发生火灾后，该支队已经进行了积极的调查取证，其作出的火灾原因重新认定决定证据确凿，适用法律、法规正确，程序合法。请求法院依法驳回原告起诉。

常州市天宁区人民法院审理后认为：被告消防支队和新区分局消防科有权对原告单位发生的火灾进行调查，作出火灾原因的认定。这是公安消防机构履行的法定职责，具有严格的地域性和职权专属性，因此被告作出的火灾原因重新认定决定是一种具体行政行为，因此原告骏汇公司的起诉属于行政诉讼的受案范围。被告消防支队在接到原告要求重新认定的申请后，进行了调查取证，并把现场提取的物证送鉴后作出的火灾原因重新认定决定，事实清楚，证据确凿充分，适用法律、规章正确，程序合法。常州市公安局新区分局消防科作出的火灾原因认定，因该火灾原因认定没有发生法律效力，原告要求撤销没有实际意义。据此，判决驳回原告诉讼请求。

原告骏汇公司不服一审判决，向常州市中级人民法院提起上诉。主要理由是：原判认定事实不清，判决错误。本案争议的焦点是人为放火还是电缆起火，只要将现场熔断电缆进行科学鉴定，就会真相大白，但被上诉人消防支队拒绝对电缆进行鉴定。后经上诉人多次上访，被上诉人在其上级部门指令下才将电缆送公安部沈阳电器消防研究所进行鉴定，上诉人为此支付了 3000 元鉴定费。但被上诉人却以内部工作需要为由拒不告知鉴定结论。上诉人认为，要查清本案事实，必须调取对电缆的鉴定结论，因此请求二审法院查明事实，依法公正裁判，即撤销原判和常州市公安局消防支队（常）公消重（2001）第 01 号《火灾原因重新认定决定书》及由被上诉人承担全部诉讼费用。

被上诉人消防支队答辩称：1. 其作出的《火灾原因重新认定决定书》证据确凿，运用法律、法规正确，符合法定程序。2000 年 10 月 22 日，骏汇公司发生火灾，火灾扑灭后，答辩人下属新区消防科即组织人员对火灾现场进行勘查，制作了现场勘查笔录和现场平面图，收集了现场物证，根据现场燃烧痕迹及起火点位置，结合调查的事实，综合分析，排除电气原因和遗留火种引起火灾的可能，认定是人为放火，并于同年 11 月 1 日作出（常）公消监（2000）字第 007 号火灾原因认定书。在上诉人提出重新认定申请后，答辩人又审查了现场勘察笔录和调查笔录等证据，并于同年 12 月 25 日将提取的物证送公安部消防局火灾原因技术鉴定中心检测，并根据鉴定结论，消防支队在 2 个月内作出了（常）公消重（2001）第 01 号《火灾原因重新认定决定书》，认定该起火灾为人为使用汽油放火所致。2. 上诉人所述完全与事实不符,也提供不出任何合法有效的证据来证明其陈述的内容。3. 一审判决认定事实清楚,适用法律正确。据此请求二审法院依法驳回上诉,维持原判。

常州市中级人民法院根据上诉人的申请,依职权调取的证据有:2001 年 4 月 26 日,公安部消防局电气火灾原因技术鉴定中心关于“火灾现场残留的铠装铜芯电缆的鉴定报告”。该鉴定报告的鉴定结论为:对江苏省公安厅消防局送检的常州市骏汇工艺品有限公司火场残留物进行了样品提取,并对标注为“火灾现场残留的铠装铜芯电缆”上的熔痕样品进行了技术鉴定,其结果如下:经金相分析,送检的 1—1 熔痕为一次短路熔痕;1—2、1—3 熔痕均为二次短路熔痕。

常州市中级人民法院经审理后认为:1. 常州市公安局消防支队具备对火灾原因进行重新认定的主体资格。2. 被上诉人常州市公安局消防支队在对该起火灾原因进行重新认定时,虽然对火灾现场进行了勘查及调查访问,提取玻璃烟尘、地毯等物证送公安部消防局火灾原因技术鉴定中心进行鉴定,并据此得出排除电气原因,而是人为使用汽油放火的结论,但被上诉人在火灾现场的电缆有熔痕及未对熔断电缆进行鉴定的情况下,仅凭证人证言和现场勘查情况就排除电气起火原因,缺乏主要证据。3. 有关电缆的鉴定报告是否采信的问题。合议庭认为,虽然该鉴定报告是事后作出的,但是因为:(1)该电缆原取材于火灾现场并由被上诉人的上级部门送检;(2)上诉人在申请火灾原因重新认定时就要求被上诉人将电缆送专业技术部门进行鉴定,但被上诉人拒绝送鉴;(3)在一审中,上诉人曾提出请求一审法院调取有关电缆的鉴定报告,一审法院因消防支队没有提供而未能调取;(4)该份鉴定报告是公安部消防局电气火灾原因技术鉴定中心作出的,与消防支队作为重新认定火灾原因依据的公安部消防局火灾原因技术鉴定中心对玻璃烟尘、地毯的技术鉴定报告具有同等效力。故该份鉴定报告可以作为本案的定案依据,应予以采信。综上所述,被上诉人所作出的排除电气起火的《火灾原因重新认定决定书》,缺乏主要证据,同时该决定书也不符合《火灾事故调查规定》(2008 年)第三十一条第二款“火灾事故发生地主管公安机关或者上一级公安消防机构在收到重新认定申请书后,应当在两个月内作出维持、变更或者撤销的决定”的规定,故原审判决第二项不当,应予改判,并判决被告依法重作。4. 有关上诉人在一审中提出要求撤销常州市公安局新区分局消防科作出的《火灾原因认定书》的诉讼请求,因上诉人骏汇公司已经向常州市公安局消防支队申请重新认定,消防支队也已作出了与此相同结论的《火灾原因重新认定决定书》,据此,根据公安部《火灾事故调查规定》(2008年)第三十一条规定,常州市公安局新区分局消防科作出的《火灾原因认定书》并未发生法律效力。因此原审判决驳回原告骏汇公司要求撤销该认定书的诉讼请求并无不当,应予维持。据此,作出判决:一、维持常州市天宁区人民法院(2001)天行初字第39号行政判决第一项即"判决驳回原告常州市骏汇工艺品有限公司要求撤销(常新)公消监(2000)字第007号《火灾原因认定书》的诉讼请求"。二、撤销常州市天宁区人民法院(2001)天行初字第39号行政判决第二项即"维持常州市公安局消防支队作出的(常)公消重(2001)第01号《火灾原因重新认定决定书》"。三、撤销常州市公安局消防支队作出的(常)公消重(2001)第01号《火灾原因重新认定决定书》。四、判决常州市公安局消防支队对常州市骏汇工艺品有限公司于2000年10月22日发生的火灾依法重新作出火灾原因认定决定。

讨论问题:此案中法院依据了何种证明标准,是如何运用的?

▶【问题提示】> > >

对于行政相对人的人身权益、财产权益有重大影响的行政行为,适用排除合理怀疑的证明标准。

CHAPTER 5

第五章

法律适用

案例20　鲁潍(福建)盐业进出口有限公司苏州分公司诉江苏省苏州市盐务管理局盐业行政处罚案①

▶【案件回顾】> > >

原告鲁潍(福建)盐业进出口有限公司苏州分公司(以下简称鲁潍公司)诉称:被告江苏省苏州市盐务管理局(以下简称苏州盐务局)根据《江苏省〈盐业管理条例〉实施办法》(以下简称《江苏盐业实施办法》)的规定,认定鲁潍公司未经批准购买、运输工业盐违法,并对鲁潍公司作出行政处罚,其具体行政行为执法主体错误、适用法律错误。苏州盐务局无权管理工业盐,也无相应执法权。根据原国家计委、原国家经贸委《关于改进工业盐供销和价格管理办法的通知》等规定,国家取消了工业盐准运证和准运章制度,工业盐也不属于国家限制买卖的物品。《江苏盐业实施办法》的相关规定与上述规定精神不符,不仅违反了《国务院关于禁止在市场经济活动中实行地区封锁的规定》,而且违反了《行政许可法》和《行政处罚法》的规定,属于违反上位法设定行政许可和处罚,故请求法院判决撤销苏州盐务局作出的(苏)盐政一般〔2009〕第001-B号处罚决定。

被告苏州盐务局辩称:根据国务院《盐业管理条例》第四条和《江苏盐业实施办法》第四条的规定,苏州盐务局有作出盐务行政处罚的相应职权。《江苏盐业实施办法》是根据《盐业管理条例》的授权制定的,属于法规授权制定,整体合法有效。苏州盐务局根据《江苏盐业实施办法》设立准运证制度的规定作出行政处罚并无不当。《行政许可法》《行政处罚法》均在《江苏盐业实施办法》之后

---

① 案例来源:江苏省苏州市金阊区人民法院(原)(2009)金行初字第0027号行政判决,最高人民法院指导案例5号,http://www.chinacourt.org/article/detail/2012/04/id/478572.shtml。

实施，根据《立法法》法不溯及既往的规定，《江苏盐业实施办法》仍然应当适用。鲁潍公司未经省盐业公司或盐业行政主管部门批准而购买工业盐的行为，违反了《盐业管理条例》的相关规定，苏州盐务局作出的处罚决定，认定事实清楚，证据确凿，适用法规、规范性文件正确，程序合法，请求法院驳回鲁潍公司的诉讼请求。

法院经审理查明：2007 年 11 月 12 日，鲁潍公司从江西等地购进 360 吨工业盐。苏州盐务局认为鲁潍公司进行工业盐购销和运输时，应当按照《江苏盐业实施办法》的规定办理工业盐准运证，鲁潍公司未办理工业盐准运证即从省外购进工业盐涉嫌违法。2009 年 2 月 26 日，苏州盐务局经听证、集体讨论后认为，鲁潍公司未经江苏省盐业公司调拨或盐业行政主管部门批准从省外购进盐产品的行为，违反了《盐业管理条例》第二十条和《江苏盐业实施办法》第二十三条、第三十二条第二项的规定，并根据《江苏盐业实施办法》第四十二条的规定，对鲁潍公司作出（苏）盐政一般〔2009〕第 001-B 号处罚决定书，决定没收鲁潍公司违法购进的精制工业盐 121.7 吨、粉盐 93.1 吨，并处罚款 122363 元。鲁潍公司不服该决定，于 2 月 27 日向苏州市人民政府申请行政复议。苏州市人民政府于 4 月 24 日作出〔2009〕苏行复第 8 号复议决定书，维持了苏州盐务局作出的处罚决定。江苏省苏州市金阊区人民法院于 2011 年 4 月 29 日以（2009）金行初字第 0027 号行政判决书，判决撤销苏州盐务局（苏）盐政一般〔2009〕第 001-B 号处罚决定书。法院生效裁判认为：苏州盐务局系苏州市人民政府盐业行政主管部门，根据《盐业管理条例》第四条和《江苏盐业实施办法》第四条、第六条的规定，有权对苏州市范围内包括工业盐在内的盐业经营活动进行行政管理，具有合法执法主体资格。苏州盐务局对盐业违法案件进行查处时，应适用合法有效的法律规范。《立法法》第七十九条规定，法律的效力高于行政法规、地方性法规、规章；行政法规的效力高于地方性法规、规章。苏州盐务局的具体行政行为涉及行政许可、行政处罚，应依照《行政许可法》《行政处罚法》的规定实施。法不溯及既往是指法律的规定仅适用于法律生效以后的事件和行为，对于法律生效以前的事件和行为不适用。《行政许可法》第八十三条第二款规定，本法施行前有关行政许可的规定，制定机关应当依照本法规定予以清理；不符合本法规定的，自本法施行之日起停止执行。《行政处罚法》第六十四条第二款规定，本法公布前制定的法规和规章关于行政处罚的规定与本法不符合的，应当自本法公布之日起，依照本法规定予以修订，在 1997 年 12 月 31 日前修订完毕。因此,苏州盐务局有关法不溯及既往的抗辩理由不成立。根据《行政许可法》第十五条第一款、第十六条第三款的规定,在已经制定法律、行政法规的情况下,地方政府规章只能在法律、行政法规设定的行政许可事项范围内对实施该行政许可作出具体规定,不能设定新的行政许可。法律及《盐业管理条例》没有设定工业盐准运证这一行政许可,地方政府规章不能设定工业盐准运证制度。根据《行政处罚法》第十三条的规定,在已经制定行政法规的情况下,地方政府规章只能在行政法规规定的给予行政处罚的行为、种类和幅度内作出具体规定,《盐业管理条例》对盐业公司之外的其他企业经营盐的批发业务没有设定行政处罚,地方政府规章不能对该行为设定行政处罚。人民法院审理行政案件,依据法律、行政法规、地方性法规,参照规章。苏州盐务局在依职权对鲁潍公司作出行政处罚时,虽然适用了《江苏盐业实施办法》,但是未遵循《立法法》第七十九条关于法律效力等级的规定,未依照《行政许可法》和《行政处罚法》的相关规定,属于适用法律错误,依法应予撤销①。

▶【本案争点】> > >

1. 盐业管理的法律、行政法规没有设定工业盐准运证的行政许可,地方性法规或者地方政府规章能否设定工业盐准运证这一新的行政许可?

2. 盐业管理的法律、行政法规对盐业公司之外的其他企业经营盐的批发业务没有设定行政处罚,地方政府规章能否对该行为设定行政处罚?

▶【评析研判】> > >

一、我国法律规范体系

我国属于成文法国家,法律渊源主要表现为制定法。行政法的形式渊源主要以下几种:

(一)宪法。宪法是我国的根本大法,具有最高的法律效力。法律、行政法规、地方性法规、规章及规范性文件都不得与宪法相冲突和抵触。

(二)法律。法律分为基本法律和非基本法律,由全国人民代表大会及其常委会制定。法律的效力位阶低于宪法,高于行政法规、地方性法规和规章。

(三)行政法规。由国务院制定,其效力等级低于宪法和法律,高于地方性

① (2009)金行初字第0027号,最高人民法院指导案例5号,http://www.chinacourt.org/article/detail/2012/04/id/478572.shtml。

法规、规章。

（四）地方性法规。依据2015年新修正的《立法法》第七十二条的规定："省、自治区、直辖市的人民代表大会及其常务委员会根据本行政区域的具体情况和实际需要，在不同宪法、法律、行政法规相抵触的前提下，可以制定地方性法规。设区的市的人民代表大会及其常务委员会根据本市的具体情况和实际需要，在不同宪法、法律、行政法规和本省、自治区的地方性法规相抵触的前提下，可以对城乡建设与管理、环境保护、历史文化保护等方面的事项制定地方性法规，法律对设区的市制定地方性法规的事项另有规定的，从其规定。……"

（五）规章，包括部委规章和地方政府规章。部委规章的制定主体为国务院各部、委员会、中国人民银行、审计署和具有行政管理职能的直属机构。地方政府规章的制定主体为省、自治区、直辖市和设区的市、自治州的人民政府以及设区的市、自治州的人民政府。设区的市、自治州的人民政府制定地方政府规章，限于城乡建设与管理、环境保护、历史文化保护等方面的事项。

二、盐业管理的法律、行政法规没有设定工业盐准运证的行政许可，地方性法规或者地方政府规章不能设定工业盐准运证这一新的行政许可

《行政许可法》第十四条第一款规定："本法第十二条所列事项，法律可以设定行政许可。尚未制定法律的，行政法规可以设定行政许可。"《行政许可法》第十五条规定："本法第十二条所列事项，尚未制定法律、行政法规的，地方性法规可以设定行政许可；尚未制定法律、行政法规和地方性法规的，因行政管理的需要，确需立即实施行政许可的，省、自治区、直辖市人民政府规章可以设定临时性的行政许可。临时性的行政许可实施满一年需要继续实施的，应当提请本级人民代表大会及其常务委员会制定地方性法规。地方性法规和省、自治区、直辖市人民政府规章，不得设定应当由国家统一确定的公民、法人或者其他组织的资格、资质的行政许可；不得设定企业或者其他组织的设立登记及其前置性行政许可。其设定的行政许可，不得限制其他地区的个人或者企业到本地区从事生产经营和提供服务，不得限制其他地区的商品进入本地区市场。"《行政许可法》第十六条第三款和第四款规定："规章可以在上位法设定的行政许可事项范围内，对实施该行政许可作出具体规定。法规、规章对实施上位法设定的行政许可作出的具体规定，不得增设行政许可；对行政许可条件作出的具体规定，不得增设违反上位法的其他条件。"

本案中，法律和行政法规均没有设定工业盐准运证的行政许可。《江苏省

〈盐业管理条例〉实施办法》是由江苏省人民政府颁布的政府规章，不能在上位法没有规定的前提下，设定工业盐准运证的行政许可。

三、盐业管理的法律、行政法规对盐业公司之外的其他企业经营盐的批发业务没有设定行政处罚，地方政府规章不能对该行为设定行政处罚

《行政处罚法》第十三条规定："省、自治区、直辖市人民政府和省、自治区人民政府所在地的市人民政府以及经国务院批准的较大的市人民政府制定的规章可以在法律、法规规定的给予行政处罚的行为、种类和幅度的范围内作出具体规定。尚未制定法律、法规的，前款规定的人民政府制定的规章对违反行政管理秩序的行为，可以设定警告或者一定数量罚款的行政处罚。罚款的限额由省、自治区、直辖市人民代表大会常务委员会规定。"本案中，由于《盐业管理条例》对盐业公司之外的其他企业经营盐的批发业务没有设定行政处罚，地方政府规章不能对该行为设定行政处罚。

法院在审理行政案件，以法律和行政法规、地方性法规为依据。地方性法规适用于本行政区域内发生的行政案件。人民法院审理行政案件，参照规章。本案中，行政机关作出行政行为所依据的规章与上位法相冲突，因此，应当适用上位法法律和行政法规，而不应当适用规章。综上所述，本案行政行为属于适用法律错误，应当予以撤销。

▶【拓展训练】> > >

2006年10月26日，原告胡兰芝的丈夫冯养俊在上班途中发生交通事故，被撞成重伤，后经抢救无效死亡，时年69周岁。2007年7月，原告向包头市东河区人事劳动和社会保障局提出工伤认定申请，该局于2007年9月向被告包头市劳动和社会保障局递交了工伤认定申请材料。被告以冯养俊发生事故时已满69周岁，不具有劳动主体资格，不属于劳动法调整范围为由，作出〔2007〕劳工伤非受理5号《工伤认定不予受理通知书》，其主要理由为：冯养俊不具备劳动主体资格，其与轻工职业技术学院之间不存在劳动关系，不符合工伤认定条件。主要法律依据为《劳动和社会保障部关于确立劳动关系有关事项的通知》、《国务院关于工人退休、退职的暂行办法》、中共中央办公厅中办发(2005)9号文件、内蒙古自治区劳动和社会保障厅《关于工伤保险条例有关问题的复函》以及补充提供的《河南省工伤保险条例》和《上海市工伤保险实施办法》。其中，中共中央办公厅文件中办发(2005)9号文件规定："离退休专业技术人员受聘工作期间，因工作发生职业伤害的，应由聘用单位参照工伤保险的相关待遇标准妥善处理；因工作发生职业伤害与聘用单位发生争议的，可通过民事诉讼处理；……”①

讨论问题：本案适用法律是否正确？

▶【问题提示】>>>

该案中被告适用法律错误。中共中央办公厅(2005)9号文件为规范性文件，在没有上位法明确规定的情形下，认定退休人员在工作期间受到侵害应当参照工伤待遇标准，人民法院可以不予适用该规范性文件。

案例21　刘成法、李宪雪诉济宁市人民政府行政复议案②

▶【案件回顾】>>>

2005年10月18日，原告刘成法因宅基纠纷与第三人刘忠臣之母发生争吵，第三人得知后，将原告刘成法面部及右手打伤，将原告李宪雪的左大腿和右胳膊砸伤。2005年10月24日，嘉祥县公安局出具嘉公刑技法字(2005)第860号、第861号伤情鉴定书，认定刘成法、李宪雪二人所受损伤均为轻微伤。后经多次调解未果。2014年4月15日，嘉祥县公安局疃里派出所出具证明称该所曾多次组织刘忠臣、刘成法进行调解，未达成调解协议。2014年4月15日，嘉祥县公安局作出嘉公(疃)行决字(2014)第00009号《嘉祥县公安局公安行政处罚决定书》(以下简称《9号行政处罚决定》)：根据《治安管理处罚条例》的相关规定，对刘忠臣行政拘留五日，罚款200元。刘忠臣不服上述行政处罚决定，向被告市政府申请行政复议。2014年7月10日，被告作出济政复决字(2014)105号《行政复议决定书》(以下简称《105号复议决定》)，以案件发生时间是在2005年10月18日，嘉祥县公安局作出行政处罚决定书的时间是2014年4月15日，超过《治安管理处罚法》第九十九条规定的办案期限，以程序违法为由撤销嘉祥县公安局作出的《9号行政处罚决定》。刘成法、李宪雪因诉济宁市人民

---

① 中华人民共和国最高人民法院行政审判庭：《中国行政审判案例》，中国法制出版社2014年版，第180—183页。

② 案例来源：山东省高级人民法院(2015)鲁行终字第95号行政判决。

政府（以下简称市政府）行政复议一案，向法院提起诉讼。对被告作出的《105号复议决定》认定的事实和程序各方当事人均无异议，法院经审查确认涉诉行政复议决定认定事实清楚、程序合法。本案争议的焦点问题是《105号复议决定》适用法律是否正确。

原审法院认为：对被告作出的《105号复议决定》认定的事实和程序各方当事人均无异议，法院经审查确认涉诉行政复议决定认定事实清楚、程序合法。根据《治安管理处罚法》第九十九条第一款规定："公安机关办理治安案件的期限，自受理之日起不得超过三十日；案情重大、复杂的，经上一级公安机关批准，可以延长三十日。"本案事发时间在2005年10月18日，嘉祥县公安局于同日立案，于2014年4月15日作出行政处罚决定书，自立案至作出行政处罚长达九年，远远超过法定的最长办案期限；《治安管理处罚条例》未对公安机关的办案期限作出规定，而《治安管理处罚法》明确规定了公安机关办理行政处罚案件的办理期限，根据实体从旧、程序从新的法律适用原则，嘉祥县公安局作出公安行政处罚决定系在该法实施后，应遵守该法对办案期限的规定。虽然原告和第三人对被告2014年4月15日出具的嘉祥县公安局疃里派出所于2014年4月14日组织刘忠臣、刘成法进行调解，未达成调解协议的办案说明均无异议，但该办案说明不能证实嘉祥县公安局作出行政处罚超过法定的办案期限是因为自案发一直在调解所导致，不能成为其超过法定办案期限的合法事由，其违反正当程序，不能适用公安部关于印发《公安机关执行〈中华人民共和国治安管理处罚法〉有关问题的解释》的通知（公通字（2006）12号，以下简称《12号通知》）的规定。综上，被告以嘉祥县公安局作出公安行政处罚决定不符合法定程序为由撤销《9号行政处罚决定》并无不当，对原告的诉讼请求，原审法院不予支持。故依照《最高人民法院关于执行〈中华人民共和国行政诉讼法〉若干问题的解释》第五十六条第四项之规定，判决驳回原告刘成法、李宪雪的诉讼请求。

原审原告刘成法、李宪雪不服原审法院判决，上诉称：原审法院判决适用法律错误。刘忠臣殴打他人、故意毁坏公私财物案发生时间在2005年10月18日，《治安管理处罚法》于2006年3月1日实施，根据法不溯及既往的原则，本案嘉祥县公安局作出的具体行政行为应适用《治安管理处罚条例》。而《治安管理处罚条例》对办案期限并未作出规定，因此，《9号行政处罚决定》程序并无不当。即使公安机关办案期限有瑕疵，但是这种次要程序并未对相对人合法权益产生实质性影响，根据效率原则，亦不应予以撤销。虽然"程序从新"是一般的法律适用原则,但不能绝对化,本案就是一种例外情形。治安违法行为的行为人侵犯了上诉人的合法权益,违反了社会秩序,其应承担相应处罚,而作为受害方的上诉人就享有追诉的权利,不能因为程序性的改变而解除治安违法行为人的法律责任。因此,被上诉人市政府撤销《9 号行政处罚决定》属于适用法律错误。原审法院违反法不溯及既往的原则,未考虑本案程序性的改变对实体规则的影响,也未考虑办案期限未对行政相对人的合法权益产生实质性影响等因素,判决驳回上诉人的诉讼请求属于适用法律错误,且侵犯了上诉人的合法权益。

被上诉人刘忠臣答辩称:原审法院判决适用法律正确。《治安管理处罚法》第九十九条和《公安机关办理行政案件程序规定》第一百四十一条均对公安机关办理治安案件的期限作出了规定,即自受理之日起不得超过 30 日,案情重大、复杂的,经上一级公安机关批准,可以延长 30 日。本案发生在 2005 年 10 月 18 日,而公安机关于 2014 年 11 月 15 日才作出处罚,已远远超过法定期限。在法律适用原则上,人民法院审查具体行政行为的合法性,应遵循实体从旧、程序从新的原则。本案中,公安机关应当在程序上适用新修正的《治安管理处罚法》,而公安机关并未在《治安管理处罚法》规定的办案期限内作出处罚,根据程序从新的原则,公安机关作出的《9 号行政处罚决定》程序违法,应予撤销。

▶【本案争点】> > >

《105 号复议决定》适用法律是否正确?

▶【评析研判】> > >

行政相对人的行为发生在新法实施前,行政机关处理期间新法施行的,行政机关一般应当按照新法的程序要求作出行政行为。行政相对人的行为发生在新法实施前,行政机关处理期间新法施行的,行政机关对实体问题一般应当以旧法为判断依据,但新法对相对人更有利的除外。[①]

2005 年 8 月 28 日颁布,2006 年 3 月 1 日施行的《治安管理处罚法》明确规定了公安机关办理行政处罚案件的期限。本案中,事发时间为 2005 年 10 月 18 日,嘉祥县公安局于同日立案,于 2014 年 4 月 15 日作出《9 号行政处罚决定》。

---

① 中华人民共和国最高人民法院行政审判庭:《中国行政审判案例》,中国法制出版社 2014 年版,第 104 页。

因此，根据实体从旧、程序从新的法律适用原则，嘉祥县公安局作出《9号行政处罚决定》系在《治安管理处罚法》实施后，应当遵守该法对办案期限的规定。本案中，嘉祥县公安局于2005年10月18日立案，于2014年4月15日才作出《9号行政处罚决定》，自立案至作出行政处罚决定长达九年的时间，远远超过了前述条款规定的最长办案期限。虽然嘉祥县公安局疃里派出所出具2014年4月14日组织刘忠臣、刘成法进行调解，未达成调解协议的办案说明，但仅凭该办案说明并不能证明嘉祥县公安局作出行政处罚超过法定办案期限，是因为自案发一直在进行不间断的调解所导致，不能成为公安机关超过法定办案期限的合法事由。

▶【拓展训练】> > >

第三人郭维军原系原告铃王公司的技术科副科长。2000年2月14日（春节休假后的第一个工作日）上午，郭维军于工作时间内在厂区跌倒致伤，经医院诊断为急性闭合性颅脑外伤。2001年10月30日，郭维军向新区仲裁委提出劳动争议仲裁申请。同年11月9日，新区仲裁委以锡新劳仲勘鉴字（2001）第1号文，委托被告无锡市劳动局认定郭维军的伤情是否构成工伤。2002年4月5日，无锡市劳动局以锡劳社医〔2002〕17号《关于郭维军工伤认定的复函》（以下简称〔2002〕17号工伤认定复函）答复新区仲裁委，认为郭维军所受伤害不能认定为工伤。郭维军不服〔2002〕17号工伤认定复函，向无锡市人民政府申请复议。同年9月17日，无锡市人民政府以锡府复决字（2002）27号《行政复议决定书》，决定维持〔2002〕17号工伤认定复函。郭维军仍不服，于同年10月14日提起行政诉讼。同年11月13日，无锡市南长区人民法院作出（2002）南行初字第13号行政判决，以〔2002〕17号工伤认定复函事实不清、证据不足、适用法律错误为由，撤销了该复函，并判决无锡市劳动局重新作出工伤认定。2003年1月22日，无锡市劳动局在重新调查后，作出锡劳社医〔2003〕1号《企业职工工伤认定书》（以下简称〔2003〕1号工伤认定书），决定不认定郭维军所受伤害为工伤。郭维军对〔2003〕1号工伤认定书仍不服，再次提起行政诉讼。2004年12月2日，无锡市南长区人民法院作出（2003）南行初字第8号行政判决，以事实不清、主要证据不足为由，判决撤销了〔2003〕1号工伤认定书，并判决无锡市劳动局在判决生效后60日内重新作出工伤认定。无锡市劳动局不服该一审判决，提起上诉。2005年2月22日，无锡市中级人民法院经审理后，以2号终审判决书作出驳回上诉,维持原判的判决。新的工伤认定程序开始后,无锡市劳动局于2005年3月8日通过邮局向铃王公司发出第289号《工伤认定举证通知书》,主要内容为:“根据无锡市中级人民法院2号终审判决书和《工伤保险条例》第十九条的规定,你单位需对郭维军的工伤申请承担举证责任。请你单位在收到本通知书之日起15日内将不认为是工伤的理由及证据材料递交我局医疗保险处(书面材料需加盖单位公章)。逾期,我局将依据有关规定,依法作出工伤认定结论。”铃王公司收到举证通知书后,于4月11日向无锡市劳动局递交了不认为郭维军是工伤的陈述及一些证据。2005年4月30日,无锡市劳动局作出0491号工伤认定书,认定郭维军受伤为工伤。铃王公司不服,申请行政复议。2005年8月3日,无锡市人民政府复议维持了0491号工伤认定书。[①]

讨论问题:本案能否适用《工伤保险条例》?

【问题提示】>>>

《工伤保险条例》第六十七条规定:“本条例自2004年1月1日起施行。本条例施行前已受到事故伤害或者患职业病的职工尚未完成工伤认定的,按照本条例的规定执行。”本案中,在《工伤保险条例》施行之日,尚未完成工伤认定,并没有已经生效的工伤认定。因此,本案能够适用《工伤保险条例》。

案例22 陈爱华诉南京市江宁区住房和城乡建设局案[②]

【案件回顾】>>>

原告陈爱华诉称:南京市江宁区双龙大道833号南方花园A组团23-201室住房原为曹振林所有。2011年5月23日,曹振林亲笔书写遗嘱,将该房产和一间储藏室(8平方米),以及曹振林名下所有存款金、曹振林住房中的全部用品无条件赠给陈爱华。后曹振林于2011年6月22日在医院去世。2011年7月22日,原告经南京市公证处作出公证,声明接受曹振林的全部遗赠。2011年8月3日,原告携带曹振林遗嘱、房产证、公证书等材料前往被告下设的房地产交易中心办理过户手续被拒绝。2011年10月10日,原告向被告提出书面申请要

① 《中华人民共和国最高人民法院公报》2007年第1期(总第123期)。
② 案例来源:《中华人民共和国最高人民法院公报》2014年第8期(总第214期)。

求被告依法为其办理房屋所有权转移登记，被告于2011年10月27日书面回复，以“遗嘱未经公证，又无‘遗嘱继承公证书’”为由不予办理遗产转移登记。综上，原告认为被告强制公证的做法，与我国现行的《继承法》《物权法》《公证法》等多部法律相抵触，故提起行政诉讼，要求法院确认被告拒为原告办理房屋所有权转移登记的行为违法，责令被告就该涉案房屋为原告办理房屋所有权转移登记。原告陈爱华提交如下证据：1. 曹振林所书《我的遗言》，证明曹振林将涉案房屋遗赠给原告；2. 曹振林身份证及户籍信息证明复印件各1份，证明曹振林的身份；3. 江宁房权证东山第J00043260号《房屋产权证》、宁江国用(2006)第19372号《国有土地使用权证》各1份，证明曹振林对遗言中所涉及房产有合法处置权；4. 编号为0000974号《证明》1份，证明曹振林已过世并被安葬；5. 南京市南京公证处出具《公证书》1份，证明原告已声明接受曹振林的遗赠；6. 房产分层分户平面图、取号单、发票各1份，证明原告前往被告处办理房屋所有权转移登记，并办理好配图手续及交纳费用，但是被告拒绝为其办理的事实；7.《关于办理过户登记的申请》及国内特快专递邮件详情单各1份，证明原告向被告书面申请办理过户登记的事实；8. 区住建局作出的《关于陈爱华办理过户登记申请的回复》1份，证明被告回复无法为原告办理房屋所有权转移登记；9. 南京师范大学司法鉴定中心出具的鉴定意见书1份，证明曹振林所书《我的遗言》是其本人书写，是其真实意思表示；10. 曹振林的死亡医学证明书1份，证明曹振林于2011年6月22日在南京市第一医院肿瘤内科病房去世的事实。一审被告区住建局辩称：根据《司法部、建设部关于房产登记管理中加强公证的联合通知》(以下简称《联合通知》)第二条之规定：“遗嘱人为处分房产而设立的遗嘱，应当办理公证。遗嘱人死亡后，遗嘱受益人须持公证机关出具的‘遗嘱公证书’和‘遗嘱继承权公证书’或‘接受遗赠公证书’，以及房产所有权证、契证到房地产管理机关办理房产所有权转移登记手续。处分房产的遗嘱未经公证，在遗嘱生效后其法定继承人或遗嘱受益人可根据遗嘱内容协商签订遗产分割协议，经公证证明后到房地产管理机关办理房产所有权转移登记手续。对遗嘱内容有争议，经协商不能达成遗产分割协议的，可向人民法院提起诉讼。房地产管理机关根据判决办理房产所有权转移登记手续。”而本案原告陈爱华仅依据曹振林所立书面遗嘱为依据提出房屋所有权转移登记申请，该遗嘱并未经过公证，且原告也未提供该遗嘱分割协议，故不符合《联合通知》的规定，不应为其办理房屋所有权转移登记。综上，被告不予办理房屋所有权转移登记的具体行政行为事实清楚、程序合法、适用法律正确，请求法院依法驳回原告的诉讼请求。

南京市江宁区人民法院一审认为：根据相关法律、法规规定，房屋登记，由房屋所在地的房屋登记机构办理。被告区住建局作为房屋登记行政主管部门，负责其辖区内的房屋登记工作。本案中，曹振林书面遗嘱的真实性已进行司法鉴定，南京师范大学司法鉴定中心出具的鉴定结论为：曹振林该书面遗嘱中"曹振林"签名与提供的签名样本是同一人书写。根据《物权法》第十条第二款规定："国家对不动产实行统一登记制度。统一登记的范围、登记机构和登记办法，由法律、行政法规规定。"《继承法》第十六条第三款之规定："公民可以立遗嘱将个人财产赠给国家、集体或者法定继承人以外的人。"以及第十七条第二款之规定："自书遗嘱由遗嘱人亲笔书写，签名，注明年、月、日。"另《房屋登记办法》第三十二条规定："发生下列情形之一的，当事人应当在有关法律文件生效或者事实发生后申请房屋所有权转移登记……（三）赠与；……"且《房屋登记办法》并无规定，要求遗嘱受益人须持公证机关出具的遗嘱公证书才能办理房屋转移登记。本案中，《联合通知》是由司法部和建设部联合发布的政府性规范文件，不属于法律、行政法规、地方性法规或规章的范畴，其规范的内容不得与《物权法》《继承法》《房屋登记办法》等法律、法规相抵触。行政机关行使行政职能时必须符合法律规定，行使法律赋予的行政权力，其不能在有关法律法规规定之外创设新的权力来限制或剥夺行政相对人的合法权利。行政机构以此为由干涉行政相对人的合法权利，要求其履行非依法赋予的责任义务，法院不予支持。故被告依据《联合通知》的规定，要求原告必须出示遗嘱公证书才能办理房屋转移登记的行为与法律法规相抵触，对该涉案房屋不予办理房屋所有权转移登记的具体行政行为违法。据此，南京市江宁区人民法院依照《行政诉讼法》第五十四条第二项、第三项之规定，于 2013 年 7 月 24 日判决：（一）撤销被告区住建局于 2011 年 10 月 27 日作出的《关于陈爱华办理过户登记申请的回复》。（二）责令被告区住建局在本判决书发生法律效力后 30 日内履行对原告陈爱华办理该涉案房屋所有权转移登记的法定职责[①]。

▶【本案争点】> > >

关于司法部、建设部颁布的《联合通知》效力的认定。

---

① 《中华人民共和国最高人民法院公报》2014 年第 8 期（总第 214 期）。

▶【评析研判】>>>

一、《联合通知》是否属于规章

《司法部、建设部关于房产登记管理中加强公证的联合通知》属于规章还是规范性文件是本案的主要争议点之一。

依据《法规规章备案条例》第二条第二款规定：本条例所称规章，包括部门规章和地方政府规章。部门规章，是指国务院各部、各委员会、中国人民银行、审计署和具有行政管理职能的直属机构根据法律和国务院的行政法规、决定、命令，在本部门的职权范围内依照《规章制定程序条例》制定的规章。部门规章具备以下几个要素：一是，制定主体。部门规章的制定主体包括国务院各部、各委员会、中国人民银行、审计署和具有行政管理职能的直属机构。二是，职权要素。部门规章立法必须在法定的职权范围内进行，不得超越职权范围。三是，遵循规章制定程序，确保程序正当。四是，外在形式要素。规章的名称一般称"规定""办法"，并且经部务会议或者委员会会议决定。

从上述部门规章的判断要素来看，《司法部、建设部关于房产登记管理中加强公证的联合通知》属于规范性文件，主要理由如下：一是，从形式要件上看，该《联合通知》采用的名称为"通知"，也没有经过两部委部长的署名签发，不符合规章的形式要件。二是，从内容上判断，该《联合通知》超越了司法部和建设部的职权范围。依据《物权法》第十条第二款规定："国家对不动产实行统一登记制度。统一登记的范围、登记机构和登记办法，由法律、行政法规规定。"综上所述，该《联合通知》属于规范性文件，而非规章。

二、《联合通知》是否与上位法相冲突

《联合通知》作为规范性文件，不得与上位法相冲突。本案中，《联合通知》与上位法存在冲突，主要表现在以下方面：一是，与《物权法》相冲突。如前所述，《物权法》规定不动产实行统一登记制度，由法律、行政法规进行规定。《联合通知》作为规范性文件没有权限对其进行规定。二是，《联合通知》与《继承法》相冲突。依据《继承法》相关规定，合法、有效的遗嘱形式包括五种，分别为公证遗嘱、自书遗嘱、代书遗嘱、录音遗嘱和口头遗嘱。而《联合通知》规定原告必须出示遗嘱公证书才能办理房屋转移登记的行为，将公证遗嘱以外的其他遗嘱形式的受益人排除在外。该规定与《继承法》相冲突。三是，《联合通知》与《房屋登记办法》相冲突。《房屋登记办法》第三十二条规定："发生下列情形之一的，当事人应当在有关法律文件生效或者事实发生后申请房屋所有权转移登记：(三)赠与；……”综上所述，《联合通知》与上位法相冲突，且超越了立法权限。

三、法院对规范性文件的审查

《行政诉讼法》第五十三条第一款规定：“公民、法人或者其他组织认为行政行为所依据的国务院部门和地方人民政府及其部门制定的规范性文件不合法，在对行政行为提起诉讼时，可以一并请求对该规范性文件进行审查。”《行政诉讼法》第六十四条规定：“人民法院在审理行政案件中，经审查认为本法第五十三条规定的规范性文件不合法的，不作为认定行政行为合法的依据，并向制定机关提出处理建议。”由此可知，人民法院在审理行政案件中，经审查认为国务院部门、地方政府及其部门制定的规范性文件不合法的，不作为认定行政行为合法的依据。由于规范性文件不属于正式的法律渊源，法院在司法实践中对规范性文件的尊重程度远低于对规章的尊重。

在本案中，《联合通知》这一规范性文件与多部上位法相冲突，被告依据《联合通知》的规定要求原告必须出示遗嘱公证书才能办理房屋转移登记的行为与法律法规相抵触，对该涉案房屋不予办理房屋所有权转移登记的具体行政行为违法。

值得注意的是，2016 年 7 月，司法部颁发关于废止《司法部、建设部关于房产登记管理中加强公证的联合通知》，该《联合通知》不再具有效力。

▶【拓展训练】> > >

中华人民共和国司法部于 2016 年 1 月 25 日作出〔2016〕第 7 号《政府信息公开告知书》(以下简称被诉告知书)主要内容为：“蔡讯，2016 年 1 月 14 日你提交的政府信息公开申请收悉。依据《政府信息公开条例》和《司法部政府信息公开实施办法》的相关规定，现答复如下：根据《政府信息公开条例》第十四条、第二十一条第二项，《国家司法考试保密工作规定》第四条规定，你申请公开的事项不属于政府信息公开范围。特此告知。”蔡讯不服，向北京市第三中级人民法院提起行政诉讼，请求撤销被诉告知书；判令司法部向蔡讯公开其参加 2015 年司法考试的试卷一、试卷二、试卷三的答题卡、试卷四的答题纸，用于核对其 2015 年司法考试成绩的准确性；对《国家司法考试保密工作规定》第四条第三款进行附带审查。

讨论问题：该案中，能否对《国家司法考试保密工作规定》第四条第三款进行附带性审查？

▶【问题提示】＞＞＞

本案中，法院应当针对《国家司法考试保密工作规定》第四条第三款进行附带审查。司法部会同国家保密局通过制定《国家司法考试保密工作规定》第四条第三款确定有关国家司法考试的工作秘密事项，没有违反上位法的规定。

案例23　甘露不服暨南大学开除学籍决定案[①]

▶【案件回顾】＞＞＞

甘露原系暨南大学华文学院语言学及应用语言学专业2004级硕士研究生。2005年，甘露在参加现代汉语语法专题科目的撰写课程论文考试时，提交了《关于“来着”的历时发展》的考试论文，任课老师发现其提供的考试论文是从互联网上抄袭的，对其进行批评、教育后，要求重写论文。甘露第二次向任课老师提供的考试论文《浅议东北方言动词“造”》，又被任课老师发现与发表于《江汉大学学报》2002年第2期《东北方言动词“造”的语法及语义特征》一文雷同。2006年3月8日，暨南大学作出暨学〔2006〕7号《关于给予硕士研究生甘露开除学籍处理的决定》，给予甘露开除学籍的处分。甘露不服，向广东省教育厅提出申诉，广东省教育厅于2006年5月16日作出粤教法〔2006〕7号《学生申诉决定书》，认为暨南大学对甘露作出处分的程序违反《暨南大学学生违纪处分实施细则》第三十三条的规定，影响甘露的陈述权、申诉权及听证权的行使，不符合《普通高校学生管理规定》第五十五条、第五十六条的规定，责令暨南大学对甘露的违纪行为重新作出处理。暨南大学收到广东省教育厅的决定书后，于2006年6月1日将调查谈话通知单送达给甘露母亲赵小曼，并于当天就甘露违纪事件进行调查。2006年6月2日，暨南大学华文学院向暨南大学学生违纪处理委员会办公室建议给予甘露开除学籍的处分。6月6日，暨南大学研究生部向学校领导提交有关给予硕士研究生甘露开除学籍处理报告，建议对甘露作出

---

① 案例来源：最高人民法院（2011）行提字第12号行政判决。

开除学籍的处理。6月7日，暨南大学将违纪处理告知书送达给甘露母亲赵小曼，并制作了告知笔录。2006年6月13日，赵小曼将陈述、申辩材料交暨南大学。暨南大学也对甘露陈述申辩作了记录。2006年6月15日，暨南大学学生违纪处理委员会召开会议，决定给予甘露开除学籍的处分，并将给予甘露开除学籍处分的意见提交校长办公会议进行讨论。6月19日，暨南大学召开2006年第16次校长办公会议，会议决定同意给予甘露开除学籍的处分，并制作了暨学〔2006〕33号《关于给予硕士研究生甘露开除学籍处分的决定》(以下简称开除学籍决定)，对甘露作出开除学籍处分。6月21日，暨南大学将处分决定送达给赵小曼。6月23日，暨南大学又通过特快专递EMS将开除学籍决定寄送给甘露。2007年6月11日，甘露以暨南大学作出的开除学籍决定没有法律依据及处罚太重为由，向广州市天河区人民法院提起行政诉讼，请求撤销暨南大学作出的开除学籍决定并承担案件诉讼费。广州市天河区人民法院以(2007)天法行初字第62号行政判决维持了开除学籍决定。甘露不服提起上诉。广东省广州市中级人民法院终审判决认为，根据《教育法》的规定，暨南大学有权对受教育者进行学籍管理，实施奖励或者处分。《普通高等学校学生管理规定》第五十四条第五项规定，剽窃、抄袭他人研究成果，情节严重的，学校可以给予开除学籍处分。第六十八条规定，高等学校应当根据本规定制定或修改学校的学生管理规定，报主管教育行政部门备案，并及时向学生公布。《暨南大学学生管理暂行规定》第五十三条第五项、原《暨南大学学生违纪处分实施细则》第二十五条规定，剽窃、抄袭他人研究成果，情节严重的，可给予开除学籍处分。本案中，甘露两次抄袭他人论文作为自己的考试论文，其行为属于抄袭他人研究成果，在任课老师已经指出其错误行为后，甘露仍然再次抄袭欺骗老师，这种治学态度是很不严谨的。暨南大学认为甘露违规行为属情节严重，主要证据充分，甘露认为其行为属考试作弊的理由不成立，不予采纳。在学校处理过程中甘露书面表达了自己的意见，也委托母亲接受了暨南大学的调查、进行了申辩，暨南大学处理程序并未影响甘露行使法定权利，甘露认为开除学籍决定程序违法的主张缺乏依据，不予支持。在适用法律方面，暨南大学根据法律授权制定了本校的学生管理规定，并依照该规定对甘露作出开除学籍决定，并无违反法律、法规和规章规定。需要指出的是，在《普通高等学校学生管理规定》第五十四条已对开除学籍情形作出规定的情况下，暨南大学在开除学籍决定中没有引用该规定不妥，但该瑕疵不足以影响开除学籍决定的合法性。综上，广东省广州市中级人民法院认为,广州市天河区人民法院(2007)天法行初字第62号行政判决维持暨南大学的开除学籍决定正确。因此,广东省广州市中级人民法院判决驳回甘露上诉,维持原判。甘露向广东省高级人民法院申请再审,该院以(2010)粤高法行监字第6号驳回再审申请通知驳回其再审申请。甘露向最高人民法院申请再审称:其作为暨南大学2004级硕士研究生在修读学位课程现代汉语语法专题时,先后两次上交的课程论文存在抄袭现象属实。但该课程考试形式是以撰写课程论文方式进行的开卷考试,抄袭他人论文的行为违反了考试纪律,应按违反考试纪律的规定给予处分。但这种抄袭行为并不是《普通高等学校学生管理规定》第五十四条第五项和《暨南大学学生管理暂行规定》第五十三条第五项规定所称的"剽窃、抄袭他人研究成果"的违纪行为。暨南大学适用《暨南大学学生管理暂行规定》第五十三条第五项规定给予开除学籍处分认定事实不清、适用法律不当、处分程序不合法,且处分明显偏重。请求法院撤销原审判决并撤销开除学籍决定,责令暨南大学重新作出具体行政行为或者直接将开除学籍决定变更为其他适当的处分,同时赔偿因诉讼多年而支出的交通住宿等直接支出费用89601元和因丧失学习机会造成的间接损失及精神赔偿100000元[①]。

▶【本案争点】> > >

该案中适用法律是否正确?

▶【评析研判】> > >

高校是依法设立,以教学科研活动为主要内容,以培养人才为目的的事业单位。高校作为法律、法规授权的组织依据国家制定的《教育法》《高等教育法》《教师法》《学位条例》等法律、法规行使一定的行政权力,主要体现为以下方面:学籍管理、开除学籍、学生违纪处分、颁发学位证书和学历证书等;高校在行使公权力的过程中对于受教育者享有处分权,包括警告、严重警告、记过、留校察看、开除学籍等几种情形。学校行使开除学籍等处分权时,将直接影响到学生受教育权的实现等重大权益。高校学生在学校学习期间应当遵守《普通高等学校学生管理规定》(2016年12月16日经教育部2016年第49次部长办公会议修订通过,自2017年9月1日起施行)。该法第五十四条规定:"学校给予

① 最高人民法院(2011)行提字第12号,中国裁判文书网。

学生处分，应当坚持教育与惩戒相结合，与学生违法、违纪行为的性质和过错的严重程度相适应。学校对学生的处分，应当做到证据充分、依据明确、定性准确、程序正当、处分适当。”当学校作出开除学籍等严重影响学生教育权实现的处分时，学生能否通过行政诉讼的方式寻求救济？答案是肯定的，人民法院应当受理。人民法院在审理该类案件时，应当依据法律、法规，参照规章，并可对规范性文件进行附带性审查。

本案中，修订前的《普通高等学校学生管理规定》（2005 年）第五十四条列举了七种可以给予学生开除学籍处分的情形，包括：“（一）违反宪法，反对四项基本原则、破坏安定团结、扰乱社会秩序的；（二）触犯国家法律，构成刑事犯罪的；（三）违反治安管理规定受到处罚，性质恶劣的；（四）由他人代替考试、替他人参加考试、组织作弊、使用通讯设备作弊及其他作弊行为严重的；（五）剽窃、抄袭他人研究成果，情节严重的；（六）违反学校规定，严重影响学校教育教学秩序、生活秩序以及公共场所管理秩序，侵害其他个人、组织合法权益，造成严重后果的；（七）屡次违反学校规定受到纪律处分，经教育不改的。”《暨南大学学生管理暂行规定》第五十三条第（五）项规定：剽窃、抄袭他人研究成果，情节严重的，可给予开除学籍处分。《暨南大学学生违纪处分实施细则》第二十五条规定，剽窃、抄袭他人研究成果，视情节轻重，给予留校察看或开除学籍处分。暨南大学的上述规定需要依据修订前的《普通高等学校学生管理规定》（2005 年）第五十四条第五项的规定进行制定，不能违背《普通高等学校学生管理规定》的立法本意。修订前的《普通高等学校学生管理规定》（2005 年）第五十四条第五项所称的“剽窃、抄袭他人研究成果”，系指高等学校学生在毕业论文或者公开发表的学术文章、著作中存在剽窃、抄袭他人研究成果的情形。所谓“情节严重”，系指剽窃、抄袭行为手段恶劣、社会影响大，对学校声誉造成不良影响等情形。甘露作为在校研究生提交课程论文，属于课程考核的一种形式，其中存在抄袭行为，不属于该项规定的情形。因此，暨南大学开除学籍决定援引《暨南大学学生管理暂行规定》第五十三条第五项和《暨南大学学生违纪处分实施细则》第二十五条规定，属于适用法律错误，应予撤销。因此，本案中最高人民法院作出终审判决：一、撤销广东省广州市中级人民法院（2007）穗中法行终字第 709 号行政判决和广州市天河区人民法院（2007）天法行初字第 62 号行政判决；二、确认暨南大学暨学〔2006〕33 号《关于给予硕士研究生甘露开除学籍处分的决定》违法。

▶【拓展训练】>>>

在何小强诉华中科技大学拒绝授予学位案[①]中，原告何小强系第三人华中科技大学武昌分校(以下简称武昌分校)2003 级通信工程专业的本科毕业生。武昌分校是独立的事业法人单位，无学士学位授予资格。根据国家对民办高校学士学位授予的相关规定和双方协议约定，被告华中科技大学同意对武昌分校符合学士学位条件的本科毕业生授予学士学位，并在协议附件载明《华中科技大学武昌分校授予本科毕业生学士学位实施细则》。其中第二条规定"凡具有我校学籍的本科毕业生，符合本《实施细则》中授予条件者，均可向华中科技大学学位评定委员会申请授予学士学位"；第三条规定"……达到下述水平和要求，经学术评定委员会审核通过者，可授予学士学位。(三)通过全国大学英语四级统考"。2006 年 12 月，华中科技大学作出《关于武昌分校、文华学院申请学士学位的规定》，规定通过全国大学外语四级考试是非外国语专业学生申请学士学位的必备条件之一。2007 年 6 月 30 日，何小强获得武昌分校颁发的《普通高等学校毕业证书》，由于其本科学习期间未通过全国英语四级考试，武昌分校根据上述《实施细则》，未向华中科技大学推荐其申请学士学位。8 月 26 日，何小强向华中科技大学和武昌分校提出授予工学学士学位的申请。2008 年 5 月 21 日，武昌分校作出书面答复，因何小强没有通过全国大学英语四级考试，不符合授予条件，华中科技大学不能授予其学士学位。湖北省武汉市洪山区人民法院于 2008 年 12 月 18 日作出(2008)洪行初字第 81 号行政判决，驳回原告何小强要求被告华中科技大学为其颁发工学学士学位的诉讼请求。湖北省武汉市中级人民法院于 2009 年 5 月 31 日作出(2009)武行终字第 61 号行政判决，驳回上诉，维持原判。

讨论问题：被诉行政行为是否可诉及司法审查的范围?

▶【问题提示】>>>

被诉行政行为具有可诉性。高校依据《高等教育法》《学位条例》等法律、法规的授权，成为了法律、法规授权的组织，具有审查授予学位的法定职权。华中科技大学是本案适格的被告，何小强对华中科技大学不授予其学士学位不服

---

① 武汉市(2009)武行终字第 61 号。

提起诉讼的，人民法院应当依法受理。学位授予单位在不违反《学位条例》所规定授予学士学位基本原则的基础上，在学术自治范围内制定学士学位授予标准的权力和职责，华中科技大学在此授权范围内将全国大学英语四级考试成绩与学士学位挂钩，属于学术自治的范畴，对学士学位授予的司法审查不能干涉和影响高等学校的学术自治原则。

案例24　金座清洁服务有限公司与深圳市福田区安全生产监督管理局处罚案[①]

▶【案件回顾】> > >

2015年1月23日，××有限公司深圳分公司（以下简称××公司）经招标，确定金座公司为深圳音乐厅外墙清洗服务工程中标单位，金座公司向××公司提交《深圳音乐厅外墙清洗方案书》后，于2015年2月3日进场施工。3月14日，阔某某、邹某某进行音乐厅玻璃幕墙清洗工作，17时许，邹某某在高空作业时坠落地面，经抢救无效后死亡。事故发生后，福田区人民政府成立事故调查组对事故进行调查。2015年4月24日，调查组出具《“3·14”深圳音乐厅死亡事故调查报告》，认定该事故是一起作业人员未按规定使用劳动保护用品，作业现场安全监管不到位导致的安全生产事故。同年5月11日，福田安监局对该事故进行立案，同年6月12日，福田安监局向金座公司发出《行政处罚告知书》和《听证告知书》，同年7月9日，福田安监局作出《行政处罚决定书》，认定金座公司未按法律规定对作业人员进行安全生产教育和培训，未能及时发现并制止无高处作业资质的人员进行高空作业，未能监督作业人员按规则使用劳动保护用品，对作业现场安全监管不到位，对事故发生负管理责任，对金座公司处罚款人民币12万元的行政处罚。另查明，金座公司中标深圳音乐厅外墙清洗服务工程后，将工程转给案外人邱某某负责。2015年3月14日，邱某某安排阔某某、邹某某从事音乐厅玻璃幕墙清洗工作，邹某某没有特种作业操作证。

一审法院认为，《安全生产法》第九条第二款规定：“……县级以上地方各级人民政府有关部门依照本法和其他有关法律、法规的规定，在各自的职责范围

① 案例来源：广东省深圳市中级人民法院（2016）粤03行终643号行政判决。

内对有关行业、领域的安全生产工作实施监督管理。"福田安监局作为深圳福田区安全生产监督部门,具有对辖区内安全生产工作进行监督管理的职权。关于事实认定。《安全生产法》第十七条规定:"生产经营单位应当具备本法和有关法律、行政法规和国家标准或者行业标准规定的安全生产条件;不具备安全生产条件的,不得从事生产经营活动。"国家安全生产监督管理总局《特种作业人员安全技术培训考核管理规定》第三条第一款规定:"本规定所称特种作业,是指容易发生事故,对操作者本人、他人的安全健康及设备、设施的安全可能造成重大危害的作业。特种作业的范围由特种作业目录规定。"特种作业目录规定,高处作业是指专门或经常在坠落高度基准面 2 米及以上有可能坠落的高处进行的作业。第五条规定:"特种作业人员必须经专门的安全技术培训并考核合格,取得《中华人民共和国特种作业操作证》(以下简称特种作业操作证)后,方可上岗作业。"根据上述规定,深圳音乐厅外墙清洗服务工程属高空特种作业,金座公司具有按照法律规定保障安全生产的义务。本案中,《中标通知书》、工商银行转账凭证、金座公司法定代表人莫海娟的陈述、案外人邱某某、阔某某、杨某等人的陈述等证据已经形成完整的证据链条,足以证明金座公司中标深圳音乐厅外墙清洗服务工程后,自己并未组织施工,而是将工程转给不具备承揽涉案工程资质的案外人邱某某负责,邱某某并非金座公司的员工,整个施工过程完全脱离了金座公司的监管,致使没有特种作业资质的人员上岗作业,造成致一人死亡的安全生产事故。福田安监局认定金座公司未按法律规定对作业人员进行安全生产教育和培训,未能及时发现并制止无高处作业资质的人员进行高空作业,未能监督作业人员按规则使用劳动保护用品,对作业现场安全监管不到位,对造成邹某某死亡的安全事故负管理责任,认定事实清楚,证据确实、充分,原审法院予以确认。金座公司关于死者邹某某并非金座公司安排的员工、金座公司与此次安全事故没有关系的诉讼主张,原审法院不予采纳。

关于法律适用。福田安监局依据国务院《生产安全事故报告和调查处理条例》对金座公司处 12 万元罚款的行政处罚,该条例第三十七条第一项规定,"事故发生单位对事故发生负有责任的,依照下列规定处以罚款:(一)发生一般事故的,处 10 万元以上 20 万元以下的罚款"。但《安全生产法》第一百零九条第一款第一项规定,"发生生产安全事故,对负有责任的生产经营单位除要求其依法承担相应的赔偿等责任外,由安全生产监督管理部门依照下列规定处以罚款:(一)发生一般事故的,处二十万元以上五十万元以下的罚款"。即对一般事故的处罚幅度,《安全生产法》与《生产安全事故报告和调查处理条例》存在法律冲突。《安全生产法》作为全国人大颁布的法律,其效力高于作为行政法规的《生产安全事故报告和调查处理条例》,故福田安监局依据《生产安全事故报告和调查处理条例》的规定对金座公司处12万元罚款的行政处罚,适用法律错误。综上,福田安监局对金座公司作出的行政处罚决定,认定事实清楚,证据确实、充分,但适用法律错误,依据《行政诉讼法》第七十条第二项的规定,判决:一、撤销深圳市福田区安全生产监督管理局作出的(深福)安监管罚字(2015)第(S01)号行政处罚决定;二、深圳市福田区安全生产监督管理局在本判决生效之日起三个月内对深圳市金座清洁服务有限公司的违法行为重新作出处理。

▶【本案争点】> > >

本案应当适用《安全生产法》还是《生产安全事故报告和调查处理条例》?

▶【评析研判】> > >

一、法律规范冲突的选择适用规则

我国的法律体系由宪法、法律、行政法规、地方性法规、规章构成。当法律规范之间发生冲突时,应当适用以下规则。

(一)不同效力层次的法律规范冲突

当下位法与上位法相冲突时,应当优先适用效力层级较高的法律规范,即"上位法优于下位法"。下位法与上位法相冲突、相抵触的内容无效。

(二)同一效力层次的法律规范冲突

同一效力层次的法律规范冲突时,应当遵循新法优于旧法、特别法优于一般法的原则。

(三)其他法律规范冲突的裁决规则

《立法法》第九十四条和第九十五条针对法律规范冲突裁决作出了规定。主要规则如下:法律之间对同一事项的新的一般规定与旧的特别规定不一致,不能确定如何适用时,由全国人民代表大会常务委员会裁决。行政法规之间对同一事项的新的一般规定与旧的特别规定不一致,不能确定如何适用时,由国务院裁决。地方性法规、规章之间不一致时,由有关机关依照下列规定的权限作出裁决:(一)同一机关制定的新的一般规定与旧的特别规定不一致时,由制定机关裁决;(二)地方性法规与部门规章之间对同一事项的规定不一致,不能确定如何适用时，由国务院提出意见，国务院认为应当适用地方性法规的，应当决定在该地方适用地方性法规的规定；认为应当适用部门规章的，应当提请全国人民代表大会常务委员会裁决；（三）部门规章之间、部门规章与地方政府规章之间对同一事项的规定不一致时，由国务院裁决。根据授权制定的法规与法律规定不一致，不能确定如何适用时，由全国人民代表大会常务委员会裁决。

二、本案中，有关法律适用主要体现在《安全生产法》第一百零九条和《生产安全事故报告和调查处理条例》第三十七条。前者属于全国人大制定的法律，而后者属于由国务院制定的行政法规

《安全生产法》第一百零九条规定："发生生产安全事故，对负有责任的生产经营单位除要求其依法承担相应的赔偿等责任外，由安全生产监督管理部门依照下列规定处以罚款：（一）发生一般事故的，处二十万元以上五十万元以下的罚款；（二）发生较大事故的，处五十万元以上一百万元以下的罚款；（三）发生重大事故的，处一百万元以上五百万元以下的罚款；（四）发生特别重大事故的，处五百万元以上一千万元以下的罚款；情节特别严重的，处一千万元以上二千万元以下的罚款。"《生产安全事故报告和调查处理条例》第三十七条规定："事故发生单位对事故发生负有责任的，依照下列规定处以罚款：（一）发生一般事故的，处 10 万元以上 20 万元以下的罚款；（二）发生较大事故的，处 20 万元以上 50 万元以下的罚款；（三）发生重大事故的，处 50 万元以上 200 万元以下的罚款；（四）发生特别重大事故的，处 200 万元以上 500 万元以下的罚款。"

从上述法条可以看出，两部法律规范针对发生一般事故的罚款数额规定不一致。依据《行政处罚法》的相关规定，法律对违法行为已经作出行政处罚规定，行政法规需要作出具体规定的，必须在法律规定的给予行政处罚的行为、种类和幅度的范围内规定。《生产安全事故报告和调查处理条例》针对一般事故的罚款数额没有在上位法的幅度范围内，与上位法相抵触，因此，应当适用上位法《安全生产法》作出处罚决定。

▶【拓展训练】> > >

在王某不服北京市公安局交通管理局某区交通大队交通处罚案[①]中，2011 年 6 月 8 日 10 时 32 分和 2011 年 6 月 15 日 15 时 48 分，王某将车牌号为京 HP6933

① 吴在存主编　北京市高级人民法院行政审判庭编：《行政诉讼案例研究（九）》，中国法制出版社 2015 年版，第 39—41 页。

的小客车停放在本市某区奥林西路南口人行横道处，该处未施划停车泊位。2011年6月18日，王某至被告北京市公安局交通管理局某区交通大队（以下简称某区交通大队）执法站要求处理京HP6933的小客车的违法行为。执勤民警当场制作《处罚机动车违法记录告知书》，书面告知王某实施了两项违反规定停放车辆的违法行为，并告知对其行为予以处罚的依据及其享有陈述申辩的权利。王某当场未提出陈述、申辩，并在告知书上签字确认。民警当场作出并向王某送达了被诉的《公安交通管理简易程序处罚决定书》，对王某分别处以200元罚款，分别裁决，合并执行400元罚款的处罚，王某在处罚决定书上签字确认。原告王某不服上述处罚决定，申请行政复议，复议机关作出维持原处罚决定的复议决定。原告王某诉称，处罚的具体行为适用的地方法规与上位法冲突，处罚所适用的法律法规不当。被告某交通大队辩称，原告的上述行为妨碍了行人的正常通行，违反了《道路交通安全法》第五十六条第一款中关于机动车应当在规定地点停放的规定，以及《北京市实施〈中华人民共和国道路交通安全法〉办法》第九十九条第（一）项的规定，对原告分别处200元罚款，分别裁决，合并执行400元罚款的处罚合法。

讨论问题：该行政处罚决定的法律适用是否正确？

▶【问题提示】>>>

《北京市实施〈中华人民共和国道路交通安全法〉办法》是现行有效的地方性法规，原告的行为属于该法规规定的违反停放车辆的行为，被告依据此法进行处罚，法律适用正确。

CHAPTER 6

第六章

起诉与受理

案例25　董某某诉遵化市人民政府土地行政征收案[①]

▶【案件回顾】>>>

董某某系河北省遵化市苏家洼镇马家洼村村民。其诉称，遵化市人民政府在无立项、规划、环评、征地、批复等合法手续的情况下，在2012年4月29日征收马家洼村335亩土地，其中董某某家4.63亩。遵化市龙凤房地产开发有限公司在无任何合法用地手续情况下，侵占董某某耕地4.63亩，用于建设房地产项目。董某某认为遵化市人民政府、遵化市龙凤房地产开发有限公司严重侵害了其合法权益，起诉至人民法院，请求判令遵化市人民政府征收董某某土地行为违法。

一审法院认为，董某某所诉土地征收行为需要省级人民政府对农用地转用的批准，县级人民政府将批准征地机关、批准文号、征地用途、范围、面积以及征地补偿标准、农业人员安置办法和办理征地补偿的期限等，在被征用土地所在地的乡（镇）、村予以公告，市县人民政府土地行政主管部门根据批准的征用土地方案，会同有关部门拟订征地补偿、安置方案，并予以公告，听取被征用土地的农村集体组织和农民的意见，征地补偿、安置方案报市县人民政府批准后，由市、县人民政府土地行政主管部门组织实施。即土地征收行为需由多个行政行为才能完成，董某某笼统地起诉遵化市人民政府土地征收行为违法，属诉讼请求不明，不符合《行政诉讼法》第四十九条的起诉条件。依照《最高人民法院关于适用〈中华人民共和国行政诉讼法〉若干问题的解释》第三条第一款第（一）项之规定，裁定驳回董某某的起诉。

董某某不服一审裁定，向河北省高级人民法院提起上诉，请求撤销一审裁

---

① 案例来源：河北省唐山市中级人民法院（2016）冀02行初2号行政裁定；河北省高级人民法院（2016）冀行终618号行政裁定。

定，指令继续审理。主要理由：本案中董某某有具体的诉讼请求，符合《行政诉讼法》第四十九条规定的起诉条件，一审法院裁定驳回其起诉没有法律依据。1. 一审法院认为土地征收行为需由多个行政行为才能完成，就认定董某某"确认土地征收行为违法"的诉讼请求不明确，纯属个人推定，没有法律依据。2. 遵化市人民政府的征收土地行为是典型的法定行政行为，虽需多个行政行为才能完成，但是一个整体，要确认其合法需确认构成它的多个行政行为都合法；反之若确认其违法，只要能确认其中一个行政行为违法就可以。所以董某某的诉讼请求完全符合《最高人民法院关于适用〈中华人民共和国行政诉讼法〉若干问题的解释》第二条的规定。

河北省高级人民法院经审理认为，根据《行政诉讼法》第四十九条的规定，原告起诉需要有明确具体的诉讼请求。农村集体土地征收过程并非仅涉及单一的行政行为，其具体涉及省级人民政府的批准，市县人民政府发布征收土地方案公告、批准征地补偿安置方案，以及市县人民政府土地行政主管部门签订征地补偿协议、发布征地补偿安置方案公告等多个行政行为，当事人如对其中的行政行为不服，应当单独以某一具体、明确的行政行为作为对象提起行政诉讼。本案中，上诉人董某某笼统以遵化市人民政府征收土地行为违法提起行政诉讼，属于诉讼请求不明确，其起诉不符合起诉条件。一审裁定驳回董某某起诉，符合法律规定，应予维持。上诉人董某某的上诉理由不能成立。依照《行政诉讼法》第八十九条第一款第一项的规定，裁定驳回上诉，维持原裁定。

▶【本案争点】> > >

该案是否应当裁定驳回董某某的起诉？

▶【评析研判】> > >

在行政诉讼司法实践中，起诉条件的审查是一个十分重要却又纷繁复杂的问题，只有符合起诉条件的起诉人民法院才会受理，它决定着一个诉讼能否真正进入司法审查程序。为了防止"滥诉"现象的发生，同时也为了保障人民法院公正、及时审理行政案件，起诉必须符合法律规定的条件。根据《行政诉讼法》第四十九条的规定，提起诉讼应当符合下列条件：(1)原告是行政行为的相对人或者其他与行政行为有利害关系的公民、法人或者其他组织；(2)有明确的被告;(3)有具体的诉讼请求和事实根据;(4)属于人民法院受案范围和受诉人民法院管辖。上述行政诉讼的起诉条件,必须是同时具备,缺一不可,缺少任何一个条件,都不可能构成一个诉讼,人民法院都不会受理,并进行案件实体审查。除了上述四个条件外,还有两个起诉条件也必不可少:(1)行政复议前置的诉讼,必须先行经过行政复议程序,人民法院才受理的诉讼。当行政复议程序作为前置程序存在,则构成了起诉人起诉的一个限制条件。也就是说,在行政诉讼的起诉条件中,实际上还包括了一项条件,对于法律、法规规定应当先向行政机关申请复议,对复议不服再向人民法院提起诉讼的,依照法律、法规的规定;(2)起诉必须在法律规定的期限内提出。起诉如果无正当事由超过法定期限,当事人将因起诉期限的经过而丧失诉权,人民法院对于超过起诉期限的起诉也可以拒绝受理。上述六个起诉条件必须同时具备,但是起诉条件也是存在先后顺序的。一般来讲,构成一个行政起诉,首先,要存在被诉的行政行为(作为或者不作为),所诉行政行为首先要存在,即所诉标的存在要有事实根据。其次,诉讼请求必须明确具体。再次,所诉行政行为要属于行政诉讼的受案范围,或者说属于行政审判权限范围(依次,有明确的被告;依次,受诉人民法院管辖;依次,法律规定行政复议前置的,先行经过行政复议程序;依次,原告是行政行为的相对人或者其他与行政行为有利害关系的公民、法人或者其他组织)。最后,起诉在法定起诉期限内。人民法院在审查起诉是否符合法定起诉条件,是按照上述顺序一层一层考虑的,只有满足上一层的起诉条件,才往下考虑下一层的起诉条件,只有全部具备,一个诉讼程序才可以依法顺利开启。

行政诉讼还有一个审理原则,即“一行为一诉”“一案一诉”。这也是诉讼请求明确具体的另一层要求。人民法院一般不在同一个案件中审理多个行政行为,这区别于民事诉讼、刑事诉讼。但新修正的《行政诉讼法》规定复议机关维持原行政行为的,复议机关与原行政机关为共同被告,此时,在一个诉讼中要同时审理原行政行为和复议行为两个行为,一个裁判文书同时对两个行为作出判断评价。

诉讼请求是原告在诉讼中所主张的实体权利,或者说希望通过诉讼获得法院救济的方式。原告的诉讼请求应当明确、具体,符合法律要求。“具体的诉讼请求”是指原告向人民法院提出的要求保护的实体权利请求应当具体和明确。在不同的诉讼类型中,原告提出的诉讼请求并不相同。所谓“具体”的主要含义包括:(1)起诉人要求法院保护的是何种权利。例如,是要求保护人身权还是财产权，是要求撤销、变更行政行为还是要求行政机关作出行政行为等。（2）诉讼请求的范围、索赔金额和数额等应当具体明确，不得含混不清、模棱两可。通常情况下，在撤销诉讼的情况下，起诉人只需提出行政行为即可；在可以具体义务诉讼的情况下，起诉人只需提出申请作出的行政行为即可；在确认诉讼中的情况下，起诉人只需要求确认行政法律关系是否存在、是否有效、是否合法即可。但是，在涉及金钱给付的行政诉讼中，需要明确具体数额等事项。

本案中，董某某请求人民法院判令遵化市人民政府征收其土地行为违法，属于诉讼请求不明确、不具体。农村集体土地征收过程并非仅涉及单一的行政行为，其具体涉及省级人民政府的批准，市县人民政府发布征收土地方案公告、批准征地补偿安置方案，以及市县人民政府土地行政主管部门签订征地补偿协议、发布征地补偿安置方案公告等多个行政行为，当事人如对其中的行政行为不服，应当单独以某一具体、明确的行政行为作为对象提起行政诉讼。故而，董某某起诉不符合起诉条件，人民法院裁定驳回董某某的起诉，符合法律规定。

▶【拓展训练】> > >

张某某系河北省永年县广府镇南桥村村民。2010 年 11 月 8 日，河北省人民政府作出冀政转征函〔2010〕0979 号《关于永年县 2010 年度第四批次建设用地的批复》，同意转用、征收集体农用地 16 公顷（耕地 13.9486 公顷、林地 1.9696 公顷、其他农用地 0.0818 公顷），征收集体建设用地 8.7352 公顷，征收集体未利用土地 13.6 公顷，转用国有农用地 16.0667 公顷（耕地 3.8 公顷、林地 12.2667 公顷），共计 54.4019 公顷。张某某所在村位于上述土地征收范围内，其向法院提起诉讼，请求确认永年县人民政府、永年县国土资源局和第三人邯郸市盛世华庭房地产开发有限公司征收其土地行为违法并赔偿损失。

讨论问题：张某某的诉讼请求是否具体、明确？人民法院是否应当受理张某某提起的行政诉讼？

▶【问题提示】> > >

根据《行政诉讼法》第四十九条的规定，原告起诉需要有明确具体的诉讼请求。农村集体土地征收过程并非仅涉及单一的行政行为，其具体涉及省级人民政府的批准，市县人民政府发布征收土地方案公告、批准征地补偿安置方案，以及市县人民政府土地行政主管部门签订征地补偿协议、发布征地补偿安置方案公告等多个行政行为，当事人如对其中的行政行为不服，应当单独以某一具体、明确的行政行为作为对象提起行政诉讼。本案中，上诉人张某某笼统以永年县人民政府、永年县国土资源局征收土地及随后的占用、建设行为提起行政诉讼，属于诉讼请求不明确，其起诉不符合起诉条件。人民法院应依法裁定驳回张某某的起诉。

案例26 庞某诉固安县人民政府、廊坊市人民政府土地征收及行政复议案[①]

▶【案件回顾】>>>

庞某系河北省固安县牛驼镇南陈村村民。河北省人民政府《关于固安县2013年第十四批次建设用地的批复》（冀政转征函〔2013〕1016号）同意转用、征收固安县集体土地21.8648公顷，庞某3.58亩土地位于上述建设用地批复范围内。固安县人民政府于2013年12月30日作出征收土地和安置补偿方案公告，组织实施土地征收行为。2012年7月24日，庞某儿媳马品超代表庞某家庭签署固安农泉湾项目土地及地上物补偿确认书并实际领取了征地补偿款239740元。庞某不服固安县人民政府土地征收行为，向廊坊市人民政府提起行政复议。2015年9月16日，廊坊市人民政府作出廊政复驳字〔2015〕17号驳回行政复议申请决定，驳回了庞某的行政复议申请。2015年9月29日，庞某以固安县人民政府、廊坊市人民政府为被告向人民法院提起行政诉讼，请求：依法确认固安县人民政府征收固安县牛驼镇南陈村集体土地（含庞某3.58亩）的行为违法；判令固安县人民政府赔偿其2013年至今的经济损失193320元。

一审法院认为，包括庞某3.58亩土地在内的固安县2013年度第十四批次建设用地4号地块建设项目批准后，固安县人民政府发布了关于征收土地和安置补偿方案的公告，在固安县南陈村村务公开栏进行了张贴，并且与作为家庭成员的马品超签订了土地及地上物补偿确认书，并将实际补偿款发放到位。固安县人民政府的征地实施行为实施清楚，适用法律正确，程序合法。故依据《行政诉讼法》第六十九条的规定，判决驳回庞某的诉讼请求。

庞某不服一审判决，向河北省高级人民法院提出上诉，请求撤销一审判决，

---

① 案例来源：河北省廊坊市中级人民法院（2015）廊行初字第46号行政判决；河北省高级人民法院（2016）冀行终328号行政裁定。

依法改判。主要理由:一审判决认定固安县人民政府在南陈村村务公开栏张贴了征收土地和安置补偿方案公告,马品超签订了土地及地上物补偿确认书,事实不清,证据认定错误,程序违法。

被上诉人固安县人民政府答辩称,固安县人民政府履行了法定审批手续,征收了固安县牛驼镇南陈村村西南侧的土地。在征收土地前依法制作《征地告知书》并送达南陈村村委会,已经履行告知义务。庞某 3.58 亩土地及地上物补偿款 239740 元,已由当时庞某的儿媳马品超于 2012 年 7 月 24 日领取。请求驳回上诉,维持原判。

被上诉人廊坊市人民政府答辩称,2012 年 7 月 24 日,马品超在庞某家庭成员一致同意下,签订土地及地上物补偿确认书并实际领取补偿款。一审法院认定事实清楚,程序合法。廊坊市人民政府作出廊政复驳字〔2015〕17 号驳回行政复议申请决定,事实清楚,程序合法,适用法律正确。

河北省高级人民法院认为,2012 年 7 月 24 日,马品超代表庞某家庭签署固安农泉湾项目土地及地上物补偿确认书并实际领取了征地补偿款。庞某与固安县人民政府土地征收行为,已无法律上的利害关系,不具备本案原告诉讼主体资格。一审法院判决驳回庞某的诉讼请求,适用法律错误,依法应予撤销。依照《行政诉讼法》第八十九条第一款第二项、《最高人民法院关于执行〈中华人民共和国行政诉讼法〉若干问题的解释》(以下简称《若干解释》)第七十九条第一项的规定,裁定:一、撤销一审判决;二、驳回庞某的起诉。

▶【本案争点】> > >

该案中庞某是否具有原告资格?

▶【评析研判】> > >

一、原告应是与行政行为具有利害关系的公民、法人或者其他组织

原告资格解决的是谁有权起诉行政行为的问题。《行政诉讼法》第二条为原告资格的界定提供了主观标准:起诉人只要“认为”自己的合法权益受到侵害就有原告资格。《若干解释》第十二条又确定了客观标准:起诉人必须与被诉行政行为有法律上利害关系才有诉权。根据上述主客观方面的法律规定,原告资格应当符合以下几个标准:1. 起诉人所主张的权益归属于自己。起诉人只有在主张自己的权利时,才有可能获得诉权。若起诉人主张的是他人的权益,当然

没有原告资格。2. 起诉主张的利益属于合法权益范畴。起诉人主张的权利内容可能影响其原告资格。根据《行政诉讼法》第二条的规定,公民、法人或者其他组织只有主张其合法权益受到侵害,才有可能成为原告。即如果起诉人主张的权利本身不是合法权益,则该起诉人将被认定不具有原告资格。例如,某公民因打麻将而被公安机关行政拘留。该公民提起行政诉讼,主张其没有赌博而公安机关侵犯了其人身权,则法院应当认定其具有原告资格。至于其主张是否可以成立,则法院要通过审理才能作出判断。若该公民主张其享有的赌博权受到公安机关的侵犯而提起诉讼,则法院应当认定其不具有原告资格。因为赌博权显然不是法律所保护的权利。需要注意两点:一是,合法权益不仅包括权利还包括合法的利益。二是,主要限于人身权和财产权。

二、领取征地补偿款后原土地使用权人与征地批复不再具有利害关系

行政机关作出征收集体土地用地批复,直接影响征地范围内原土地使用权人的合法权益,因此,通常情况下,原土地使用权人与政府作出土地批复行为具有法律上的利害关系,属于适格原告。但是,原土地使用权人领取征地补偿款且就地上补偿事宜签订补偿协议后就丧失了对原集体土地的合法使用权,其与征收土地批复不具有利害关系,不再具有适格原告主体资格。①

三、不符合起诉条件应当裁定驳回起诉而不是判决驳回诉讼请求

人民法院对于起诉的审查,是一种程序意义上的审查。根据《行政诉讼法》的规定,人民法院接到起诉状,经审查,应当在七日内决定是否立案。不符合起诉条件的,作出不予立案的裁定。也就是说,只要起诉人的起诉符合法律规定的要件,就应当予以立案;对于不符合法定要件的,应当裁定不予立案。超过七日仍不确定是否应当立案的,应先于立案,立案后经审查认为起诉人起诉不符合法定起诉条件的,应当裁定驳回起诉。

▶【拓展训练】> > >

迁安市滦水湾生态农业园,位于河北省迁安市钢城东路南侧帝景豪庭。2012 年 5 月 8 日,河北省水利厅作出《关于滦河迁安市段河道综合治理工程可行性研究报告(代项目建设书)的审查意见》,批准了滦河河道综合治理工程。迁安市滦水湾生态农业园位于该工程范围内。2013 年 8 月 10 日,迁安市滦水

① 参见最高人民法院(2015)行监字第 1160 号行政裁定,张德顺等 45 人诉辽宁省人民政府驳回行政复议申请决定一案。

湾生态农业园与迁安市房屋征收管理办公室签订征收补偿协议书，2013 年 8 月 11 日，二者又签订拆清协议书。现迁安市滦水湾生态农业园的房屋及附属物已拆除。迁安市滦水湾生态农业园向人民法院提起行政诉讼，请求确认迁安市人民政府实施滦河生态防洪工程违法及进行行政赔偿。

讨论问题：迁安市滦水湾生态农业园是否具备提起本案诉讼的主体资格？为什么？

▶【问题提示】＞＞＞

迁安市滦水湾生态农业园已经与迁安市人民政府下属部门迁安市房屋征收管理办公室签订征收补偿协议，且领取了拆迁补偿款。迁安市滦水湾生态农业园已经对自己的权利进行了处分，故其提起诉讼请求确认迁安市人民政府实施滦河生态防洪工程违法已不具备诉讼主体资格。人民法院应当依法裁定驳回迁安市滦水湾生态农业园的起诉。

案例 27　姜某某诉唐山市丰润区人民政府、唐山市人民政府土地登记及行政复议案[①]

▶【案件回顾】＞＞＞

2015 年 4 月 8 日，唐山市国土资源局丰润区分局作出《关于撤销浭阳街道办事处北关二居委姜某某 93-01-037 号土地使用证的通知》和《关于撤销浭阳街道办事处北关二居委姜某某 2010 补 2008-更-088 号土地使用证的通知》。上述两个通知的主要内容：经唐山市国土资源局丰润区分局报请唐山市丰润区人民政府批准撤销丰集建（宅）字第 93-01-037 号和丰集建（宅）字第 2010 补 2008-更-088 号土地使用权证号。姜某某不服上述撤销土地登记行为，以唐山市丰润区人民政府为被申请人，向唐山市人民政府申请行政复议。唐山市人民政府于 2015 年 7 月 23 日作出唐政复决〔2015〕25 号行政复议决定，认为唐山市丰润区人民政府批准作出的上述两个通知，认定事实清楚，证据充分，程序合法，适用法律正确，决定维持唐山市丰润区人民政府批准作出的上述两个通知。姜某某

① 案例来源：河北省唐山市中级人民法院（2015）唐行初字第 176 号行政裁定；河北省高级人民法院（2016）冀行终 110 号行政裁定。

不服,以唐山市丰润区人民政府和唐山市人民政府为被告,诉至人民法院,请求撤销上述两个通知,撤销唐山市人民政府作出的行政复议决定。

一审法院认为,唐山市国土资源局丰润区分局于2015年4月8日作出《关于撤销浭阳街道办事处北关二居委姜某某93-01-037号土地使用证的通知》和《关于撤销浭阳街道办事处北关二居委姜某某2010补2008-更-008号土地使用证的通知》。姜某某以唐山市丰润区人民政府为被告,该院已告知其变更被告唐山市丰润区人民政府为唐山市国土资源局丰润区分局,其拒绝变更。依照《最高人民法院关于适用〈中华人民共和国行政诉讼法〉若干问题的解释》第三条第一款第三项的规定,裁定驳回姜某某的起诉。

姜某某不服一审裁定,向河北省高级人民法院提出上诉,请求撤销一审裁定,指令原审法院继续审理。主要理由如下:本案作出撤销上诉人丰集建(宅)字第93-01-037号和丰集建(宅)字第2010补2008-更-088号决定的批准机关为唐山市丰润区人民政府,上诉人并未列错原审被告。原审法院裁定适用法律错误。

被上诉人唐山市丰润区人民政府答辩称:一、姜某某上诉状所称并未错列原审被告属实。作出行政行为的是唐山市丰润区人民政府,因为丰集建(宅)字第93-01-037号和丰集建(宅)字第2010补2008-更-088号决定是被上诉人批复的,唐山市国土资源局丰润区分局只是按照被上诉人的批复下发的通知。二、被上诉人作出的撤销丰集建(宅)字第93-01-037号和丰集建(宅)字第2010补2008-更-088号决定,事实清楚,证据确实充分,程序合法,并无不当。

被上诉人唐山市人民政府未提交答辩意见。

河北省高级人民法院认为,姜某某的诉讼请求是撤销唐山市丰润区人民政府于2015年4月8日作出的《关于撤销浭阳街道办事处北关二居委姜某某93-01-037号土地使用证的通知》和《关于撤销浭阳街道办事处北关二居委姜某某2010补2008-更-088号土地使用证的通知》、撤销唐山市人民政府于2015年7月23日作出的行政复议决定。但作出上述两个通知的主体并非唐山市丰润区人民政府,而是唐山市国土资源局丰润区分局。姜某某可以起诉唐山市国土资源局丰润分局作出的上述两个通知,也可以起诉唐山市丰润区人民政府作出的批准撤销土地登记行为,但其坚持起诉唐山市丰润区人民政府作出的上述两个通知,没有事实根据。一审法院告知姜某某应变更被告唐山市丰润区人民政府为唐山市国土资源局丰润分局,其拒绝变更。一审裁定驳回姜某某的起诉,并无不当,应予维持。上诉人姜某某的上诉理由不能成立。依照《行政诉讼法》第八十九条第一款第一项的规定,裁定驳回上诉,维持原裁定。

▶【本案争点】＞＞＞

原告拒绝变更被告应当如何处理?

▶【评析研判】＞＞＞

提起行政诉讼必须有明确的被告。根据《行政诉讼法》的规定,被告必须是行政机关或者法律法规授权的组织。这里的“明确”是指起诉人需要指明哪一个行政机关侵犯了自己的合法权益,告的是谁,不得含含糊糊,泛泛而指,否则法院难以审理。没有明确的被告,就无人应诉,也无人承担造成原告损害的责任,人民法院也无从进行审判活动。如果被诉行政机关不容易为起诉人所知晓或者极易为社会公众知晓的情况下,可以降低对“明确”的标准。例如,政府新近设立的行政机关作出的行政行为,起诉人可能不知晓;起诉人受到了拘留处罚,如果起诉人不能准确说明,人民法院可以给予一定的诉讼指导。起诉人对于行政机关名称了解并非完全准确的,人民法院亦可进行诉讼指导。

这里的“明确”是指“明白确定”之意,而非“准确”之意。是否准确,应当交由人民法院判断。这是一个实体权利义务关系承担者的问题。根据《最高人民法院关于执行〈中华人民共和国行政诉讼法〉若干问题的解释》第二十三条的规定,原告所起诉的被告不适格,人民法院应当告知原告变更被告;原告不同意变更的,裁定驳回起诉。也就是说,是否准确,判断权在法院。在起诉阶段,原告可能由于对于行政机关内部关系、是否存在委托情形、是否获得授权等并不熟悉,如果仅仅因为其对被诉公权力组织是否具有行政主体资格存在认知欠缺就直接驳回其起诉,不符合保护公民权益的意旨。就此,行政诉讼法规定起诉人只要针对的“被告”“明确”即可。

但是,一个合格的起诉,必须具有适格的被告,被告不适格,经法院告知,原告拒绝变更的,也将导致法院驳回原告起诉的结果。本案中,姜某某以唐山市丰润区人民政府为被告,法院已告知其应当变更被告唐山市丰润区人民政府为唐山市国土资源局丰润区分局,姜某某拒绝变更。人民法院依照《最高人民法院关于适用〈中华人民共和国行政诉讼法〉若干问题的解释》第三条第一款第三项“错列被告且拒绝变更的”的规定,裁定驳回姜某某的起诉,符合法律规定。

适格被告往往同时决定另一个起诉条件:属于受诉人民法院管辖。起诉人提起行政诉讼的,必须依据行政诉讼法第三章关于管辖的规定进行。所谓“受诉人民法院管辖”是指依照行政诉讼法上关于管辖的规定,接受起诉人起诉的人民法院对该行政案件具有管辖权。除了级别管辖外,特别是要注意关于特殊管辖、专门管辖的规定。例如,海关处理的案件,按照专门管辖的规定,就不能向基层人民法院、高级人民法院或者最高人民法院提起行政诉讼等。

▶【拓展训练】> > >

2015 年 6 月 10 日,赵某某、倪某某向河北省国土资源厅(以下简称“省国土厅”)提出政府信息公开申请,申请调取审批河北省平泉县平泉镇白庙子村集体土地工业园区拆迁、扩建、占耕地企业山庄集团占地 425 亩和 81.9 亩依法批复及土地性质、核实、确认、证实的详细信息。2015 年 7 月 16 日,省国土厅作出《政府信息公开告知书》,告知:“河北省人民政府以冀政征函〔2010〕0326 号文批准平泉县 2010 年第一批次城镇面貌三年大变样城中村改造征收平泉镇白庙子村集体土地 5.646 公顷,现以信函邮寄方式向您提供(冀政征函〔2010〕0326 号)《关于平泉县 2010 年度第一批次城镇面貌三年大变样城中村改造征收集体建设用地的批复》复印件。您所要求提供的其他内容是由基层国土资源部门制作产生的,请您到当地国土资源局查询。”赵某某、倪某某不服,向中华人民共和国国土资源部(以下简称“国土部”)申请行政复议。经行政复议,国土部于 2015 年 9 月 29 日作出国土资复议〔2015〕944 号行政复议决定:维持省国土厅在 2015 年 7 月 16 日所作《政府信息公开告知书》中向赵某某、倪某某提供了所涉及的征地批文的内容,对告知赵某某、倪某某申请公开的 425 亩土地和 81.9 亩土地的性质及核实、确认、证实的详细信息向当地国土资源局查询的内容,责令省国土厅在法定期限内重新作出。赵某某、倪某某不服,诉至某中级人民法院。

讨论问题:本案中的适格被告应当是哪个行政机关?

▶【问题提示】> > >

本案应注意级别管辖以及起诉必须满足属于受诉人民法院管辖的法律规定。

国土部作出的国土资复议〔2015〕944 号行政复议决定虽然维持了省国土厅向赵某某、倪某某提供涉及征地批文的内容,但责令省国土厅在法定期限内重新公开425亩土地和81.9亩土地的性质及核实、确认、证实的详细信息。因此，国土部的行政复议决定改变了省国土厅的政府信息公开告知行为，属于行政复议改变了原行政行为。《行政诉讼法》第二十六条第二款规定："……复议机关改变原行政行为的，复议机关是被告"；根据《行政诉讼法》第四十九条第四项的规定，提起诉讼应当属于受诉人民法院管辖。因此，本案的适格被告应仅为国土部，中级人民法院对本案没有管辖权，赵某某、倪某某的起诉不符合法律规定。依照《最高人民法院关于适用〈中华人民共和国行政诉讼法〉若干问题的解释》第三条第一款第一项之规定，该中级人民法院应当裁定驳回赵某某、倪某某的起诉。

案例28　史某某等人诉唐山市人民政府强拆断电及行政赔偿案[①]

▶【案件回顾】＞＞＞

2010年1月24日，唐山市南湖生态城西北片区拆迁指挥部、唐山市路南区市政设施管理处联合下发拆迁通知，将对南新道以南、公交公司车场以西、小南湖以北、燕新路以东范围内的南新道南侧非住宅上的建筑物进行全面拆除。史某某等4人坐落于路南区燕新路东侧的房产位于上述拆迁范围内。同年2月初，按照唐山市城市建设管理领导小组办公室文件《关于下达南新道南侧第一批企事业个体房屋拆迁任务的通知》的要求，国网冀北电力有限公司唐山供电公司（以下简称"供电公司"）对史某某等4人坐落于路南区燕新路东侧的房产采取了断电措施。2011年6月7日，对史某某等4人房产恢复了供电。随后，史某某等4人就供电公司的停止供电行为提起民事诉讼，经一、二审程序均认为供电公司的上述行为系应政府有关部门统筹拆迁工作的需要而作出，史某某等4人起诉要求赔偿因断电而受到的房屋租金损失，不属于民事案件受理范围，遂裁定驳回史某某等4人的起诉。二审裁定（2013）唐民终裁字第55号民事裁定书于2013年3月25日送达给史某某等本人。2015年3月12日，史某某等4人以唐山市路南区人民政府为被告向该院提起行政诉讼，要求确认唐山

---

① 案例来源：河北省唐山市中级人民法院（2015）唐行初字第121号行政裁定；河北省高级人民法院（2016）冀行终76号行政裁定。

市路南区人民政府拆迁断电行为违法并赔偿经济损失 57 万元。2015 年 6 月 2 日,史某某等 4 人以“错列被告,变更后再另行起诉”为由,自愿申请撤回起诉。同日,该院作出(2015)唐行初字第 54 号行政裁定,准许史某某等 4 人撤回起诉。随后,史某某等 4 人以唐山市人民政府为被告,就该拆迁断电行为向该院提起行政诉讼。

一审法院认为,《最高人民法院关于执行〈中华人民共和国行政诉讼法〉若干问题的解释》第四十一条第一款规定,行政机关作出具体行政行为时,未告知公民、法人或者其他组织诉权或者起诉期限的,起诉期限从公民、法人或者其他组织知道或者应当知道诉权或者起诉期限之日起计算,但从知道或者应当知道具体行政行为内容之日起最长不得超过 2 年。史某某等 4 人就该断电行为提起民事诉讼后,一、二审裁定均已表明“停止供电行为系应政府有关部门统筹拆迁工作的需要而作出,史某某等 4 人起诉其要求赔偿因断电而受到的房屋租金损失,不属于民事案件受理范围”。因此,可以推定史某某等 4 人在 2013 年 3 月 25 日收到二审民事裁定书之日即为其知道或者应当知道诉权或者起诉期限之日。根据修改前的《行政诉讼法》第三十九条、《最高人民法院关于适用〈中华人民共和国行政诉讼法〉若干问题的解释》第二十六条之规定,应从 2013 年 3 月 25 日计算三个月的起诉期限。另外,因断电行为具有持续性,故从 2011 年 6 月 7 日恢复供电之日作为史某某等 4 人知道或者应当具体行政行为内容之日起计算两年的起诉期限,扣除史某某等 4 人自 2012 年 4 月 25 日至 2013 年 3 月 25 日民事诉讼期间,其于 2015 年 3 月 12 日向该院提起行政诉讼,也已经超过起诉期限。因此,无论是从史某某等 4 人知道或者应当知道诉权或者起诉期限之日起计算,还是从史某某等 4 人知道或者应当知道行政行为内容之日起最长不得超过 2 年计算,其起诉均已超过了法定起诉期限且无正当理由。综上,依照《最高人民法院关于适用〈中华人民共和国行政诉讼法〉若干问题的解释》第三条第一款第二项的规定,裁定驳回史某某等 4 人的起诉。

史某某等 4 人不服一审裁定,向河北省高级人民法院提出上诉。请求撤销一审裁定,指令原审法院继续审理。主要理由:一、一审法院援引修改前的《行政诉讼法》第三十九条,认定应从 2013 年 3 月 25 日计算上诉人三个月的起诉期限是错误的。修改前的《行政诉讼法》第三十九条“应当在知道作出具体行政行为之日起三个月内提出”,该条适用的前提是唐山市人民政府在作出具体行政行为时告知了史某某等 4 人。唐山市人民政府并未提交任何证据证明其在作出具体行政行为至今有任何告知史某某等4人的行为，唐山市人民政府应当承担举证不能的不利后果。二、一审法院认定史某某等4人恢复供电之日即2011年6月7日作为知道或者应当知道具体行政行为内容之日是错误的。2011年6月7日对应的是断电终止日期，现无任何证据证明2011年6月7日唐山市人民政府告知了史某某等4人断电这一行为，我们一直认为这只是电力合同纠纷。虽然在2012年4月25日史某某等4人向唐山市路南区人民法院起诉电力合同之诉后得知本案可能是属于唐山市人民政府的具体行政行为，但在2013年3月25日唐山市中级人民法院裁定驳回史某某等4人诉讼请求后，史某某等4人才得知无法通过民事诉讼解决这一行为产生的纠纷，故从2012年4月25日至2013年3月25日期间，由于不属于史某某等4人自身原因被耽误的时间不应计算在起诉期限内。所以，史某某等4人的起诉期限最早也应从2013年3月26日开始计算，史某某等4人于2015年3月12日向一审法院提起行政诉讼，并未超过2年的起诉期限。综上，一审法院认定事实不清，适用法律错误。

河北省高级人民法院经审理另查明，2010年1月23日，唐山市南湖生态城西北片区拆迁指挥部办公室向唐山供电公司发出《关于南新道南侧第一批非住宅拆迁区域内断电的函》，要求唐山市供电公司及时做好该区域断电准备工作。2010年1月24日，唐山市南湖生态城西北片区拆迁指挥部、唐山市路南区市政设施管理处联合下发的《拆迁通知》，限史某某等4人于2010年1月31日前将其房产自行拆除完毕，否则按无主处理，由相关执法部门断水断电，依法进行强制拆除。2012年4月25日，史某某、曹某以国网冀北电力有限公司唐山供电公司为被告向唐山市路南区人民法院提起供用电合同纠纷的民事诉讼。史某某、曹某的民事起诉状落款日期为2012年3月28日。2015年3月12日，史某某、曹某向唐山市中级人民法院提起行政诉讼。在本案一审(2015)唐行初字第121号案件庭审笔录中，史某某等4人当庭陈述在2010年2月3日上午由唐山市路南区人民政府领导带队对其房产实施了断电措施。

河北省高级人民法院认为，2010年1月24日，唐山市南湖生态城西北片区拆迁指挥部、唐山市路南区市政设施管理处联合下发的《拆迁通知》中，明确告知史某某等4人如不按期拆除房产将由相关执法部门断水断电。史某某等4人当庭陈述在2010年2月3日上午由唐山市路南区人民政府领导带队对其房产实施了断电措施，据此其自断电行为实施后即应当知道断电这一事实行为已经发生。史某某等4人最早于2012年4月25日向唐山市路南区人民法院提起民事诉讼，视为其积极主张诉权的时间，已经超过"从知道或者应当知道该具体行政行为内容之日起最长不得超过 2 年"的起诉期限。综上，一审法院驳回史某某等 4 人的起诉并无不当，应予维持。上诉人史某某等 4 人的上诉理由不能成立。依照《行政诉讼法》第八十九条第一款第一项的规定，裁定驳回上诉，维持原裁定。

▶【本案争点】> > >

该案是否已超过起诉期限？

▶【评析研判】> > >

起诉必须在法律规定的期限内提出。起诉如果无正当事由超过法定期限，当事人将因起诉期限的经过而丧失诉权，人民法院对于超过起诉期限的起诉也可以拒绝受理。

《行政诉讼法》规定了两种一般起诉期限。

1. 直接起诉的起诉期限。《行政诉讼法》第四十六条规定，即公民、法人或者其他组织直接向人民法院提起诉讼的，应当自知道或者应当知道作出行政行为之日起六个月内提出。因不动产提起诉讼的案件自行政行为作出之日起超过二十年，其他案件自行政行为作出之日起超过五年提起诉讼的，人民法院不予受理。《最高人民法院关于执行〈中华人民共和国行政诉讼法〉若干问题的解释》（以下简称《若干解释》）第四十一条规定，行政机关作出具体行政行为时，未告知公民、法人或者其他组织诉权或者起诉期限的，自知道或者应当知道行政行为内容之日起，最长不得超过两年。即关于起诉期限的现有规定有三种不同的期限：六个月（《行政诉讼法》第四十六条）、两年（《若干解释》第四十一条第一款）、五年和二十年（《行政诉讼法》第四十六条、《若干解释》第四十二条）。实践中，对三种期限都称为起诉期限，理论上对此未加关注，造成法律适用中的很多困惑。笔者认为，起诉期限应当仅指"六个月"。两年、五年、二十年则是诉权有效期，这是司法解释创设的诉权最长保护期制度，2015 年新修正的《行政诉讼法》将最长保护期的相关规定，上升纳入《行政诉讼法》的法律层面。也就是说，计算六个月起诉期限，其起点和终点都必须在诉权有限期内，超出部分不再有效。举例说明，行政行为作出后满六个月时，行政机关补充告知诉权和起诉期限，则其应当在此后六个月内即作出行政行为满十二个月之前起诉，在此之后起诉法院即不受理。如果行政机关在行政行为作出之日起满一年零七个月时才补充告知诉权和起诉期限,就不能再给其六个月的起诉期限了,因为此后再过五个月内作出行政行为就满两年了。即便其一直不知道诉权和起诉期限,超过两年起诉的,亦不受理。

诉权有效期还分相对有效和绝对有效两种情形,相对有效限于当事人知道行政行为内容但不知道诉权和起诉期限的情形,绝对有效则限于当事人连行政行为内容也不知道的情形。诉权相对有效期的相对性体现在,期限并非绝对不可突破,在当事人连行政行为都不知道时,就不受两年期限即诉权相对有效期的拘束。与此相应,诉权绝对有效期之绝对性则体现在,期限绝对不可突破。五年、二十年就是诉权的绝对有效期。即便当事人不知道行政行为内容的状态一直持续,涉及不动产的,自行政行为作出之日起满二十年的,其他情形满五年的,人民法院不再受理当事人的起诉。

此外,还要注意此处的"直接起诉"的规定。在司法实践中,如果行政相对人先向行政复议机关申请复议,复议机关不作答复,行政相对人就原行政行为提起诉讼的,应当适用此处的六个月还是经过复议程序的十五日?笔者认为,应当适用此处的六个月。理由是,行政相对人申请复议实际上没有得到任何结果,其向人民法院起诉,仍然属于直接起诉。否则,如果认为行政相对人此时经过了行政复议并且是不服行政复议不作为的,就适用《行政诉讼法》第四十五条中十五天的规定,这显然对行政相对人是不利的。

2. 经过复议程序不服复议决定的起诉期限。《行政诉讼法》第四十五条对此作出了规定。申请人不服复议决定的,可以在收到复议决定书之日起十五日内向人民法院提起诉讼。复议机关逾期不作决定的,申请人可以在复议期满之日起十五日内向人民法院提起诉讼。《行政复议法》第十九条就复议前置情况下的起诉期限作了相同的规定,法律、法规规定应当先向行政复议机关申请行政复议,对行政复议决定不服再向人民法院提起行政诉讼的,行政复议机关决定不予受理或者受理后超过行政复议期限不作答复的,公民、法人或者其他组织可以自收到不予受理决定书之日起或者行政复议期满之日起十五日内,依法向人民法院提起行政诉讼。对于经过行政复议程序的,行政相对人不服行政复议机关的作为或者不作为的,均可在收到复议决定书或者在行政复议期限届满后十五日内提起诉讼。根据《行政复议法》第三十一条的规定,行政复议机关应当自受理申请之日起六十日内作出行政复议决定,但是法律规定的行政复议期限少于六十日的除外。这里的“六十日”与《行政诉讼法》规定的“两个月”有区别，根据后法优于前法的原则，应当适用六十日的规定。

知道行政行为内容的时间。当事人不知道行政行为内容的情形以行政许可案件最为突出。行政机关对被许可人作出准予行政许可决定后，通常不会通知第三人，而不服准予行政许可决定的又通常是第三人，而不是被许可人。

知道行政内容不知道侵害。这种情况也是在有利处分当中比较常见，由于行政行为结果对相对人有利，而其中的不利之处在行为作出时可能无从发现，待到当事人发现受损时，如果从知道行为内容开始已经过了很长时间，如何计算起诉期限？笔者认为，应当用知道受损的时间取代知道行为内容的时间，然后适用相应规则。

不作为的起诉期限。非紧急情况下的起算时间点，公民、法人或者其他组织申请行政机关履行法定职责，行政机关在接到申请之日起两个月内不履行的，公民、法人或者其他组织向人民法院提起诉讼，人民法院应当依法受理。法律、法规、规章和其他规范性文件对行政机关履行职责的期限另有规定的，从其规定。紧急情况下的起算时间点，公民、法人或者其他组织在紧急情况下请求行政机关履行保护其人身权、财产权的法定职责，行政机关不履行的，起诉期间不受前款规定的限制。在紧急情况下，行政相对人的人身安全和财产面临迫在眉睫的威胁、危险或者需求，如果行政机关不能及时保护的，行政相对人没有必要等待行政机关是否履行法定职责，行政相对人可以立即提起行政诉讼。笔者认为，行政机关办事期限届满之日就相当于知道行政行为内容的时间，然后在这一事实基础上适用相应规则，不过需要强调一点，要考虑到不作为与一般行政行为的明显不同，如果当事人有证据表明，行政机关明确作出继续办理的表示，并承诺在某一期限届满之前履行其职责，则在承诺期限届满之前，起诉期限可不计算。

▶【拓展训练】> > >

李某某系玉田县窝洛沽镇李庄子村村民，2003 年 10 月 14 日承包本村土地。2004 年 3 月经村民代表会议讨论同意，李庄子村村民委员会决定将李某某宅院东侧土地分给高某某及徐某某作为宅基地。经窝洛沽镇人民政府审核，玉田县人民政府认为高某某符合建房条件，于 2004 年 9 月 11 日为其颁发(2003)-2198 号宅基用地许可证。2004 年 9—10 月期间，李某某在该土地上围起院墙，建筑了简易猪舍。高某某以李某某承包地已经土地部门批准确定为其宅基地为由，起诉至玉田县人民法院，请求判令李某某停止侵害、排除妨碍，并令其拆除在高某某宅基地上的建筑物，恢复地貌。诉讼中高某某提供了被诉宅基用地许可证并经庭审质证。玉田县人民法院于2005年11月10日作出（2005）玉民初字第1556号民事判决，判后李某某不服上诉，唐山市中级人民法院于2006年7月10日作出（2006）唐民三终字第141号民事裁定将该案发回玉田县人民法院重审。玉田县人民法院作出（2007）玉民重初字第5号民事判决后，高某某不服，提起上诉，唐山市中级人民法院作出（2007）唐民三终字第325号民事裁定，认定该案争议焦点是确认土地使用权的归属问题，此争议不属于人民法院的管辖范围，应由政府主管部门解决，遂驳回高某某起诉，该裁定书已生效。李某某对玉田县人民政府为高某某颁发的（2003）-2198号宅基用地许可证不服，于2015年6月10日向唐山市中级人民法院提起诉讼。

讨论问题：李某某提起本案行政诉讼是否已超过法定起诉期限？

▶【问题提示】> > >

在2005—2007年李某某与高某某的民事诉讼中，李某某就已经知道了玉田县人民政府为高某某颁发的（2003）-2198号宅基用地许可的内容，其直至2015年提起行政诉讼明显超过法定起诉期限。根据《最高人民法院关于执行〈中华人民共和国行政诉讼法〉若干问题的解释》第四十一条之规定，李某某的起诉明显超过法定起诉期限。依照《最高人民法院关于适用〈中华人民共和国行政诉讼法〉若干问题的解释》第三条第（二）项之规定，人民法院应裁定驳回李某某的起诉。

案例29　马某某诉遵化市人民政府房屋行政补偿案[①]

▶【案件回顾】> > >

郝某某与马某某系夫妻关系。2011年因修建清东陵高速公路，遵化市人民政府征收了郝某某使用的集体土地上房屋并予以补偿。2011年11月9日，遵化市

① 案例来源：河北省唐山市中级人民法院（2015）唐行初字第131号行政裁定；河北省高级人民法院（2016）冀行终43号。

价格评估中心作出遵价评字〔2011〕第045-平-中滩-001号价格评估报告书，并送达马某某。由于马某某认为评估存在遗漏，2012年1月10日、9月14日，遵化市价格评估中心分别作出遵价评字〔2011〕第045-平-中滩-001补号、遵价评字〔2012〕052-014号两份价格评估报告书，对马某某房屋等地上附着物进行了补充评估。2012年6月、7月，马某某两次领取了补偿款。

一审法院认为，马某某承认2011年房屋被征收时已知晓被诉行政行为的存在，并且已于2012年领取了征收房屋的补偿款，但其直至2015年才向法院起诉要求撤销遵化市人民政府作出的征收补偿行为。马某某的起诉明显超过六个月的法定起诉期限。依照《行政诉讼法》第四十六条第一款、《最高人民法院关于适用〈中华人民共和国行政诉讼法〉若干问题的解释》第三条第一款第二项的规定，裁定驳回马某某的起诉。

马某某不服一审行政裁定，向河北省高级人民法院提出上诉。请求撤销一审裁定，指令原审法院继续审理。主要理由如下：被上诉人自房屋征收开始至今并未将其作出的征收决定以任何公告的方式进行公示，也没有提交证据证明遵化市价格评估中心已将评估报告依法送达给上诉人。尽管上诉人领取了补偿款，但并不意味着上诉人能够获知征收决定及其内容。上诉人的起诉期限应当适用不动产20年的规定，起诉没有超过起诉期限。

河北省高级人民法院经审理认为，《最高人民法院关于审理涉及农村集体土地行政案件若干问题的规定》第十条规定："土地权利人对土地管理部门组织实施过程中确定的土地补偿有异议，直接向人民法院提起诉讼的，人民法院不予受理，但应当告知土地权利人先申请行政机关裁决。"《国务院法制办公室关于依法做好征地补偿安置争议行政复议工作的通知》（国法〔2011〕35号）中规定，"被征地集体经济组织和农民对有关市、县人民政府批准的征地补偿、安置方案不服要求裁决的，应当依照行政复议法律、法规的规定向上一级地方人民政府提出申请"。依照上述规定，马某某对集体土地征收中房屋等地上附着物的征收补偿行为提起诉讼，人民法院不予受理。综上，一审法院裁定驳回马某某起诉的结果，并无不当，应予维持。上诉人马某某的上诉理由不能成立。依照《行政诉讼法》第八十九条第一款第一项的规定，裁定驳回上诉，维持原裁定①。

① 河北省唐山市中级人民法院（2015）唐行初字第131号行政裁定；河北省高级人民法院（2016）冀行终43号。

▶【本案争点】> > >

法院是否应当裁定驳回马某某起诉?

▶【评析研判】> > >

行政复议前置的诉讼,必须先行经过行政复议程序,人民法院才予受理。当行政复议程序作为前置程序存在,则构成了起诉人起诉的一个限制条件。也就是说,在行政诉讼的起诉条件中,实际上还包括了一项条件,对于法律、法规规定应当先向行政机关申请复议,对复议不服再向人民法院提起诉讼的,依照法律、法规的规定。

我国行政诉讼不实行复议前置原则。复议前置又称"穷尽行政救济",是指当事人提起行政诉讼必须先申请复议,在复议机关作出决定后仍然不服,才可以向法院起诉。不少国家的行政诉讼都实行复议前置原则,我国并未吸收这一原则。《行政诉讼法》第四十四条规定:"对属于人民法院受案范围的行政案件,公民、法人或者其他组织可以先向行政机关申请复议,对复议决定不服的,再向人民法院提起诉讼;也可以直接向人民法院提起诉讼。法律、法规规定应当先向行政机关申请复议,对复议决定不服再向人民法院提起诉讼的,依照法律、法规的规定。"第一款规定的是原则,是先复议再诉讼还是直接诉讼,通常情况下尊重当事人的选择。第二款规定的是例外:复议前置仅限于法律、法规作出规定的情形。目前来看,法律、法规设定复议前置要求的主要有有限自然资源的确认、海关、进出口商品检验、税收征管、国家安全、注册会计师资格许可等诸多领域,随着行政专业化进程的深入,复议前置的情形还可以继续增加。本案正是在土地征收领域有关土地征收补偿标准或是补偿安置方案争议,法律、法规规定应当复议前置的情形。

保障当事人选择权的司法政策。按照《行政诉讼法》第四十四条第一款规定,在寻求权利救济途径时,当事人享有在起诉和申请复议之间自由选择的权利。然而在实践中,被告以及行政机关往往倾向于对该条第二款扩大解释,提出复议前置的主张,用来限制当事人的选择权。归纳二十多年来法院行政审判中掌握的标准,可以发现一条清晰的线索:法院最为关注的问题就是如何充分保障当事人选择救济途径的权利,并取得了很大进展。为了保障当事人的选择权,法院通常严格坚持法律文义。在规范存在文义缺陷时,法院通常会以积极的姿态，运用各种法律解释方法甚至大尺度的漏洞填补方法，为当事人的选择权提供周延的保护。最为典型的当属最高人民法院对《行政复议法》第三十条第一款的解释。《行政复议法》第三十条第一款规定："公民、法人或者其他组织认为行政机关的具体行政行为侵犯其已经依法取得的土地、矿藏、水流、森林、山岭、草原、荒地、滩涂、海域等自然资源的所有权或者使用权的，应当先申请复议；对行政复议决定不服的，可以依法向人民法院提起行政诉讼。"其中的"具体行政行为"是个大概念，如果按照文义实施，则所有可诉的行政行为都需要先经过复议。其实从法律目的上讲，之所以在这一领域设定复议前置程序，主要是出于事实审查的需要。由于涉及自然资源权属的通常需要进行大量的依职权调查活动，法院与行政机关相比，显然缺乏资源优势，故而引入复议前置。不过，涉及自然资源权属的行政行为种类繁多，问题主要集中在行政裁决或者行政确权行为当中，实行复议前置的必要性显而易见。至于其他行政行为，问题并不突出，复议前置的必要性不大，对当事人选择权的限制也就缺乏足够理由。由法律目的衡量，该款规定中的"具体行政行为"规定过宽。基于此，最高人民法院连下两个批复：第一个批复将具体行政行为解释为"行政确认"[①]，第二个批复又将"具体行政行为"进一步限缩为对相关民事争议作出的行政裁决[②]。最高人民法院运用的法律解释方法为目的性限缩，实际是一种法律漏洞的补充方法。

法律规定不服某种行政行为提起诉讼实行复议前置，当事人申请复议后，复议机关作出不予受理决定的，当事人此时是否可以直接起诉行政行为？这是一个具有普遍性的问题。对此，最高人民法院行政审判庭在其指导刊物上登载了一个案例[③]，表明了该庭的倾向，具有很强的导向性。该庭认为，不予受理复议申请意味着复议机关没有对行政纠纷作出处理，属于案件未经行政复议，直接起诉原行政行为不符合复议前置的要求。

▶【拓展训练】>>>

李某某系涿鹿县谢家堡乡村民，张涿高速公路张家口段工程占用其依法承

---

① 《最高人民法院关于适用〈行政复议法〉第三十条第一款有关问题的批复》(法释〔2003〕5号)。

② 参见最高人民法院行政审判庭《关于行政机关颁发自然资源所有权或者使用权证的行为是否属于确认行政行为问题的答复》(〔2005〕行他字第4号)。

③ 参见王华:《法院对复议机关不予受理的复议前置案件的处理—董用权诉海南省三亚市人民政府土地权属处理决定案》,载最高人民法院行政审判庭编:《中国行政审判案例(第2卷)》,中国法制出版社2011年版。

包的林地。李某某主张该林地属于农用地，应按农用地补偿标准进行补偿，涿鹿县人民政府在补偿过程中将上述林地按照未利用地进行补偿是错误的。李某某提起行政诉讼，请求判令涿鹿县人民政府按照《涿鹿县人民政府征收土地和安置补偿方案公告》（涿政〔2011〕23 号）的标准向其一次性支付被征收土地的土地补偿费、安置补助费、地上附着物及青苗补偿费差额。李某某因对征地补偿不服提起诉讼前，未就征地补偿问题申请过行政裁决。

讨论问题：李某某提起行政诉讼是否符合法定起诉条件？人民法院是否应当受理李某某提起的行政诉讼？

▶【问题提示】> > >

李某某诉请判令涿鹿县人民政府按照《涿鹿县人民政府征收土地和安置补偿方案公告》（涿政〔2011〕23 号）的标准向其一次性支付被征收土地的土地补偿费、安置补助费、地上附着物及青苗补偿费差额。从李某某的诉求内容看，其实质是对土地征收实施过程中所进行的土地补偿不服。根据《最高人民法院关于审理涉及农村集体土地行政案件若干问题的规定》第十条的规定，土地权利人对土地管理部门组织实施过程中确定的土地补偿有异议，直接向人民法院提起诉讼的，人民法院不予受理。依照上述规定和《国务院法制办公室关于依法做好征地补偿安置争议行政复议工作的通知》（国法〔2011〕35 号）中关于“被征地集体经济组织和农民对有关市、县人民政府批准的征地补偿、安置方案不服要求裁决的，应当依照行政复议法律、法规的规定向上一级地方人民政府提出申请”的要求，李某某对征地补偿不服，应当依照行政复议法律、法规的规定向批准征地补偿安置方案的人民政府的上一级地方人民政府提出行政复议申请。李某某未经行政复议程序直接向人民法院提起行政诉讼，不符合法律规定。人民法院应当驳回李某某的起诉。

CHAPTER 7

第七章

行政诉讼判决

案例30 刘正武诉宁乡县城市管理和行政执法局案[①]

▶【案件回顾】>>>

在刘正武与宁乡县城市管理和行政执法局城建行政处罚[②]案中,2014年12月29日,宁乡县城管局城建投分局执法人员在县城规划区城郊乡罗宦村枫树组例行巡查时,发现该处有两处房屋,遂依法定程序进行检查询问后,得知该房屋系刘正武在未办理建设工程规划许可证的情况下擅自建设。该房屋建设情况分别为:2003年建设砖混结构两层,建筑面积为391.68平方米;2005年建设砖木结构两层,面积为251.1平方米,建筑总面积为642.78平方米。2015年1月16日,经宁乡县城乡规划局认定,建设的房屋违反了《城市规划法》第三十二条、第四十条和《城乡规划法》第四十条、第六十四条的规定,属于无法采取改正措施消除对规划实施影响的违法建筑。2015年1月28日,宁乡县城市管理和行政执法局向刘正武送达行政处罚告知书,告知刘正武有陈述和申辩、申请听证、依法提起行政复议和行政诉讼的权利。2015年2月5日,宁乡县城市管理和行政执法局作出宁城处字〔2014〕城建投分局第187号行政处罚决定书,认定刘正武在宁乡县城规划区城郊乡罗宦社区枫树组建设的两处房屋,违反《城乡规划法》第四十条第一款之规定,依据《城乡规划法》第六十四条之规定,责令刘正武于2015年2月27日前自行拆除其所建违法建筑。逾期未拆除,将依据《城乡规划法》第六十八条之规定报请县人民政府责成有关部门依法强制拆除。刘正武对该行政处罚决定书不服,遂诉至宁乡县人民法院。宁乡县人民法院查明,刘正武在建设上述两处房屋之前,在宁乡县城郊乡罗宦社区枫树组原有一

---

① 案例来源:湖南省宁乡县人民法院(2015)宁行初字第00069号行政判决。

② (2015)宁行初字第00069号。

处住宅，用地面积210.3平方米，宁乡县国土资源局于1992年10月30日向原告颁发了土地使用证。2002年2月原告向当地村委会及乡人民政府提交报告申请拆旧重建，村委会在报告上签署意见："情况属实，同意拆旧重建，请国土领导批示。"城郊乡人民政府在报告上签署意见："情况属实，请规划审批。"2003年刘正武拆除大部分老屋建设成砖混结构两层房屋一栋，建筑面积为391.68平方米，同时建红砖结构杂屋两间。2005年刘正武在该栋砖混结构房屋后面加建砖木结构两层房屋，面积为251.1平方米。原告刘正武起诉称，被告作出的处罚决定，认定事实不清，适用法律错误，程序违法且滥用职权，依法应当予以撤销。被告城管局答辩称，被告查明原告分别于2003年、2005年在宁乡县城规划区城郊乡罗宦社区枫树组擅建的两处房屋均为违法建筑，其事实清楚，证据充分。被告对原告作出行政处罚决定书的程序合法，不存在滥用职权的问题。综上所述，被告对原告作出的〔2014〕城建投分局第187号行政处罚决定书是完全正确和符合法律规定的，并不存在原告诉称的被告作出的处罚认定事实不清、适用法律错误、程序违法且滥用职权的问题，请求人民法院驳回原告的诉讼请求。被告城管局为支持其答辩意见，在收到起诉状副本之日起，在法定期限内向法院提交了如下证据和法律依据。第一组证据：1. 询问笔录，拟证明原告自认2003年所建房屋391.68平方米和2005年所建房屋251.1平方米都没有取得建设工程规划许可证；2. 检查笔录、现场勘验笔录、违法建筑现场照片，拟证明被告依法定程序对违法建筑进行了现场检查和勘验，确认原告两处房屋违法建筑面积共计642.78平方米，并对违法建筑进行了现场拍照；3. 城建投（分局）187号工作函和宁规执法函字〔2015〕第006号复函，拟证明被告向宁乡县城乡规划局致函，要求其对原告房屋违法状态进行认定并出具意见，该局复函确认原告两处房屋都属违法建筑，且属于无法采取改正措施消除对规划实施影响的违法建筑。证据1至证据3拟证明原告擅建的两处房屋均系违法建筑，且属于无法采取改正措施消除对规划实施影响的违法建筑。第二组证据：1. 宁城告字〔2014〕城建投分局第187号行政处罚告知书和送达回证及送达现场照片，宁城听告字〔2014〕城建投分局第187号行政处罚听证告知书和送达回证及送达现场照片，拟证明被告依法定程序向原告作出并留置送达了行政处罚告知书和行政处罚听证告知书，告知了原告所擅建两处房屋均为违法建筑的事实和被告对原告处罚的理由依据，以及告知原告享有的陈述、申辩和申请听证的权利；2. 宁城处字〔2014〕城建投分局第187号行政处罚决定书和送达回证及送达现场照片，拟证明被告依法定程序对原告作出并留置送达了行政处罚决定书，该决定书责令原告于2015年2月27日前自行拆除其所建违法建筑。逾期未拆除，被告将报请县人民政府，责成有关部门依法强制拆除。

▶【本案争点】> > >

该案是否适用驳回原告诉讼请求判决？

▶【评析研判】> > >

《行政诉讼法》第六十九条规定："行政行为证据确凿，适用法律、法规正确，符合法定程序的，或者原告申请被告履行法定职责或者给付义务理由不成立的，人民法院判决驳回原告的诉讼请求。"1989年《行政诉讼法》中规定了维持判决，而没有规定驳回原告诉讼请求这一判决方式。之后人民法院在司法实践中创造出驳回原告诉讼请求的判决方式，并在司法解释《若干解释》中加以规定。驳回原告诉讼请求这一判决得以广泛应用。2014年《全国人民代表大会常务委员会关于修改〈中华人民共和国行政诉讼法〉的决定》，以驳回原告诉讼请求代替了维持判决，此为修法新增加的内容。该判决形式比维持判决的适用范围更宽。如不作为案件，宜采用驳回原告诉讼请求，而不能适用维持判决。此次修法取消维持判决的理由主要在于与立法目的的修改保持一致。在修法时，立法目的中"维护和监督行政机关依法行使行政职权"中的"维护"删去了，与之相对应，维持判决也随之取消。驳回原告诉讼请求的适用条件主要包括以下情形：一是，被告所作的行政行为不构成违法的。如果行政行为符合合法要件，不构成违法，则判决驳回原告诉讼请求。二是，原告申请被告履行法定职责或者给付义务理由不成立的。驳回原告诉讼请求判决的效力：驳回原告诉讼请求建立在法院对案件争议问题进行实质性审查的基础之上，意味着原告的诉讼请求没有获得法院的支持。

在该案中，行政机关的行政行为合法。主要分析如下：(一)证据确凿。被告提供的询问笔录可以证明原告自认2003年所建房屋391.68平方米和2005年所建房屋251.1平方米都没有取得建设工程规划许可证；被告提供的检查笔录、现场勘验笔录、违法建筑现场照片，可以证明被告依法定程序对违法建筑进行了现场检查和勘验，确认原告两处房屋违法建筑面积，并对违法建筑进行了现场拍照。(二)适用法律、法规正确。根据《城乡规划法》第四十条第一款之规定："在城市、镇规划区内进行建筑物、构筑物、道路、管线和其他工程建设的，建设单位或者个人应当向城市、县人民政府城乡规划主管部门或者省、自治区、直辖市人民政府确定的镇人民政府申请办理建设工程规划许可证。"该法第六十四条规定："未取得建设工程规划许可证或者未按照建设工程规划许可证的规定进行建设的，由县级以上地方人民政府城乡规划主管部门责令停止建设；尚可采取改正措施消除对规划实施的影响的，限期改正，处建设工程造价百分之五以上百分之十以下的罚款；无法采取改正措施消除影响的，限期拆除，不能拆除的，没收实物或者违法收入，可以并处建设工程造价百分之十以下的罚款。"原告在未办理建设工程规划许可证的情况下建设房屋，违反了《城乡规划法》第四十条第一款之规定，且所建房屋属于无法采取改正措施消除对规划实施影响的违法建筑。被告依据《城乡规划法》第六十四条之规定，对原告作出限期拆除的行政处罚决定书，符合法律规定。（三）符合法定程序。行政处罚需要遵循法定程序，以保障行政处罚的合法性和合理性。该行政机关在作出行政处罚前按照行政处罚程序告知了行政相对人有陈述、申辩的权利，依法送达了行政处罚决定书。

综上所述，被告行政行为证据确凿，适用法律、法规正确，符合法定程序。

依据《行政诉讼法》第六十九条之规定，应当判决驳回原告刘正武的诉讼请求。

▶【拓展训练】> > >

在龚华兵诉被告郧西县城市管理综合执法局及第三人龚卫东不履行法定职责一案[1]中，原告龚华兵于 2015 年 9 月 3 日向被告郧西县城市管理综合执法局提出书面申请，要求被告对第三人龚卫东未取得《建设工程规划许可证》和《施工许可证》的违法建设行为予以处罚和拆除第三人龚卫东违法建筑。被告收到原告申请后在原告起诉前未作出处理决定。为此请求法院判决被告履行法定职责，对第三人龚卫东未取得《建设工程规划许可证》和《施工许可证》的违法建设行为予以处罚和拆除第三人龚卫东违法建筑。被告郧西县城市管理综合执法局辩称：原告的诉请不符合《行政诉讼法》规定的起诉条件，我局没有拒绝或不予答复的具体行政行为，且原告所诉第三人龚卫东的建设行为已获得

① 鄂郧西行初字第 00034 号，中国裁判文书网。

其他相关行政单位许可，我局不能对第三人进行处罚。为此请求人民法院依法驳回原告诉讼请求。法院经审理查明，2009年第三人龚卫东在未取得建房审批手续的情况下在其原宅基地建房；2013年8月又在其所建房屋上加层，并于2013年10月完工。2015年12月3日，被告郧西县城市管理综合执法局向原告龚华兵作出答复意见书，对原告龚华兵要求被告对第三人龚卫东未取得《建设工程规划许可证》和《施工许可证》的违法建设行为予以处罚和拆除第三人龚卫东违法建筑的请求给予了书面答复。

讨论问题：被告在本案诉讼中已经主动履行职责，法院应当作出何种判决？

▶【问题提示】>>>

法院应当作出确认违法判决。

案例31 乔华丰诉野徐镇政府信息公开案[①]

▶【案件回顾】>>>

2013年11月14日，乔华丰向泰州高新区管委会拆迁管理部门申请信息公开，要求公开：1. 1995年前后老家房屋（楼房和两间老古屋）的原始登记信息。2. 乔华松所一手操办的老家房屋拆迁的所有相关协议及评估、会办。后泰州高新区管委会拆迁管理部门将该申请转交野徐镇指挥部，野徐镇指挥部于2013年12月23日对乔华丰提出的信息公开申请作出答复。该答复的内容为：你的信息公开申请内容收悉，你所反映的房屋2005年产权登记人为乔恒德，因乔恒德于2011年7月病逝，在国际学校项目拆迁过程中，由乔恒德妻子杨巧银与拆迁公司签订了拆迁补偿协议。如需查看补偿及安置情况，可由利害关系人携带身份证到泰州市迅鑫房屋拆迁公司查阅；在该项目拆迁实施过程中，乔华松的拆迁补偿情况，已按照有关规定公示。在征求当事人意见后，乔华松认为该房屋为其个人财产隐私，不经其同意，其他任何人不可查看。原告乔华丰诉称：野徐镇指挥部是临时机构，不具备行政主体资格，其答复程序违法。野徐镇指挥部答复要求原告自己到拆迁公司查阅，违反《政府信息公开条例》第二条的规

① 案例来源：江苏省泰州市（2014）泰中行初字第0018号。

定。答复没有对原告申请公开的1995年老家房屋的登记信息进行回应。野徐镇指挥部答复称:乔华松的拆迁补偿情况已按规定公示与事实不符。乔华松不同意公开拆迁信息的那处楼房不是乔华松个人完全所有,是父母亲的共同财产,其所签老家房屋的所有拆迁协议属于公开的信息范围。综上,请求人民法院依法确认被告作出的答复违法。判令被告依法公开原告维权所需信息,并赔偿原告精神损失费和诉讼产生的经济损失共五万元。被告野徐镇政府辩称:原告并没有向被告提出公开政府信息的申请。被告是受他人委托进行的答复,依照《行政诉讼法》第二十五条第四款的规定,委托的行政机关是被告。原告要求公开乔华松拆迁协议的相关信息,而乔华松不同意,被告无权公开涉及个人隐私的相关信息。综上,本案被告主体不适格,请求法院驳回原告的起诉。

【本案争点】

1. 野徐镇政府能否作为本案被告主体?
2. 拆迁补偿信息是否涉及个人隐私,行政机关能否向原告公开该信息?
3. 该案是否应当作出撤销判决?

【评析研判】

一、本案被告主体资格的确定

《行政诉讼法》第四十九条规定,提起诉讼应当"有明确的被告"。在我国,行政诉讼被告应当是依法成立、具有行政主体资格的机构。行政主体包括行政机关和法律、法规授权的组织。行政机关在实践中有可能将自己管辖范围内的事务委托给其他组织。依据《行政诉讼法》第二十六条第五款规定:"行政机关委托的组织所作的行政行为,委托的行政机关是被告。"行政机关的内设机构经过法律、法规的授权,也可以成为能够独立承担责任的行政主体。这时,行政机关的内设机构可以作为被告而存在。行政机关组建的并赋予行政管理职能,但不具有独立承担法律责任能力的机构,以自己的名义作出具体行政行为,当事人不服提起诉讼的,应当以组建该机构的行政机关为被告①。

本案中,野徐镇指挥部是由野徐镇政府组建的机构,野徐镇指挥部以自己的名义作出信息公开申请答复,当事人应当以组建该机构的行政机关即野徐镇

① 《最高人民法院关于执行〈中华人民共和国行政诉讼法〉若干问题的解释》第二十条第一款。

政府为被告提起行政诉讼。

二、拆迁补偿信息是否涉及个人隐私，行政机关是否向原告公开该信息

（一）理论上有关个人隐私的界定

在信息社会中，个人信息承载了更多的意义，除了个人尊严和个人自决权之外，还作为一项重要的社会资源而存在。政府机关出于公共管理和服务的需要，利用计算机等高科技手段采集、收集大量的个人信息。个人信息因为具有一定的经济价值，而备受商业机构青睐。有人将这个时代称为“隐私权”终结时代，个人信息安全问题亟须引起重视。当今时代，信息技术发展日新月异，个人信息极易通过一定的技术处理和比对而识别出来。如果忽视了对个人信息的保护，将会引发公民对政府和社会的不信任。

从世界范围内看，个人信息豁免已经成为政府信息公开制度的重要组成部分。如丹麦规定有关“个人隐私或者财务状况的信息不予公开”[①]；美国《信息自由法》将“公开将明显侵犯个人隐私权的有关人事、医疗及类似档案[②]”作为第六项免于公开事项。政府信息中存在许多有关“个人生活”且“不愿意向他人公开”的信息，立法中将个人隐私作为豁免条款旨在保护个人隐私权，避免对其造成威胁。该豁免条款并没有对人事档案、医疗档案及类似档案作出解释，一般而言，有关个人的姓名、财产状况、家庭住址、出生年月、婚姻状况、健康状况、病例和病史、工作经历、学习经历等均都属于个人隐私范围。

学界普遍认为最早对隐私的概念予以界定的是 Samuel Warren 和 Louis Brandeis。两人在“The Right to Privacy”一文中，将“隐私界定为独处的权利，并认为与公民私生活相关的信息的传播会侵扰个人隐私”。[③] 自此，隐私作为一种权利被赋予法学含义。隐私是一个具有开放性结构的词语，含有一定的价值判断和伦理观念，不同的历史阶段、文化传统对隐私的理解不尽相同。“西方学者对隐私权内涵的认识经历了从消极意义到积极意义上认识发展的过程”[④]。隐私权的内涵更加丰富，逐渐从消极不受侵扰的个体自由逐步演变为积极能动的“自己信息自己控制”。

从文义来看，“隐”指私密，不愿意为他人所知悉。隐私权指“自然人所享有的私人生活安宁与私人信息依法受到保护，不被他人非法知悉、收集、利用和公

---

① Danish, Access to public administrative documents Act, Article12(1).

② See 5. U. S. C. A. § 552(b)(6).

③ 黄蓝：《个人信息保护的国际比较与启示》，《情报科学》2014 年第 1 期。

④ 宋超：《政府信息公开与个人隐私权保护》，《理论与改革》2005 年第 3 期。

开的人格权[1]”。从性质上看,隐私概念的核心要素为私密性。如个人照片、日记、病史、性生活等信息。如果公开该信息将导致权利人心理上的难堪,进而损害其人格尊严。我国法律中最早使用“个人隐私”一词是在《民事诉讼法(试行)》中。迄今为止,已经有多部法律规范中提及个人隐私。《侵权责任法》首次将“隐私权”作为民事权益加以保护。该法标志着隐私权作为一项基本民事权利被纳入侵权法的保护范围,不足之处是,该法并没有进一步对隐私权的内涵和外延加以界定,也没有进行类型化。

(二)实践中有关个人隐私或个人信息的界定

明确个人信息的内涵是对其进行保护的前提和基础,也是有效判断个人信息能否公开的必要条件。囿于我国有关个人信息立法的缺失,为行政机关判断豁免信息造成困难。法院在判决中涉及对个人信息或者个人隐私进行界定。笔者总结有两种界定方式:一是概括式。纪广贵、倪秀珍与如皋市国土资源局案、钱圣祥与如皋市人民政府如城街道办事处[2]案中,法院在判决中阐述:“个人隐私一般是指公民个人生活中不向公众公开的、不愿为公众所知悉的、与公共利益无关的个人信息。”由此可以得知,对个人隐私进行界定一般包括“不向公众公开”“不愿为公众所知悉”“与公共利益无关”这三个特征。二是列举式。行政机关或者法院针对申请信息进行判断,此过程也是认定是否属于个人隐私的过程。(1)户籍信息。田俊峰诉郑州市公安局东风路分局一案中,认定“户籍档案信息,属于重要的个人身份信息,涉及个人隐私”。[3] (2)身份证号码。这是典型的个人信息。在戴春萍与长沙市开福区人民政府[4]一案中,法院认为:将被征收房屋权利人的全部公民身份号码公开,违反了法律规定对履行职责或者提供服务过程中获得居民身份证记载的公民个人信息应当予以保密的要求。(3)财产状况。辜玉明与重庆市渝北区人民政府信息公开[5]一案中,法院判决“涉及他人的财产状况,属于公民生活中不愿为他人公开或知悉的个人隐私”。刘国献与重庆市渝北区人民政府信息公开[6]一案中,要求公开“其他户的房屋测量数据信息、房产证上面积大小及补偿费的发放领取信息”,法院认为:“因上述信息涉及

① 王利明:《隐私权概念的再界定》,《法学家》2012 年第 1 期。
② 江苏省(2015)通中行终字第 00078 号。
③ 河南省(2015)郑行终字第 202 号。
④ 湖南省(2015)湘高法行终字第 12 号。
⑤ 重庆市(2015)渝高法行终字第 00119 号。
⑥ 重庆市(2015)渝高法行终字第 00119 号。

他人的财产状况，涉及个人隐私。”（4）家庭信息。张乃军与北京市顺义区马坡镇人民政府[①]案件中，申请公开“向阳村 2010 年度领取租房费用领取表及全体人员名单”，一审法院认为，申请公开的政府信息内容包括家庭、财产等信息，涉及领取费用的全体人员的个人隐私，遂根据上述规定，在决定是否公开相关信息前，采取在向阳村村委会公告栏张贴公告的方式，向领取费用的全体人员书面征求是否同意公开本人信息的意见。（5）身体信息、通信信息、社会信息及工作履历、奖惩记录、机动车号码等。在纪广贵、倪秀珍与如皋市国土资源局[②]一案中，法院判决中通过概括加列举的方式对个人隐私进行了详细阐述，指出“个人的身体信息、通信信息、社会信息等信息均属于隐私[③]”。

（三）《政府信息公开条例》有关个人隐私豁免的规定

《政府信息公开条例》第二十三条规定：“行政机关认为申请公开的政府信息涉及商业秘密、个人隐私，公开后可能损害第三方合法权益的，应当书面征求第三方的意见；第三方不同意公开的，不得公开。但是，行政机关认为不公开可能对公共利益造成重大影响的，应当予以公开，并将决定公开的政府信息内容和理由书面通知第三方。”依据上述法条进行分析，行政机关认为申请公开的信息涉及第三方的个人隐私，公开有可能损害第三方的合法权益的，应当以书面的方式征求第三方的意见。请注意，并非第三方不愿意公开，该信息就不予公开。个人隐私保护在一定情况下要予以克减。与公共利益相比，当公开所带来的公共利益大于对个人隐私权的损害时，个人隐私应进行一定程度的让渡。

综上所述，本案中，拆迁补偿信息涉及个人隐私，同时也涉及公民对政府公共资源使用的监督权。行政机关应当在这两者之间进行公共利益衡量。为了实现对于行政权的监督和制约，个人隐私权应当进行一定程度的让渡。因此，该拆迁补偿信息应当向原告予以公开。

三、该案是否应当作出撤销判决

《行政诉讼法》第七十条规定，行政行为有下列情形之一的，人民法院判决撤销或者部分撤销，并可以判决被告重新作出行政行为：（1）主要证据不足的；（2）适用法律、法规错误的；（3）违反法定程序的；（4）超越职权的；（5）滥用职权的；（6）明显不当的。

---

① 北京市（2015）三中行终字第 423 号。
② 江苏省（2014）通中行终字第 00194 号。
③ 江苏省（2014）通中行终字第 00194 号。

撤销判决系行政诉讼判决的重要类型,其法律后果为行政机关承担败诉责任。本法列举了六种应当撤销的违法情形。一是,主要证据不足。行政主体作出行政行为,应当事实清楚,证据充分。行政诉讼中,法院应当审查判断行政行为的证据是否充足。主要证据不足指"行政机关作出的行政行为缺乏事实依据,导致认定的事实错误或者基本事实不清楚[1]"。二是,适用法律、法规错误。行政机关作出行政行为时适用法律、法规错误,那么,该行政行为属于违法行政行为。适用法律、法规错误包括多种情形,如应适用上位法而错误适用下位法;错误适用已经废止的法律、法规;本应当适用 A 法,却适用了 B 法。需要注意的是,这里的法律、法规是泛称,"不仅包括法律、行政法规、地方性法规,也包括合法有效的规章和其他规范性文件"[2]。三是,违反法定程序。行政行为的作出需要遵循必要的步骤、顺序、时间、方式等程序。如果行政行为违反法定程序,侵犯了行政相对人的程序权利,那么该行政行为就失去了合法性基础。从理论上看,程序正义不仅可以保证实体正义的实现,同时也有其自身价值。从传统来看,我国一直重视实体正义,而较少重视程序正义。当前,随着依法治国进程的发展,行政机关遵守法定程序的意识在逐步提升。在司法实践中,需要注意,"违反法定程序有一定的质和量的标准,法院在审查和认定时要区分强制程序和任意程序"[3]。若是行政机关程序轻微违法,并没有对相对人权益产生实质性影响,则可以判决确认行政行为违法。四是,超越职权。职权法定是行政机关依法行政的基本要求。行政机关超越法定职权范围的表现形式多种多样,如超越地域管辖权限、超越事务管辖权限、超越级别管辖权限等。行政机关需在法定的职权范围内依法行使职权,不得逾越。五是,滥用职权。行政机关具有一定的自由裁量权,法院在进行司法审查时,一般仅对行政行为的合法性进行审查,体现出司法的谦抑性及对于行政权的尊重。如果行政机关滥用自由裁量权,违背了法律授权的目的、原则和精神,不正确的行使权力,则构成滥用职权。六是,明显不当。行政机关在行使行政自由裁量权的过程中,有可能作出明显不当的行政行为,例如行政行为畸轻或者畸重。"明显不当"为此次修法新增加的内容,旨在对行政行为进行合法性审查,进而推动行政争议的实质性解决。

---

① 江必新、池强、贺荣:《行政审判实务教程》,中国法制出版社 2012 年版,第 194 页。
② 江必新、池强、贺荣:《行政审判实务教程》,中国法制出版社 2012 年版,第 273 页。
③ 江必新、池强、贺荣:《行政审判实务教程》,中国法制出版社 2012 年版,第 274 页。

撤销判决的效果:行政行为被撤销后,不但失去往后的效力,通常还追溯到该行为作出时。[①] 当行政行为部分违法时,法院可以判决部分撤销,此时不影响其余部分的效力。

责令重新作出这并非独立的判决形式,而是撤销判决的附随判决。司法权具有一定的谦抑性以及对行政权的尊重,因而法院一般不能替代行政机关作出行政行为。由此,法院判决撤销被诉行政行为后,应当判决责令行政机关重新作出行政行为。行政机关重新作出行政行为,应当受到法院判决既判力的约束,遵循法院判决及判决理由中所表达的精神。这一规定,一方面是维护司法权威和公信力,另一方面,也旨在实质性解决行政纠纷,防止程序空转而影响相对人权益。

《行政诉讼法》第七十一条规定:"人民法院判决被告重新作出行政行为的,被告不得以同一的事实和理由作出与原行政行为基本相同的行政行为。"行政机关重新作出行政行为时,不得以同一的事实和理由作出与原行政行为基本相同的行政行为。若主要事实或者主要理由有改变的,不属于"同一事实和理由"。对重作行为不服,应当如何救济呢? 公民、法人或者其他组织对行政机关重新作出的行政行为不服,可以向法院提起诉讼。

具体到本案中,行政机关的行政行为具有以下违法之处。一是,违反法定程序。行政机关认为申请公开的政府信息涉及个人隐私公开后可能损害第三方合法权益的,应书面征求第三方的意见,而本案被告未提交其曾经向第三方书面征询是否同意公开相关信息的证据,即以个人隐私为由拒绝公开,违反法定程序。二是,拆迁补偿信息应当予以公开。综上所述,被告对原告的信息公开申请所作答复,违反《政府信息公开条例》的相关规定,应予撤销,责令被告野徐镇政府针对乔华丰的信息公开申请依法重新作出答复。

▶【拓展训练】> > >

原告宣懿成等 18 人系浙江省衢州市柯城区卫宁巷 1 号(原 14 号)衢州府山中学教工宿舍楼的住户。2002 年 12 月 9 日,衢州市发展计划委员会根据第三人建设银行衢州分行(以下简称"衢州分行")的报告,经审查同意衢州分行在原有的营业综合大楼东南侧扩建营业用房建设项目。同日,衢州市规划局制

① 何海波:《行政诉讼法(第二版)》,法律出版社 2016 年版,第 443 页。

定建设项目选址意见，衢州分行为扩大营业用房等，拟自行收购、拆除占地面积为205平方米的府山中学教工宿舍楼，改建为露天停车场，具体按规划详图实施。18日，衢州市规划局又规划出衢州分行扩建营业用房建设用地平面红线图。20日，衢州市规划局发出建设用地规划许可证，衢州分行建设项目用地面积756平方米。25日，被告衢州市国土资源局（以下简称衢州市国土局）请示收回衢州府山中学教工宿舍楼住户的国有土地使用权187.6平方米，报衢州市人民政府审批同意。同月31日，衢州市国土局作出衢市国土（2002）37号《收回国有土地使用权通知》（以下简称《通知》），并告知宣懿成等18人其正在使用的国有土地使用权将收回及诉权等内容。该《通知》说明了行政决定所依据的法律名称，但没有对所依据的具体法律条款予以说明。原告不服，提起行政诉讼。

讨论问题：该行政行为是否属于适用法律错误，法院是否应当适用撤销判决？

▶【问题提示】> > >

该案中，行政机关作出行政行为并未引用具体的法律条款，该行政行为没有明确的法律依据，属于适用法律错误，法院应当适用撤销判决。

案例32 倪义河、朱述军等诉滕州市人民政府行政征收案[①]

▶【案件回顾】> > >

倪义河、朱述军等与滕州市人民政府行政征收一案中，原告倪义河、朱述军等在滕州市善国北路拥有合法房屋用于商业经营。2011年5月4日，山东省住房和城乡建设厅、山东省发展和改革委员会、山东省财政厅、山东省国土资源厅下发《关于下达2011年棚户区改造计划的通知》，倪义河、朱述军等八原告所有的房屋及使用的集体土地处于征收范围内。2011年8月16日，滕州市发展和改革局出具“滕文中学区域棚户区改造工程符合滕州市2011年国民经济和社会发展计划”的证明。8月21日，滕州市国土资源局出具“滕文中学区域棚户区改造工程符合滕州市土地利用总体规划”的证明。9月7日，滕州市规划局出具“滕文中学区域棚户区改造工程符合滕州市城乡规划和专项规划的要求”的

① 案例来源：山东省高级人民法院（2015）鲁行终字第308号。

证明。2012年9月9日,被告市政府发布《关于对滕文中学区域未经登记的建筑调查认定的通告》。同日,公布征收补偿安置方案(征求意见稿),征求公众意见。2012年10月17日,被告市政府就补偿安置方案的征求意见情况作出说明。同日,公布征收补偿安置方案,作出社会稳定风险评估报告。市政府依据《国有土地上房屋征收与补偿条例》作出《关于滕文中学区域房屋征收决定的公告》,对倪义河、朱述军等作出房屋征收决定,予以公告。滕州市人民政府分别于2012年11月30日、12月6日、12月7日强制拆除倪义河、朱述军等八原告的房屋。

▶【本案争点】>>>

1. 市政府征收决定是否合法?
2. 该案件适用撤销判决还是确认违法判决?

▶【评析研判】>>>

一、市政府征收决定是否合法,需要从以下几个角度进行分析

1. 征收主体适格。市政府具有作出房屋征收决定的权力。市、县人民政府负责本区域的房屋征收与补偿工作,因而主体适格。2. 征收决定涉及公共利益。行政机关可以为了公共利益的需要实行征收或者征用。该案中,该征收决定涉及棚户区改造工程,可以判定为公共利益需要。3. 适用法律错误。本案中,市政府所征收的土地为集体土地,应当适用《土地管理法》,不应当直接适用《国有土地上房屋征收与补偿条例》。《国有土地上房屋征收与补偿条例》征收的适用对象是国有土地上的房屋。因此,被告市政府作出的征收决定适用法律、法规错误。综上所述,该征收决定违法。

二、该案件应当撤销判决还是适用确认违法判决

《行政诉讼法》第七十四条规定:"行政行为有下列情形之一的,人民法院判决确认违法,但不撤销行政行为:(一)行政行为依法应当撤销,但撤销会给国家利益、社会公共利益造成重大损害的;(二)行政行为程序轻微违法,但对原告权利不产生实际影响的。"

"行政行为有下列情形之一,不需要撤销或者判决履行的,人民法院判决确认违法:(一)行政行为违法,但不具有可撤销内容的;(二)被告改变原违法行政行为,原告仍要求确认原行政行为违法的;(三)被告不履行或者拖延履行法定职责,判决履行没有意义的。”

“确认违法判决”与“撤销判决”具有共同前提,即行政行为违法。确认违法判决是判决撤销的一种替代方式。《行政诉讼法》第七十四条规定了确认违法判决,该条为新增加的内容。确认判决发轫于行政诉讼理论与实践的需要。在司法实践中,被诉行政行为违法,但是又不适宜使用撤销判决等类型,这时创设出确认违法判决。该判决形式先规定在最高人民法院的司法解释中,之后在2014年修改《行政诉讼法》时被吸收采纳。该判决“对行政行为合法性作出否定评价,却不改变该行政行为所形成的法律关系[①]”。

在下述情形中,人民法院判决确认违法,但不撤销行政行为。(1)情况判决方式,指人民法院认定被诉行政行为违法,应当予以撤销,但是基于公共利益考量而不予撤销,这时可以确认该行政行为违法,同时责令行政机关采取一定的补救措施。实践中,尤其是在城乡许可、规划,房屋拆迁等领域,当判决撤销将会给公共利益造成重大损失时,法院将判决确认违法,以维护法律关系的确定性。(2)行政行为程序轻微违法,但对原告权利不产生实际影响的。“程序轻微违法是指行政程序中存在一些可以补正的情形,不影响实体决定的正确性。”[②]基于司法成本和行政成本考量,同时为了维护行政管理秩序,若程序轻微违法,那么被诉行政行为不予撤销,其效力依然存在。

在下述情形中,不需要撤销或者判决履行的,人民法院判决确认违法:(1)行政行为违法,但不具有可撤销内容的。该种判决主要针对违法的事实行为。如执法人员殴打行政相对人,该行为违法,实际影响行政相对人的权益,但是不具有可撤销的内容。(2)被告改变原违法行政行为,原告仍要求确认原行政行为违法的;被告改变原违法行为后,已经没有可撤销的行政行为,因而只能确认违法。(3)行政主体不履行或者拖延履行法定职责,判决其履行已经没有意义。权利保护具有时效性,在不作为案件中,由于时过境迁,行政主体再履行法定职责已经无法实现对于原告权利的保护和救济,法院若判决履行没有意义。人民法院判决确认违法的,可以同时判决责令被告采取补救措施;给原告造成损失的,依法判决被告承担赔偿责任。

本案中,征收决定涉及公共利益。该征收区域的房屋已全部被拆除,如果判决撤销,将会给国家利益、社会公共利益和第三人利益造成重大损害。棚户

① 何海波:《行政诉讼法(第二版)》,法律出版社2016年版,第453页。

② 袁杰主编:《中华人民共和国行政诉讼法解读》,中国法制出版社2015年版,第205页。

区改造工程正在建设之中，因此被诉房屋征收决定已不具有可撤销内容，故应当确认该房屋征收行为违法。

▶【拓展训练】> > >

李健雄诉广东省交通运输厅政府信息公开案①中，原告李健雄于 2011 年 6 月 1 日通过广东省人民政府公众网络系统向被告广东省交通运输厅提出政府信息公开申请。申请获取广州广园客运站至佛冈的客运里程数等政府信息。政府公众网络系统以申请编号 11060100011 予以确认，并通过短信通知原告确认该政府信息公开申请提交成功。2011 年 7 月 28 日，被告作出受理记录确认上述事实，并于 2011 年 8 月 4 日向原告送达《关于政府信息公开的答复》和《政府信息公开答复书》。原告诉称：其于根据《政府信息公开条例》第二十四条第二款的规定，被告应在当月 23 日前答复原告，但被告未在法定期限内答复及提供所申请的政府信息，故请求法院判决确认被告未在法定期限内答复的行为违法。

被告广东省交通运输厅辩称：原告申请政府信息公开通过的是广东省人民政府公众网络系统，即省政府政务外网（以下简称“省外网”），而非被告的内部局域网（以下简称“厅内网”）。按规定，被告将广东省人民政府“政府信息网上依申请公开系统”的后台办理设置在厅内网。由于被告的厅内网与互联网、省外网物理隔离，互联网、省外网数据都无法直接进入厅内网处理，需通过网闸以数据“摆渡”方式接入厅内网办理，因此被告工作人员未能立即发现原告在广东省人民政府公众网络系统中提交的申请，致使被告未能及时受理申请。根据《政府信息公开条例》第二十四条、《国务院办公厅关于做好施行〈中华人民共和国政府信息公开条例〉准备工作的通知》等规定，政府信息公开中的申请受理并非以申请人提交申请为准，而是以行政机关收到申请为准。原告称 2011 年 6 月 1 日向被告申请政府信息公开，但被告未收到该申请，被告正式收到并确认受理的日期是 7 月 28 日，并按规定向原告发出了《受理回执》。8 月 4 日，被告向原告当场送达《关于政府信息公开的答复》和《政府信息公开答复书》，距离受理日仅 5 个工作日，并未超出法定答复期限。因原告在政府公众网络系统递交的申请未能被及时发现并被受理应视为不可抗力和客观原因造成，不应计算在答复期限内，故请求法院依法驳回原告的诉讼请求。庭审中被告确认原告基

① 《最高人民法院指导性案例（第一批－第十三批）》，人民法院出版社 2016 年版，第 83—86 页。

于生活生产需要获取上述信息,原告确认8月4日收到被告作出的《关于政府信息公开的答复》和《政府信息公开答复书》。

讨论问题:网络系统确认申请提交成功的日期是否应当视为被告收到申请之日?该案是否应当判决确认违法?

▶【问题提示】>>>

原告通过政府公众网络系统提交政府信息公开申请的,该网络系统确认申请提交成功的日期应当视为被告收到申请之日,被告逾期作出答复的,应当确认为违法。

案例33 宋某诉北京市某街道办事处不作为案[①]

▶【案件回顾】>>>

在宋某诉某街道办事处不作为案[②]中,2009年12月3日,原告宋某的母亲宋赵氏去世,丧葬事宜由原告办理。按照北京市政府规定,政府补助5000元丧葬费。原告持《北京市城乡无丧葬补助居民丧葬补贴办法》规定的各项手续到被告下属的社保办理丧葬费事宜,社保所告知还需要提供村委会出具的子女与死者的关系证明,由于村委会拒不出具该证明,致使5000元的丧葬费至今没有领取。原告认为被告某街道办事处强行要求原告出具村委会证明,已经超出了《北京市城乡无丧葬补助居民丧葬补贴办法》的规定,侵犯了其合法权益。因此,原告向人民法院起诉,请求判令被告履行法定职责,给原告发放母亲宋赵氏的丧葬费5000元。

被告某街道办事处辩称,根据《北京市昌平区城乡无丧葬补助居民丧葬补贴办法实施细则》第十六条规定,办理丧葬补贴时,经办人须找镇(街道)及村(居委会)开具与死亡人员亲属关系的合法证明,但是由于原告与其兄弟之间存在矛盾,他们都各自主张申领并得到丧葬补贴,致使村委会无法为其开具证明。而只有村委会开具亲属关系证明后,街道办事处才能办理丧葬费事宜。综上,被告按照《北京市昌平区城乡无丧葬补助居民丧葬补贴办法实施细则》的规定

① 案例来源:吴在存主编:《行政诉讼案例研究(九)》,中国法制出版社2015年版,第247页。
② 吴在存主编:《行政诉讼案例研究(九)》,中国法制出版社2015年版,第247页。

办理相关事宜,并无不妥之处,请求人民法院查清事实后依法予以认定和裁决。

▶【本案争点】>>>

1. 被告依据昌平区颁布的规范性文件所作的行政行为是否合法?

2. 本案是否适用责令履行判决?

▶【评析研判】>>>

一、被告依据昌平区颁布的规范性文件所作的行政行为是否合法

丧葬补贴属于行政给付。在我国,目前尚无法律对其予以明确规定。《北京市城乡无丧葬补助居民丧葬补贴办法》(以下简称《办法》)颁布于2009年,由北京市民政局、北京市民族事务委员会、北京市公安局、北京市财政局、北京市人事局、北京市人力资源和社会保障局联合制定。从法律位阶看,不属于法规和规章,属于规范性文件。该《办法》第三条规定:"本办法对居民基本丧葬费用实行定额补贴,标准为5000元。"该《办法》第五条规定:"申请丧葬补贴需提供以下材料:1.《北京市居民丧葬补贴申请表》(一式三联);2. 经办人本人有效身份证件原件及复印件;3. 亡者已加盖死亡(户口专用章)章的《居民户口簿》原件及复印件或公安机关出具的《证明信》;4. 死亡证明或火化证明的原件及复印件(实行土葬的少数民族居民、非火化区居民提供死亡证明或街道、乡镇土葬证明原件及复印件)。"北京市昌平区根据《北京市城乡无丧葬补助居民丧葬补贴办法》和《北京市城乡无丧葬补助居民丧葬补贴办法实施细则》,结合本区实际,制定《北京市昌平区城乡无丧葬补助居民丧葬补贴办法实施细则》(以下简称《实施细则》)。《实施细则》第十六条规定:"经办人与死亡人员亲属关系合法证明包括:由镇(街道)及村(居委会)开具的亲属关系证明、经办人身份证等。民政、公安等殡葬补贴承办部门只对持有与死亡人员有合法亲属关系的最初经办人负责(村委会或居委会必须开具享受丧葬补贴人证明)。"

村委会出具的亲属关系证明是不是办理丧葬补贴的法定条件呢?从法理上分析,下位法可以对上位法进行细化,但是不得设定减损公民、法人和其他组织权利或者增加其义务的规范。在本案中,北京市昌平区政府在北京市相关规范性文件已经明确列举申请丧葬补贴应当提交的材料的前提之下,又对上位法律规范进行了细化。昌平区的规范性文件将村委会出具亲属证明关系作为必要条件明显与北京市《办法》相违背,相当于增设了条件。

在北京市该《办法》与《实施细则》产生冲突时，应当选择适用北京市该《办法》来判断被告某街道办事处行政行为的合法性。综上，被告依据昌平区颁布的规范性文件所作的行政行为不合法。

二、本案是否适用责令履行判决

《行政诉讼法》第七十二条规定："人民法院经过审理，查明被告不履行法定职责的，判决被告在一定期限内履行。"责令履行判决具有其独特优势，法院科以行政机关具体履行义务，有利于解决纠纷，定分止争。

责令履行判决针对行政机关消极懈怠不履行法定职责的情形。实践中，行政机关的不作为现象仍然存在，行政机关的不作为已经严重影响到依法行政和法治政府的建设。针对行政机关的不作为，行政相对人提起诉讼责令行政机关履行职责的案件日益增多，尤其是在环境保护、食品药品安全监管、土地管理、城乡规划及拆迁领域。

行政机关不履行法定职责有两种表现形式：一是不履行法定职责。法律、法规已经明确规定了行政机关的法定职责，然而行政机关对申请人的申请不予答复，不履行法定职责。例如，公民在人身权和财产权等合法权益受到威胁时，申请公安机关对其予以保护，而公安机关拒绝履行。二是拖延履行。"兵贵神速"，效率是行政机关管理公共事务时所应当追求的重要目标。如果行政机关拖延履行法定职责，同样构成不作为。如消防机关迟延履行职责，火灾已经蔓延至无法控制的程度。

在不作为诉讼的起诉期限起算点，为行政机关接到申请之日起两个月。法律、法规对行政机关履行职责的期限另有规定的，从其规定。公民、法人或者其他组织在紧急情况下请求行政机关保护其人身权、财产权等合法权益的法定职责，行政机关不履行的，起诉期限起算点不受前款两个月规定的限制。

在该案件确定为不作为案件后，法院判决责令履行具有一定的前提，即行政机关有履行能力和该行政行为有继续履行必要。如果继续履行已经没有意义，可以判决确认违法。法院判决责令履行涉及行政权与司法权的关系，应当谨慎使用。法院在判决责令履行时，有三种情形，"可以明确规定行政机关履行的内容，可以规定履行的指导意见，也可以笼统地要求被告履行法定职责[①]"。可以明确规定行政机关履行的内容是指法院可以在判决中对行政机关履行职责的方式、期限等予以明确，科以被告具体的作为义务。尤其是在行政给付等

① 何海波：《行政诉讼法（第二版）》，法律出版社2016年版，第470页。

受益行政中可以使用。

在本案中，原告的诉讼请求明确具体，依据北京市《办法》，行政机关应当向申请人发放丧葬补助。因此，法院应当作出责令履行判决，并明确履行的期限，以及被告行政机关的具体义务。

▶【拓展训练】>>>

原告韩忠义与盖景龙、韩忠树因林权争议在清原满族自治县人民法院诉讼，清原满族自治县人民法院作出(2011)清民一初字第1300号民事判决书。判决：韩忠义为位于南山城村河西组北沟西山自留山（四至为：东至地，西至砬子头，南至胡大卫，北至薛中成）的土地使用权人和林木所有人。韩忠义于2012年1月8日向清原县林业局邮寄了办理《林权证》的申请书，申请为位于南山城村河西组北沟西山的自留山办理《林权证》。清原县人民政府撤销了盖景龙涉案地块的林权登记事项，于2013年7月25日作出清林权字(2013)4号决定书，注销了韩忠树的清证字(2000)第00530号《林权证》和林权登记事项。但被告一直没有为原告韩忠义办理《林权证》。原告不服诉讼至法院。

讨论问题：法院应当如何判决？

▶【问题提示】>>>

根据《行政诉讼法》第七十二条规定，人民法院经过审理，查明被告不履行法定职责的，判决被告在一定期限内履行。本案中，法院应当判决被告依法履行其颁发《林权证》的法定职责。

案例34 俞飞诉无锡市城市管理执法局行政处罚案[①]

▶【案件回顾】>>>

在俞飞诉无锡市城市管理执法局行政处罚案[②]中，2009年无锡市城市管理

① 案例来源：一审：江苏省无锡市南长区人民法院(2010)南行初第3号判决；二审：江苏省无锡市中级人民法院(2010)锡行终字第43号判决；载中华人民共和国最高人民法院行政审判庭：《中国行政审判案例(第3卷)》，中国法制出版社2013年版，第164—170页。

② 案例来源：一审：江苏省无锡市南长区人民法院(2010)南行初第3号判决；二审：江苏省无锡市中级人民法院(2010)锡行终字第43号判决；载中华人民共和国最高人民法院行政审判庭：《中国行政审判案例(第3卷)》，中国法制出版社2013年版，第164—170页。

行政执法局(以下简称市城管局)在对原告俞飞的建筑物(无锡路365号)巡查后,证实原告建筑物现状与无锡市房屋权属证明登记事实不一致,且无建设工程规划许可证,依据《城乡规划法》第四十条第一款、第六十四条规定,于2009年6月25日以张贴的方式将《行政处罚事先告知书》送达给原告,并载明了相关权利,有邹某(太湖街道工作人员)证明,但原告不在现场;市城管局于2009年7月3日又以张贴的方式将《行政处罚决定书》送达给原告,并载明了相关权利,要求原告在十五日内自行拆除,也有邹某证明,但原告不在现场。《行政处罚决定书》载明:2000年原告在未办理建设工程规划许可证的情况下,在苏锡路365号建造二幢三层建筑物,总面积为275.58平方米。原告的上述行为违反了《城乡规划法》第六十四条的规定,责令原告自收到《行政处罚决定书》之日起十五日内自行拆除该违法建筑,逾期不拆除的,有关部门将组织强制拆除,所需费用由原告承担。另,在一审审理过程中,苏锡路365号被滨湖区人民政府强行拆除。

原告诉称,房屋并非违法建筑,房屋建造于1996—1997年,不适用2008年实施的《城乡规划法》,其建房、购房是经原村委同意的,是合法建筑;行政程序违法,被告在作出行政处罚决定前未告知原告有听证的权利;作出的《行政处罚事先告知书》张贴在他人门上,原告未收到不能视为送达,且在场证明人邹某系负责太湖街道拆迁的工作人员,不具有证明力。行政处罚决定违法,《行政处罚决定书》中被告确定原告建筑的面积、时间均与实际不符,送达方式不符合法律规定。综上,被告违法执法,是滥用行政权力的行为,要求确认《行政处罚决定书》违法并予以撤销。

被告辩称,原告所建房屋系违法建筑,有充分证据证明;行政处罚所适用的法律、法规正确,《城乡规划法》第六十四条规定,未取得建设工程规划许可证进行建设的,且无法采取改正措施消除影响的,限期拆除;《行政处罚决定书》的作出程序完全合法。市城管局执法人员根据巡查发现原告在苏锡路365号自行建造的建筑违法,即当场向原告制作现场笔录,并于2009年6月25日、7月3日先后向原告送达了《行政处罚事先告知书》《行政处罚决定书》,并告知了相关权利,有相关人员证明,《行政处罚法》第四十二条中未明确拆除违章建筑需要听证,据此说明所作出的行政处罚决定程序完全合法。

【本案争点】> > >

1. 以张贴方式送达是否符合法定程序?

2. 本案适用确认无效判决还是确认违法判决?

▶【评析研判】> > >

一、以张贴方式送达不符合法定程序

首先,以张贴的方式送达《行政处罚事先告知书》剥夺了当事人的陈述、申辩权。

《行政处罚法》第四十一条规定:"行政机关及其执法人员在作出行政处罚决定之前,不依照本法第三十一条、第三十二条的规定向当事人告知给予行政处罚的事实、理由和依据,或者拒绝听取当事人的陈述、申辩,行政处罚决定不能成立;当事人放弃陈述或者申辩权利的除外。"该案中,无锡市城市管理局在送达《行政处罚事先告知书》时,行政相对人俞飞并不在现场,以张贴的方式送达,无法证明其已经向行政相对人告知了行政处罚的事实、理由和依据,也没有证据证明已经听取当事人的陈述和申辩。在行政处罚中,当事人的陈述和申辩权为重要的程序权利。以张贴的方式进行送达,实际上剥夺了相对人陈述和申辩的权利,意味着其行政处罚必经程序的缺失。

其次,以张贴的方式送达《行政处罚决定书》不符合法定程序。《行政处罚法》对行政处罚的程序予以明确规定,其中第四十条规定:"行政处罚决定书应当在宣告后当场交付当事人;当事人不在场的,行政机关应当在七日内依照民事诉讼法的有关规定,将行政处罚决定书送达当事人。"《民事诉讼法》第八十六条规定:"受送达人或者他的同住成年家属拒绝接收诉讼文书的,送达人可以邀请有关基层组织或者所在单位的代表到场,说明情况,在送达回证上记明拒收事由和日期,由送达人、见证人签名或者盖章,把诉讼文书留在受送达人的住所;也可以把诉讼文书留在受送达人的住所,并采用拍照、录像等方式记录送达过程,即视为送达。"

在本案中,以张贴的方式送达《行政处罚决定书》,并不符合留置送达的要求。因此,以张贴的方式送达《行政处罚决定书》不符合法定程序。

二、本案适用确认无效判决

确认无效判决需要满足实体和程序两个要件。从实体看,确认无效判决的适用情形较窄,只适用于行政行为的实施主体不具有行政主体资格或者重大且明显违法的情形。依据行政行为无效理论,行政行为具有重大且明显违法情形,该行政行为无效。这种违法达到一个具有正常理智的普通人的常识性理解

都可以明显看得出的程度,那么该行为是无效的行政行为。无效行政行为自始至终确定无效,对任何人都没有约束力,意味着该行政相对人可以进行对抗。从程序上看,需要原告申请确认无效。确认无效判决针对行政违法中的极端情形,规定了更为不利的法律后果。引入确认无效判决有利于提高行政机关依法行政水平,推动实质性的解决行政争议。

《行政处罚法》第三条第二款规定:"没有法定依据或者不遵守法定程序的,行政处罚无效。"行政处罚决定的程序违法只有达到"重大且明显"的标准才能适用确认无效判决。

该案在审理过程中,存在确认无效判决和确认违法判决两种不同意见。确认违法判决的主要理由在于行政相对人违法事实较为清楚,行政处罚行为虽然违反了法定程序但不宜对行政行为自始予以否定。确认无效判决的理由在于:行政处罚事先告知书和行政处罚决定书均以张贴的方式予以送达,属于重大且明显的违法,该行政处罚决定无效。本案采取确认无效判决更有利于监督行政机关依法行政。

▶【拓展训练】> > >

李桂林诉天津市北辰区人力资源和社会保障局一案①中,原告李桂林诉称,原告李桂林系案外人天津市制锁五厂职工。2014 年 10 月,原告到单位开具亲属关系证明时被告知已解除了劳动关系。案外人解除劳动关系严重违法且给原告少缴 2 年零 9 个月养老保险费、医疗保险费。原告经与案外人及其上级单位协商未果,于 2015 年 1 月 30 日到被告处进行投诉,被告认为原告投诉已超时效 2 年不予受理。原告请求法院判决被告作出的《举报投诉案件不予受理决定书》无效。被告天津市北辰区人力资源和社会保障局辩称,原告投诉案外人的违法行为已超过两年,故作出不予受理的决定。法院经审理查明,2015 年 1 月 30 日,原告向被告提交书面《举报投诉》,请求案外人天津市制锁五厂为原告补齐 1996 年 2—3 月至 1999 年 8 月 2 年零 9 个月社会保险费(1996 年 2 月至 3 月、1996 年 10 月、1997 年 2 月至 4 月、1997 年 7 月至 12 月、1998 年 1 月至 12 月、1999 年 1 月至 8 月)。被告于当日对原告投诉进行了审查。2015 年 2 月 5 日,被告作出[津北辰]人社联不受字(2015)第 04 号《举报投诉案件不予受理决定

① (2015)辰行初字第 0035 号,中国裁判文书网。

书》，并于当日送达给原告。法院认为，依据《社会保险缴费举报投诉办理工作规程》第二条、第七条的规定，被告具有接受举报投诉社保违法行为的主体资格和法定职权。《社会保险缴费举报投诉办理工作规程》第二十四条规定，与投诉相关的劳动关系、劳动报酬等没有争议或争议已经通过诉讼、仲裁解决；对不符合上述规定的，应当告知投诉人通过仲裁、诉讼解决劳动关系、劳动报酬等争议后，再进行投诉。被告在没有确认原告与用人单位劳动关系是否存续的情况下即作出不予受理决定，属于适用法律、法规错误。

讨论问题：法院应当作出何种判决？

▶【问题提示】> > >

法院应当作出确认无效判决。

案例35　华鑫商旅服务有限公司诉三亚工商局行政处罚案[①]

▶【案件回顾】> > >

2015年1月16日，三亚鹿回头国宾馆礼宾员唐国伟、林晓宇应消费者何先生的要求代其购买机票。唐国伟、林晓宇于当日联系华鑫商旅公司法定代表人孙斌预订了两张机票：2月13日三亚—郑州和2月24日航班号CZ3981郑州—三亚。1月25日，唐国伟、林晓宇应消费者何先生要求请孙斌将2月13日三亚—郑州的机票退掉，并改订2月13日三亚—北京的机票。在订票过程中，唐国伟、林晓宇与孙斌私下商定，帮消费者何先生预订八折后总价2104元的2月13日三亚—北京航班号CA1892的机票，出票时将电子客票行程单总价改为2610元。而孙斌擅自给消费者何先生预订了同航班号总价为1090元的四折机票，出具了总价为2610元的假电子客票行程单，从中骗取了消费者何先生1520元，其中将八折与全价的差价款506元和购票返佣费75.9元给了唐国伟、林晓宇（共581.9元，实际给付600元），剩余920元归孙斌自己所有。另，消费者何先生所购2月24日航班号CZ3981郑州—三亚的机票实际总价为1940元，孙斌为抵销需支付给唐国伟、林晓宇的购票返佣款，擅自将该机票的电子客票行程单总价篡

---

① 案例来源：海南省三亚市中级人民法院(2015)三亚行终字第33号行政判决。

改为 1980 元,骗取了消费者何先生差价款 40 元。上述两张机票消费者何先生实际支付了 4590 元,孙斌只提供了实际价格 3030 元的两张机票,共骗取了消费者何先生的价款 1560 元,从中给了唐国伟、林晓宇 600 元。在查清事实后,三亚工商局执法人员责令孙斌向消费者何先生及所在单位出具书面说明和致歉,同时向消费者何先生提供真实电子客票行程单 2 张,退还所骗取的 1560 元。

2015 年 4 月 2 日,三亚工商局作出三工商处字(2015)35 号《行政处罚决定书》,认定华鑫商旅公司采取篡改电子客票行程单价格以骗取消费者价款的行为,属于《欺诈消费者行为处罚法》第三条第一款第十三项“以其他虚假或者不正当手段欺诈消费的行为”所指的欺诈消费者行为,并依据《欺诈消费者行为处罚办法》第五条的规定,依照《消费者权益保护法》第五十六条第一款及其第十项的规定,对三亚华鑫商旅服务有限公司作出行政处罚:(1)罚款人民币 100000 元,上缴国库;(2)吊销营业执照。三亚华鑫商旅服务有限公司提起行政诉讼,一审法院判决驳回三亚华鑫商旅服务有限公司的诉讼请求。

三亚华鑫商旅服务有限公司对一审判决不服,提起上诉。上诉人华鑫商旅公司上诉称:一、上诉人未为消费者提供商品或者服务,为消费者提供服务的主体是航空公司。上诉人只是代售机票,从航空公司收取代销费用。因上诉人未给消费者提供商品或服务,故被上诉人对上诉人所作处罚没有法律、法规上的依据。二、“规章”不属于《消费者权益保护法》第五十六条第一款第十项所述及的法规。上诉人的行为虽违反了《欺诈消费者行为处罚办法》第三条第十三项的规定,但却不属于《消费者权益保护法》第五十六条第一款规定应予处罚的情形。既然《消费者权益保护法》作为法律,没有对上诉人的行为作出需要给予行政处罚的规定,被上诉人引用该款对上诉人进行处罚,适用法律错误。三、原审判决认定上诉人没有违法所得,没有法律依据。消费者实际应付票款 3030 元,上诉人以虚开电子客票行程单价格的方式收取消费者 4590 元,多收了 1560 元。上诉人将该款项退还消费者,系主动承担返还的民事责任的方式。如上诉人的行为应予以处罚,最高额幅也就 15600 元。

被上诉人市工商局辩称,一审判决认定事实清楚,适用法律正确,依法应予维持。首先,为消费者订购机票是上诉人的经营方式,虽然上诉人是从航空公司处收取代销费用,但实际上航空公司支付的代销费用是出自购买机票的消费者,上诉人经营直接面对的是消费者,经营收入实质也出自消费者,上诉人认为其未为消费者提供服务没有事实和法律根据。其次,根据《行政处罚法》第十二条规定“国务院部、委员会制定的规章可以在法律、行政法规规定的给予行政处罚的行为、种类和幅度的范围内作出具体规定”。《消费者权益保护法》第五十六条虽然没有对上诉人欺诈消费者行为进行针对性规定,但该条第十项兜底条款事实上赋予了国家工商管理总局可依法根据实际情况对欺诈消费者行为进行具体规定的权力。因此,被上诉人适用法律正确。还有,被上诉人在行政处罚决定作出之前,上诉人已将1560元退给消费者。因此,事实上上诉人没有获得违法所得。

▶【本案争点】>>>

1. 该行政处罚适用法律、法规是否正确?
2. 法院能否适用变更判决?

▶【评析研判】>>>

一、该行政处罚适用法律、法规正确

《消费者权益保护法》第五十六条规定:“经营者有下列情形之一,除承担相应的民事责任外,其他有关法律、法规对处罚机关和处罚方式有规定的,依照法律、法规的规定执行;法律、法规未作规定的,由工商行政管理部门或者其他有关行政部门责令改正,可以根据情节单处或者并处警告、没收违法所得、处以违法所得一倍以上十倍以下的罚款,没有违法所得的,处以五十万元以下的罚款;情节严重的,责令停业整顿、吊销营业执照:……(十)法律、法规规定的对损害消费者权益应当予以处罚的其他情形。”

《行政处罚法》第十二条规定“国务院部、委员会制定的规章可以在法律、行政法规规定的给予行政处罚的行为、种类和幅度的范围内作出具体规定”。

实践中,行政相对人欺诈消费者的行为有多种表现形式,法律无法通过列举的方式穷尽。《消费者权益保护法》第五十六条虽然没有直接针对上诉人欺诈消费者行为进行规定,但该条第十项兜底条款事实上赋予了国家工商管理总局可依法根据实际情况对欺诈消费者行为进行具体规定的权力。国家工商行政管理总局于1996年颁布《欺诈消费者行为处罚办法》,其中第三条第十三项以兜底条款的方式规定了“以其他虚假或者不正当手段欺诈消费者的行为”。依据立法原理进行分析,《欺诈消费者行为处罚办法》第三条第十三项规定没有超越上位法《消费者权益保护法》规定的种类和幅度。

华鑫商旅公司在为消费者提供代购机票服务中,以虚开电子客票行程单价

格的方式，多收消费者费用1560元的行为，属于《欺诈消费者行为处罚办法》第三条第十三项规定的"以其他虚假或者不正当手段欺诈消费者的行为"。（注：2015年1月5日，国家工商行政管理总局令第73号公布《侵害消费者权益行为处罚办法》，自2015年3月15日起施行。1996年颁布的《欺诈消费者行为处罚办法》予以废止。该案件发生在2015年3月15日之前，因而适用旧法。）

综上所述，行政机关作出行政处罚决定适用法律、法规正确。

二、法院应当适用变更判决

《行政诉讼法》第七十七条规定："行政处罚明显不当，或者其他行政行为涉及对数额的确定、认定确有错误的，人民法院可以判决变更。人民法院判决变更，不得加重原告的义务或者减损原告的权益。但利害关系人同为原告，且诉讼请求相反的除外。"

变更判决作为撤销判决的补充形式而存在，其适用范围明显小于撤销判决。只有两种情形之下可以适用变更判决：一是，行政处罚明显不当。行政处罚要求同等条件同等对待，不能畸轻或者畸重。变更判决一般适用于事实清楚、证据确凿的行政处罚案件。如果案件事实复杂、有待继续查证，法院不宜作出判决变更。

二是，其他行政行为涉及对数额的确定、认定有错误的。这是此次修法新增加的内容。在现代行政国家，政府需要积极谋福利，行政给付日益增多。当涉及最低生活保障、社会保险金等数额认定时，法院可以适用变更判决。法院作出变更判决有利于从实质上解决纠纷，定分止争，防止程序空转。

具体到本案而言，《消费者权益保护法》第五十六条规定，有违法所得的，处以违法所得一倍以上十倍以下的罚款，没有违法所得的，处以五十万元以下的罚款。

华鑫商旅公司是否因欺诈行为获取了违法所得是法律适用的关键所在。该案中，华鑫商旅公司通过虚开电子客票行程单价格的方式多收取消费者1560元。之后将该款项退还消费者，系主动承担返还的民事责任的方式。获得违法所得之后予以退还，并不能否定有违法所得的事实。华鑫商旅公司因欺诈行为获取违法所得1560元，依《消费者权益保护法》第五十六条第一款的规定，有违法所得的，其罚款最高幅度不得超过违法所得的十倍，即15600元。行政机关按没有违法所得的情形，作出罚款10万元的处罚，明显不当。该案中，事实清楚，证据确凿，行政处罚法律适用明显不当。综上所述，依据《行政诉讼法》第七十七条的规定，法院应当对该行政处罚决定依法予以变更，变更为：罚款人民币

15600元，上缴国库。

▶【拓展训练】>>>

原告武翠南在韶山市行政中心阻拦正欲前往某工程项目研究工作的韶山市人民政府副市长周某及所乘坐的公务用车，先后持续时间约四十分钟。被告韶山市公安局认为其行为在客观上扰乱了正常的办公秩序，属于扰乱单位秩序的行为，违反了《治安管理处罚法》之规定。依据《治安管理处罚法》第二十三条第一款第一项之规定，对原告作出了行政拘留五日的决定。原告不服，提起行政诉讼。一审法院判决驳回原告武翠南的诉讼请求。武翠南不服，向法院提出上诉。湘潭市中级人民法院经审理认为，《治安管理处罚法》第二十三条第一款第一项规定，“有下列行为之一的，处警告或者二百元以下罚款；情节较重的，处五日以上十日以下拘留，可以并处五百元以下罚款：（一）扰乱机关、团体、企业、事业单位秩序，致使工作、生产、营业、医疗、教学、科研不能正常进行，尚未造成严重损失的”。本案中上诉人武翠南拦阻韶山市副市长的公务车的事实，有充分证据证实。但是，根据查明的上诉人武翠南参与拦车的情节，尚不足以认定“情节较重”，因此，被上诉人韶山市公安局对上诉人武翠南作出行政拘留五日的处罚，明显不当，依法应予变更。

讨论问题：如何认定情节较重？

▶【问题提示】>>>

由行政机关依据具体案情予以认定。

案例36　吴文妹因诉请古田县公安局不作为行政赔偿案[①]

▶【案件回顾】>>>

2010年3月11日15时11分，古田县公安局干警杜世斌接到古田县公安局城西派出所值班干警黄盛焰电话称，城西街道下洋村村民施维燕被人殴打致伤要求处理。杜世斌即同该所副教导员林义清、驾驶员程胜杰前往下洋村出

① 案例来源：湖南省宁德市中级人民法院（2014）宁行终字第16号行政判决。

警。经调查走访证实该村村民施桂林殴打施维燕致伤，警方实施抓捕施桂林未果。伤者施维燕被送往古田县人民医院治疗。当晚20时21分，施维燕胞兄施维意（原告的丈夫）在古田县人民医院接到黄铤电话，得知施桂林扬言要报复杀害他全家即向城西派出所报警要求处理。20时28分，值班干警陈天英将警情电话告知当晚备勤的杜世斌并要求出警。杜世斌既无组织人员前往处置，也未采取防范措施。21时20分许，施桂林持木棍闯入原告家中将原告殴打成重伤，又猛击原告的女儿施鹰头部致其死亡。随后，施桂林放火烧毁施维燕及原告等人共有的房屋。21时52分，施维意得知其家发生火情，再次向城西派出所报警。22时，黄盛焰打电话通知杜世斌出警。杜世斌接警后才组织人员赶往下洋村维持现场秩序。经（2011）古刑初字第104号和（2012）宁刑终字第130号两份《刑事判决书》认定，杜世斌犯玩忽职守罪，判处有期徒刑二年，缓刑三年。2013年1月7日，原告向被告提出行政赔偿，同年3月14日，古田县公安局作出古公行赔字（201301）号《行政赔偿决定书》，原告不服，提起本案诉讼。一审法院认定，因施桂林行凶造成原告吴文妹损失中可以列入行政赔偿范围的数额为1447890元，其中：医疗费96950.21元、护理费33660元、误工费49782元、残疾赔偿金285558元、因原告女儿死亡的死亡赔偿金和丧葬费951860元、精神损害抚慰金20000元、房屋损失8079.8元、屋内用品损失2000元。古田县公安局已向原告支付的赔偿款为30000元。

一审法院认为，被告的工作人员杜世斌未履行及时出警的职责，其不作为行为已构成玩忽职守罪，被告应依法承担行政赔偿责任，原告有取得赔偿的权利。被告作出的行政赔偿决定，未完全按《国家赔偿法》规定的赔偿方式、内容和计算标准核定对原告的赔偿数额，应依法撤销。原告的经济损失1447890元予以认定。根据《最高人民法院关于公安机关不履行法定行政职责是否承担行政赔偿责任问题的批复》，结合“2010.3.11”案件的具体情况及被告工作人员不作为行为在损害结果产生过程中所起的作用，被告应承担赔偿比例为30%，即（1447890元×30%=434367元）。据此，依照《行政诉讼法》第五十四条第二项第一目、第六十七条第一款，《国家赔偿法》第三条第五项、第三十四条第一款、第三十五条及《最高人民法院关于执行〈中华人民共和国行政诉讼法〉若干问题的解释》第五十六条第一款第四项之规定，判决：一、撤销被告于2013年3月14日作出的古公行赔字（201301）号行政赔偿决定书；二、被告赔偿原告434367元，扣除已支付的30000元，实际赔偿款404367元，于本判决发生法律效力后

10日内一次付清；三、驳回原告吴文妹的其他诉讼请求。

吴文妹不服一审判决，向法院提起上诉，请求：1. 撤销原审判决第二项、第三项；2. 依法改判被上诉人赔偿上诉人国家赔偿金2056926.37元，包括：(1)吴文妹人身损害赔偿部分的医疗费98013.58元、护理费62363.7元、误工费389772.15元、残疾赔偿金285558元、营养费29347元、伤残评定费3446.77元、住院伙食补助费5640元、后续治疗费100000元、交通费3529.5元、住宿费1065元；(2)吴文妹女儿施鹰的死亡赔偿金951860元、丧葬费23796.5元、停尸费125700元，受害人亲属办理丧葬事宜支出的交通费、住宿费和误工费共3000元；(3)吴文妹人身损害及施鹰死亡精神抚慰金合计130000元；(4)因施桂林纵火造成的房屋损失8079.8元、财产损失2000元。被上诉人古田县公安局应按上述损失金额的90%承担赔偿责任。主要理由：①有关行政赔偿项目的数额确定原审对施鹰死亡赔偿金、丧葬费总额按国家上年度职工年平均工资20倍封顶依据不足；吴文妹人身损害赔偿部分赔偿金额认定有误。医疗费已经双方当事人确认为98013.58元，而一审错误认定为96950.21元；护理费和后续治疗医药费，原审以没有关联性不予支持错误；误工费，赔偿法明确规定减少收入按国家上年度职工日平均工资计算，最高额为国家上年度职工年平均工资的5倍，而一审仅按1倍确定数额49782元不当；后续治疗费原审没有支持不当；对已发生的交通费、住宿费、营养费、伤残评定费、住院伙补助费、停尸费、受害人亲属办理丧葬事宜支付的费用共计171728.27元，原审认定不属国家赔偿范围违法；原判决未区分受害人施鹰死亡精神损害抚慰金和上诉人吴文妹受伤的精神损害抚慰金，而是笼统作出判决确定20000元，显属不当。②古田县政法委捐助的30000元涉法涉诉救助资金不是国家赔偿金，不应扣除。该资金领款单"领款理由或用途栏"注明是"涉法涉诉救助资金"，不能认定为国家赔偿金。③被上诉人古田县公安局因不作为行为导致了严重后果发生，被上诉人古田县公安局民警在事发当天下午未及时抓捕嫌疑人施桂林，且当天晚上未及时处警，致使惨局发生。一审确定其承担30%的赔偿比例，与其在不作为行为中的作用不相应，应承担主要乃至大部分责任，赔偿比例应确定为90%。

被上诉人古田县公安局辩称：1. 一审判决认定本案行政赔偿项目的依据和计算标准完全正确，认定赔偿数额已充分维护了上诉人的合法权益。2. 一审法院根据有关法律并结合本案被上诉人机关工作人员不履行职责的过错情况，酌情确定上诉人的精神损害抚慰金20000元并无不当。3. 一审法院确定被上诉人的赔偿比例为30%,不是过低,而是偏高。4. 一审判决仅确定在赔偿总额中将被上诉人支出的涉法涉诉救助资金30000元作为国家赔偿金予以扣抵,已属偏袒上诉人。请求二审法院判决驳回上诉人上诉,维持原审判决。

二审法院经审理查明,双方当事人向一审法院所提供的证据均已随案移送本院。双方当事人对有关证据的质证意见与一审相同,对原审判决认定的事实除有关人身生命权方面的大部分赔偿项目(除残疾赔偿金)数额、杜世斌处警情况有异议外,对其余事实没有争议;还确认:1. 吴文妹之夫施维意于2011年10月14日因道路交通事故死亡,户口已由古田县公安局于2011年12月27日注销;2. 2012年10月23日上诉人吴文妹的伤情经伤残等级鉴定为八级伤残,劳动能力经鉴定为部分丧失劳动能力;3. 施桂林经刑事判决处以死刑并已执行。对双方没有争议的事实,法院依法予以确认①。

▶【本案争点】>>>

一是精神损害抚慰金数额的确定;二是上诉人主张后续治疗费是否应当支持;三是古田县公安局的赔偿责任比例;四是涉法涉诉救助资金30000元是否应从本案行政赔偿责任中予以扣抵。

▶【评析研判】>>>

行政赔偿诉讼是一种特殊类型的诉讼。行政机关及其工作人员因为违法行使行政职权,侵犯公民、法人或者其他组织的合法权益造成损害的,行政机关应当承担赔偿责任。确立行政赔偿责任需要有以下几个构成要件:一是行使行政职权。行政侵权责任的主体主要是国家行政机关。二是行政行为违法。三是造成损害事实。四是行政违法行为与当事人损害之间具有因果关系。实践中,较难认定的是行政不作为与损害结果之间的因果关系。这种违法行为与损害结果之间的因果关系,必须以行为人具有特定义务为前提。在该类案件中,行政机关及其工作人员并非直接的致害主体。怠于履行职责属于违法行为,因此国家应当予以赔偿。以公安机关为例,公安机关负有保护公民生命权、财产权的法定职责。如果公安机关存在不作为,未能积极履行保护公民生命安全的职责,应当承担相应的赔偿责任。

---

① 宁德市(2014)宁行终字第16号。

具体到本案而言：

一、有关精神损害抚慰金的确定。依据《国家赔偿法》第三十四条规定："侵犯公民生命健康权的，赔偿金按照下列规定计算：(一)造成身体伤害的，应当支付医疗费、护理费，以及赔偿因误工减少的收入。减少的收入每日的赔偿金按照国家上年度职工日平均工资计算，最高额为国家上年度职工年平均工资的五倍；(二)造成部分或者全部丧失劳动能力的，应当支付医疗费、护理费、残疾生活辅助具费、康复费等因残疾而增加的必要支出和继续治疗所必需的费用，以及残疾赔偿金。残疾赔偿金根据丧失劳动能力的程度，按照国家规定的伤残等级确定，最高不超过国家上年度职工年平均工资的二十倍。造成全部丧失劳动能力的，对其扶养的无劳动能力的人，还应当支付生活费；(三)造成死亡的，应当支付死亡赔偿金、丧葬费，总额为国家上年度职工年平均工资的二十倍。对死者生前扶养的无劳动能力的人，还应当支付生活费。"《国家赔偿法》第三十五条规定："有本法第三条或者第十七条规定情形之一，致人精神损害的，应当在侵权行为影响的范围内，为受害人消除影响，恢复名誉，赔礼道歉；造成严重后果的，应当支付相应的精神损害抚慰金。"该法条适用于侵犯人身权、致人精神损害并造成严重后果的情形。该案中，因为第三人实施加害行为，造成公民死亡、受伤及房屋受损的严重后果。公安民警未依法出警，存在一定过错。原审法院确定公安局承担6000元的精神损害抚慰金，数额过低。

二、上诉人主张后续治疗费不予支持。依据《最高人民法院关于审理人身损害赔偿案件适用法律若干问题的解释》第十九条第二款规定："医疗费的赔偿数额，按照一审法庭辩论终结前实际发生的数额确定。器官功能恢复训练所必要的康复费、适当的整容费以及其他后续治疗费，赔偿权利人可以待实际发生后另行起诉。但根据医疗证明或者鉴定结论确定必然发生的费用，可以与已经发生的医疗费一并予以赔偿。"本案中，后续治疗费目前并未实际发生，仅为有可能发生，可待实际发生后依法另行起诉。

三、古田县公安局承担赔偿责任比例。在第三人致害所导致的案件中，受害人的损害并非来自行政机关的直接侵害，而是因为第三人的侵害所导致的。法院需要考虑行政机关违法行为的情节、过错程度、侵权的方式、手段、在损害发生中的作用等多方面因素，判决行政机关应当承担的责任比例。依据《最高人民法院关于公安机关不履行、拖延履行法定职责如何承担行政赔偿责任问题的答复》规定："公安机关不履行或者拖延履行保护公民、法人或者其他组织人身权、财产权法定职责，致使公民、法人或者其他组织人身、财产遭受损失的，应当承担相应的行政赔偿责任。”本案中，民警存在怠于履行职责的行为，但是毕竟公安局不是直接侵权人，因此法院结合具体案情判决公安局承担30%的行政赔偿责任较为恰当。

四、涉法涉诉救济资金不应从行政赔偿款中扣抵。《国家赔偿费用管理条例》第四条第一款规定：“国家赔偿费用由各级人民政府财政部门统一管理。”本案中30000元系涉法涉诉救助资金，不属于行政赔偿款，因此不能从行政赔偿责任中予以扣抵。

▶【拓展训练】> > >

原告祁县华誉纤维厂于2003年8月经祁县发展计划局祁计字(2003)90号文件批准成立，企业性质为个人独资企业，主要产品为二硫化碳及化工产品，总投资198万元。该批文要求原告收文后速办理土地、城建、环保、工商、税务、地震等手续。之后原告请专家设计并购买生产设备，同年11月投产，12月24日被告祁县人民政府以原告企业无任何环保手续为由对其进行了行政处罚3000元。为此原告向有关部门申请办理了工商营业执照(2003年12月12日办理)、税务登记证、组织机构代码证、防雷设施安全检查合格证、产品质量技术检验报告等手续。2005年8月，被告以“祁县挂牌督办环境违法企业名单”共313家企业通知原告完善环保审批手续，同年11月晋中市环保监察大队以原告无任何审批手续对原告罚款10000元，并要求其立即完善环保手续。2006年4月11日，被告在执法检查中，认定原告企业是挂牌督办违法企业，原告向被告交纳环境监测费3000元并申请办理环保有关手续未果。2007年5月25日，祁县人民政府下发祁政发(2007)20号文件，以不符合国家产业政策，污染严重，治理无望，决定淘汰原告企业，下令于2007年5月27日关闭祁县华誉纤维厂。同年6月8日，原告企业在生产中，被告专项行动领导组对原告的企业采取了断电停水查封措施，强制原告停止生产。此后，原告对被告的上述具体行政行为不服向晋中市中级人民法院提起行政诉讼，晋中市中级人民法院以(2008)晋中中法行初字第8号行政判决，确认被告该具体行政行为违法，并予以撤销。祁县人民政府提起上诉，后又撤回上诉，2009年3月7日，山西省高级人民法院作出裁定准予撤诉。为此原告向被告提出赔偿请求，被告于2009年4月23日以祁行赔决字(2009)1号不予行政赔偿决定书驳回原告的行政赔偿申请。

在诉讼过程中，原告祁县华誉纤维厂于2009年6月向被告祁县人民法院提出对其损失鉴定的申请，祁县人民法院委托山西泰元司法鉴定所对其损失进行鉴定，鉴定结论为原告各项损失（包括机器设备全部报废损失、利息损失、工资损失、成品、半成品、原材料损失、预期利润损失）共计7909137.91元。庭审中原告认为被告的行政行为与原告的损失之间有因果关系，原告虽账目流失但损失存在，山西泰元司法鉴定所对原告损失所出具的司法会计鉴定结论（包括补充意见），比较符合客观真实，原告表示接受。被告认为，原告申请鉴定时未能提供原始的会计凭证、会计账目，原告请求没有事实根据和法律依据，应当驳回其诉讼请求。另查明，原告祁县华誉纤维厂投产后至诉讼之日未取得环境影响评价手续，安全生产许可证和企业占地合法手续。[①]

问题：被告的具体行政行为违法，原告是否能得到国家赔偿？

▶【问题提示】> > >

国家机关及其工作人员违法行使职权侵犯公民、法人或者其他组织的合法权益造成损害的，受害人有取得国家赔偿的权利。但赔偿的前提必须是合法权益遭到损害。本案中，祁县华誉纤维厂在未取得安全生产许可证的情况下，以生产化学纤维材料为名，实际生产危险化学品二硫化碳，其行为违反国家禁止性法规，因而不存在合法利益。法院应当驳回原告华誉纤维厂要求被告祁县人民政府赔偿损失的诉讼请求。

① 《中华人民共和国最高人民法院公报》2011年第1期（总第171期），转引自www.itslaw.com。

CHAPTER 8

第八章

行政诉讼程序

案例37　刘冬生等人诉北京市朝阳区人民政府信息公开案①

【案件回顾】> > >

2015年6月8日，刘冬生等四人向一审法院提起以朝阳区政府为被告的行政诉讼，诉讼请求为：1. 确认被告作出对外发生法律效力的《政府信息告知书》（朝信公开（2015）第18号-答）（以下简称《告知书》）应以北京市朝阳区委、区政府的名义作出并加盖公章才有效。而以北京市朝阳区委、区政府信访办公室内设机构的名义作出并加盖公章的《告知书》是超越职权行为，越权无效，应予撤销；并判令被告重新作出。2. 确认被告拒绝公开2015年3月4日周三区领导接待日，接待人的姓名，但未能证明区领导的姓名存在法定不予公开的情形，朝阳区领导的姓名的信息属于资讯不予公开，违反了政府不公开情形由法律法规明确规定。据此要求撤销《告知书》并令其在一定时限内公开。3. 确认原告要求公开2015年3月4日周三区领导负责坐堂接待是被告在履行诺言，履行职责时制作的以一定形式记录保存的信息，是属于主动公开政府信息，其不予公开侵犯了原告的知情权、参与权、举报权、监督权、健康权，周三区领导接待权和党的群众路线教育活动授益权等，要求追究有关主要领导和相关人员责任。4. 确认2015年3月4日周三区领导接待日负责接待区领导不遵守全日制办工的工作规定，在接待时间脱岗、漏岗延误正常接待或无正当理由拒绝接访，给人民群众对党和人民政府信任造成不良影响。要求依照《行政监察法》《国家公务员暂行条例》《朝阳区追究损害发展环境行为责任暂行办法》判令区领导接待人

① 案例来源：北京市高级人民法院（2015）高行终字第3201号行政判决。

引咎辞职。北京市第四中级人民法院适用简易程序审理此案。刘冬生等四人不服一审裁定向北京市高级人民法院提起上诉,称:一审法院适用简易程序审理本案违法[①]。

▶【本案争点】>>>

一审法院能否适用简易程序审理此案?

▶【评析研判】>>>

简易程序为《行政诉讼法》修改新增加的内容。对于一些事实清楚、法律关系明确、争议不大的案件适用普通程序,将增加当事人的诉讼成本,并且造成司法资源浪费。简易程序有利于更加科学合理地配置司法资源,提高行政诉讼效率。行政诉讼简易程序适用于基层人民法院和中级人民法院审理第一审行政案件。适用简易程序必须符合三个标准:事实清楚、权利义务关系明确、争议不大。只有以上三个条件同时具备才能适用简易程序。《行政诉讼法》第八十二条规定:"人民法院审理下列第一审行政案件,认为事实清楚、权利义务关系明确、争议不大的,可以适用简易程序:(一)被诉行政行为是依法当场作出的;(二)案件涉及款额二千元以下的;(三)属于政府信息公开案件的。除前款规定以外的第一审行政案件,当事人各方同意适用简易程序的,可以适用简易程序。发回重审、按照审判监督程序再审的案件不适用简易程序。"本案属于政府信息公开案件,可以适用简易程序。

▶【拓展训练】>>>

龙岩市食品药品监督管理局对龙岩市新罗区大晟食品厂作出行政处罚决定。该处罚决定的内容是:1. 没收用于违法生产的剩余水溶性辣椒精;2. 并处违法生产的食品货值 61050 元四倍的罚款,即罚款 244200 元。一审法院采用简易程序进行审理。

讨论问题:该案能否适用简易程序进行审理?

▶【问题提示】>>>

根据《行政诉讼法》第八十二条的规定,人民法院审理下列第一审行政案

---

① 北京市(2015)高行终字第 3201 号。

件，认为事实清楚、权利义务关系明确、争议不大的，可以适用简易程序：一是被诉行政行为是依法当场作出的；二是案件涉及款额二千元以下的；三是属于政府信息公开案件的。除前款规定以外的第一审行政案件，当事人各方同意适用简易程序的，可以适用简易程序。本案不能适用简易程序进行审理。

案例38 刘自荣诉新疆维吾尔自治区乌鲁木齐市米东区人力资源和社会保障局再审案①

▶【案件回顾】> > >

2001 年 1 月 7 日，米泉市铁厂沟镇三矿副矿长刘自荣得知该矿井下三水平三米八煤层第三采仓仓顶被拉空，这将会给煤矿生产安全带来隐患，且炮工无法下井生产，工人按规定也将被单位处罚。2001 年 1 月 8 日晚 10 时左右，刘自荣与炮工余远贵一起在工人周天清的宿舍内，将瞬发电雷管改制成延期电雷管时雷管爆炸，导致刘自荣的左手拇指、食指、中指被炸掉，无名指受伤。事发后，铁厂沟镇煤矿立即将刘自荣送往医院救治，并承担了刘自荣的全部医疗费用。2001 年 3 月 21 日，铁厂沟镇煤矿与刘自荣达成赔偿协议，由铁厂沟镇煤矿给刘自荣一次性补助 15000 元的今后生活费、营养费。2001 年 4 月 9 日，刘自荣向米泉市劳动局申请工伤认定。2001 年 4 月 25 日，米泉市劳动局作出不予认定工伤决定。刘自荣申请昌吉回族自治州劳动人事局复议，昌吉回族自治州劳动人事局维持了米泉市劳动局不予认定工伤的决定。刘自荣向米泉市人民法院提起行政诉讼。米泉市人民法院经审理以(2001)米行初字第 14 号行政判决撤销了米泉市劳动局 2001 年 4 月 25 日作出的不予认定工伤决定。2001 年 10 月 20 日，米泉市劳动局重新作出米劳人职安字(2001)第 1 号工伤认定通知书，不予认定工伤。刘自荣又向米泉市人民法院提起行政诉讼，米泉市人民法院以(2002)米行初字第 2 号行政判决撤销了米泉市劳动局米劳人职安字(2001)第 1 号工伤认定通知书。2002 年 7 月 3 日，米泉市劳动局作出第 24 号决定。不予认定工伤的主要理由有两点：一是刘自荣改造电雷管的行为未经领导指派，属个人私自制造行为，且不在工作时间和工作区域内，不符合劳部发(1996)266

① 案例来源：最高人民法院(2011)行提字第 15 号行政判决。

号《企业职工工伤保险试行办法》(以下简称《工伤保险试行办法》)第八条第四款及其他条款的规定;二是刘自荣与炮工余远贵的行为违反了《民用爆炸物品管理条例》和公安部2001年8月28日《关于对未经许可将火雷管改为电发雷管的行为如何处理问题的批复》,是一种非法制造爆炸物的行为,属违法行为,依据《工伤保险试行办法》第九条第一项"犯罪或违法的"不予认定工伤。刘自荣不服,再次向米泉市人民法院提起诉讼,请求撤销第24号决定。在此需要明确,新疆维吾尔自治区米泉市于2005年4月30日与乌鲁木齐市东山区合并后更名为乌鲁木齐市米东区,原米泉市劳动局现更名为乌鲁木齐市米东区人力资源和社会保障局。原审第三人米泉市铁厂沟镇第三煤矿业已关停。

一审法院经审理认为:该院(2002)米行初字第2号行政判决适用法律错误,对米泉市劳动局米劳人职安字(2001)第1号不予以认定工伤通知予以撤销。二审法院经审理认为:米泉市劳动局所作的第24号决定,对刘自荣受伤的基本事实认定清楚。刘自荣身为副矿长,理应严格遵守国家关于爆炸物品的管理规定,但其与所管理的炮工在工作之余私自改制延期雷管,造成人身伤害,其改制雷管的行为不但是在非工作时间和非工作区域内,且严重违反了国家有关安全生产的规定,具有一定的社会危害性。根据《工伤保险试行办法》第九条第一款之规定,不应认定为工伤,米泉市劳动局对刘自荣的工伤申请所作的认定决定,认定事实清楚,适用法律正确,决定程序合法,原审判决予以撤销属于适用法律错误,米泉市劳动局的上诉理由成立,予以支持。依照《行政诉讼法》第六十一条第一款第二项之规定,判决:(一)撤销米泉市人民法院(2002)米行初字第9号行政判决;(二)维持米泉市劳动局第24号决定。新疆维吾尔自治区高级人民法院再审认为,本案中刘自荣身体受到伤害是不争的事实,其受伤的时间和地点固然在工作时间和工作区域之外,但其改制雷管行为的目的是为了第二天的工作准备,与其工作是有关联的。作为副矿长,对于如何安排工作是有一定职权的,不是必须经过矿长的同意。但是,是否在工作时间和工作区域不是本案的争议所在,本案争议的关键是刘自荣行为的定性。刘自荣身为副矿长,具有煤矿特种作业人员操作资格。作为专业的放炮工,理应严格遵守国家有关爆炸物品的管理规定,其改制雷管的行为虽然不构成非法制造爆炸物品的行为,但也属于严重违反国家有关安全规定和民爆器材产品质量技术性能规定的行为,具有一定的社会危害性。《民用爆炸物品管理条例》对爆破器材的使用有严格的限制性规定,使用雷管的企业和操作人员均有义务严格遵守。刘自荣作为煤矿特种作业人员，不应以企业惯例来对抗国家的强制性规定，且其改制雷管的行为是为了避免工人因工作失误而受到处罚，而不是为了企业的合法利益或重大利益。一审法院将此种行为认定为是为了避免煤矿生产安全上存在隐患，是从事于企业有利的行为显属不当。米泉市劳动局认定刘自荣不属工伤的理由充分，适用法律法规正确。原一审法院适用法律错误，二审法院予以改判是正确的。依据《行政诉讼法》第六十一条第一项的规定，作出（2006）新行再字第2号行政判决：维持昌吉回族自治州中级人民法院（2002）昌中行终字第32号行政判决。

最高人民检察院抗诉认为：新疆维吾尔自治区高级人民法院（2006）新行再字第2号行政判决认定"米泉市劳动局认定刘自荣不属工伤的理由充分，适用法律法规正确"属于认定的基本事实缺乏证据证明。

第一，米泉市劳动局第24号决定第一条认定刘自荣不属工伤认定事实证据不足，适用法律错误。1. 煤矿仓顶拉空，对煤矿安全造成隐患，且炮工无法下井工作，对生产造成影响这一事实客观存在。虽然刘自荣改制慢发雷管有避免工人因工作失误受到处罚的因素，但从根本上说是其身为副矿长为保证生产正常进行，为了避免煤矿生产安全上存在隐患，与其工作相关联，是从事于企业有利的行为。即使不在工作的时间和区域，只要刘自荣的行为不构成违法、犯罪或蓄意违章，则应对其认定为工伤，享受相应的待遇。终审判决认定刘自荣改制雷管的行为是为了避免工人因工作失误受到处罚，而不是为了企业的合法利益或重大利益属认定事实证据不足。根据《工伤保险试行办法》第八条规定，职工由于下列情形之一负伤、致残、死亡的，应当认定为工伤：从事本单位日常生产、工作或者本单位负责人临时指定的工作的，在紧急情况下，虽未经本单位负责人指定但从事直接关系本单位重大利益的工作的；在生产工作的时间和区域内，由于不安全因素造成意外伤害的，或者由于工作紧张突发疾病造成死亡或经第一次抢救治疗后全部丧失劳动能力的。该条规定是应当认定工伤的几种情形，据此刘自荣应依据该条第一款规定定为工伤。2.《工伤保险试行办法》第九条规定，职工由于下列情形之一造成负伤、致残、死亡的，不应认定为工伤：犯罪或违法；自杀或自残；斗殴；酗酒；蓄意违章；法律、法规规定的其他情形。该条规定的是不应当认定工伤的几种情形。而米泉市劳动局第24号决定适用《工伤保险试行办法》第八条第四项情形，对刘自荣不予认定工伤，并未排除其他应认定工伤的情形，适用法律错误。

第二，米泉市劳动局第24号决定第二条不认定刘自荣工伤的理由，适用法律错误。公安部《关于对未经许可将火雷管改为电发雷管的行为如何处理问题的批复》规定将火雷管改为电发雷管属非法制造爆炸物行为，而刘自荣与余远贵等人是将瞬发电雷管改制为延期电雷管，不符合该批复规定情形。公安部公治办〔2002〕867号《关于将瞬发电雷管改制为延期电雷管的行为如何定性的意见》中明确答复，对将瞬发电雷管改制为延期电雷管的行为不应定性为非法制造爆炸物品。终审判决对刘自荣将瞬发电雷管改制为延期电雷管的行为不应定性为非法制造爆炸物品进行了确认。既然刘自荣的行为不应定性为非法制造爆炸物品，其行为就不构成违法或犯罪。米泉市劳动局第24号决定适用公安部《关于对未经许可将火雷管改为电发雷管的行为如何处理问题的批复》和《工伤保险试行办法》第九条第一项的规定认定刘自荣不属工伤，适用法律错误。终审判决先认定"改制雷管的行为属于严重违反国家有关安全规定和民爆器材产品质量技术性能规定的行为，具有一定的社会危害性"，从而认定"米泉市劳动局认定刘自荣不属工伤的理由充分，适用法律法规正确"，是错误的。

第三，终审判决适用法律错误。人民法院审理行政案件，主要是对行政行为的合法性进行审查，具体来说主要是审查行政机关作出的具体行政行为所依据的事实证据是否充分，适用法律法规是否正确。具体行政行为有主要证据不足、适用法律法规错误、违反法定程序、超越职权、滥用职权五种情形之一的，根据《行政诉讼法》第五十四条的规定应判决予以撤销。本案终审判决已认定刘自荣改造电雷管行为，不属非法制造爆炸物品行为，也就对米泉市劳动局第24号决定中不认定刘自荣工伤的一条理由予以了否定，按照法律规定应当判决予以撤销。综上所述，新疆维吾尔自治区高级人民法院(2006)新行再字第2号行政判决认定事实与适用法律均有错误。根据《行政诉讼法》第六十四条之规定，向最高人民法院提出抗诉，请求依法再审。

▶【本案争点】> > >

最高人民检察院能否针对此案提出抗诉?

▶【评析研判】> > >

本案属于《行政诉讼法》第九十三条规定的关于人民检察院对生效判决、裁定、调解书提出抗诉的案例。《行政诉讼法》第九十三条规定："最高人民检察院对各级人民法院已经发生法律效力的判决、裁定,上级人民检察院对下级人民法院已经发生法律效力的判决、裁定,发现有本法第九十一条规定情形之一,或者发现调解书损害国家利益、社会公共利益的,应当提出抗诉。地方各级人民检察院对同级人民法院已经发生法律效力的判决、裁定,发现有本法第九十一条规定情形之一,或者发现调解书损害国家利益、社会公共利益的,可以向同级人民法院提出检察建议,并报上级人民检察院备案;也可以提请上级人民检察院向同级人民法院提出抗诉。各级人民检察院对审判监督程序以外的其他审判程序中审判人员的违法行为,有权向同级人民法院提出检察建议。"抗诉是人民检察院对行政诉讼实行法律监督的主要方式。对于生效的行政判决、裁定的抗诉一般实行"上级抗",即由上级人民检察院对下级法院生效的行政判决、裁定向上级检察院同级的人民法院提出抗诉。本案中,最高人民检察院针对新疆维吾尔自治区高级人民法院(2006)新行再字第2号行政判决向最高人民法院提出抗诉。

本案中,刘自荣作为副矿长,基于企业生产需要将瞬发雷管改制成延期电雷管,并因雷管爆炸而受伤。该行为与本单位的重大利益具有直接联系,符合《企业职工工伤保险试行办法》第八条第一项规定的情形。《企业职工工伤保险试行办法》(该规章已于2016年失效)规定,从事本单位日常生产、工作或者本单位负责人临时指定的工作的,在紧急情况下,虽未经本单位负责人指定但从事直接关系本单位重大利益的工作负伤、致残、死亡的,应当认定为工伤。最高人民检察院抗诉时指出,煤矿仓顶拉空,对煤矿安全造成隐患,且炮工无法下井工作,对生产造成影响这一事实客观存在。虽然刘自荣改制慢发雷管有避免工人因工作失误受到处罚的因素,但从根本上说是其身为副矿长为保证生产正常进行,为了避免煤矿生产安全上存在隐患,与其工作相关联,是从事于企业有利的行为。即使不在工作的时间和区域,只要不存在《企业职工工伤保险试行办法》第九条规定的例外情形,则应对其认定为工伤,享受相应的待遇。《企业职工工伤保险试行办法》第九条规定:"职工由于下列情形之一造成负伤、致残、死亡的,不应认定为工伤:(一)犯罪或违法;(二)自杀或自残;(三)斗殴;(四)酗酒;(五)蓄意违章;(六)法律、法规规定的其他情形。"本案中,刘自荣行为是否构成犯罪或违法,需要依据公安部颁发的规范性文件《关于对将瞬发电雷管改制为延期电雷管的行为如何定性的意见》加以具体判断。该行为不应定性为非法制造爆炸物品的行为,不属于犯罪或者违法行为。

▶【拓展训练】> > >

案外人姚玉东于1999年7月20日与永甸镇窑场村14组签订《农业承包合同》。争议林地即1林班11小班不在案外人姚玉东的承包合同范围内。案外人姚玉东所持的《农业承包合同》经过改动,在四至中"东至"一栏内于"项目林边(沟)"后添加"十五组界岭道"字样。争议林地因此被划入案外人姚玉东承包范围内。此改动迹象较为明显。2007年,案外人姚玉东将争议林地转让给原告姚玉波。2007年4月16日,原告姚玉波向登记部门申请林权登记。在提供相关材料时,其向登记部门提供了上述经改动的《农业承包合同》。登记部门在审查过程中,没有注意改动迹象,认为符合发证条件,遂为原告颁发了被诉宽林证字(2007)第079588号《林权证》。另查明,2001年5月,案外人姚景臣向法院提起民事诉讼,请求判令被告永甸镇窑场村村民委员会给付拖欠其欠款及利息。原审法院作出(2001)宽经初字第248号民事判决书,支持了案外人姚景臣的诉讼请求。该判决生效后,永甸镇窑场村村民委员会拒不履行,案外人姚景臣遂向法院申请强制执行。法院立案后于2001年8月25日下达了(2001)经执字第1188号民事裁定书,查封包括争议地在内的落叶松人工林。2001年12月14日,原审法院作出经执字第1188-7号民事裁定书,裁定已查封的窑场村落叶松人工林抵顶姚景臣的申请执行款。窑场村村委会同意该执行方式,同时在法定期限内没有其他权利人提出异议。2005年7月19日,窑场村村委会与姚景臣签订了一份《林木资源有偿转让合同》,将被查封的林地转让给姚景臣经营。2005年8月19日,经窑场村村委会同意,姚景臣将争议地转让给案外人曹玉良。2006年2月,经案外人曹玉良申请,宽甸县政府为其核发了《林权证》。2006年7月18日,曹玉良将争议地块转让给第三人王祥等人经营。后第三人王祥发现原告姚玉波所持有的《林权证》中争议林地重复登记,遂申请撤销原告姚玉波所持有的《林权证》。被告宽甸县政府依职权受理了此案后,履行了相关法律程序,在查明事实的基础上,于2009年2月1日作出被诉处理决定。

一审法院认为,依据《森林法》第三条和《林木和林地权属登记管理办法》第二条之规定,被告具有作出被诉具体行政行为的职权依据。根据该法第九条、第十一条和第十二条规定,申请林权登记应当提供合法有效的林权证明和材料,否则应当不予登记,登记机关对此负有审查义务。案外人姚玉东所持有

《农业承包合同》经过明显改动，而登记机关对此没有履行全面审查义务，将争议林地经营权登记为原告姚玉波所有，导致被告宽甸县政府为原告姚玉波核发的《林权证》登记错误。根据《林木和林地权属登记管理办法》第十七条之规定，发现林权证错误登记的，有关林权权利人可以向原林权登记机关申请更正。第三人王祥就此主张权利后，被告宽甸县政府查明上述事实，依法履行相关程序后，作出被诉处理决定。综上，被告所作被诉具体行政行为，事实清楚，适用法律、法规正确，且程序合法。依照《行政诉讼法》第五十四条一项之规定，判决维持被告宽甸满族自治县人民政府于 2009 年 2 月 1 日作出的宽政发(2009)3 号《关于撤销永甸镇窑场村姚玉波宽林证字(2007)第 079588 号林权证的处理决定》。二审法院判决，驳回上诉，维持原判。辽宁省人民检察院抗诉认为，原审判决遗漏第三人曹玉良、姚玉东，系违反法定程序；被诉行政处理决定违反法定程序，原审予以维持，系适用法律错误。请依法再审①。

讨论问题：检察院抗诉理由是否成立？

▶【问题提示】> > >

本案中，曹玉良是林地争议中其中一方的《林权证》上记载的林地使用权利人。姚玉东为认定《农业承包合同》是否涂改这一事实的利害关系人。检察院的抗诉理由成立。

① 辽宁省(2014)辽行抗字第 00001 号。

CHAPTER 9

第九章

行政诉讼执行与行政公益诉讼

案例 39　运城市国土资源局盐湖分局申请强制执行其对吉彩凤行政处罚决定案[①]

▶【案件回顾】> > >

申请执行人运城市国土资源局盐湖分局申请强制执行其对吉彩凤行政处罚决定一案中,申请执行人为运城市国土资源局盐湖分局。被执行人为姚孟汉。申请执行人于 2014 年 6 月 20 日向法院提出申请,要求强制执行其对姚孟汉一案于 2013 年 12 月 26 日作出运国土资盐执罚字(2013)293 号行政处罚决定。运城市盐湖区人民法院于 2014 年 8 月 19 日受理后,依法组成合议庭,对运城市国土资源局盐湖分局作出的运国土资盐执罚字(2013)293 号行政处罚决定的合法性进行了审查。申请执行人以被执行人姚孟汉 2013 年 4 月未经土地部门批准私自占用三路里村东的集体土地建住宅(该地块原系 2003 年 1 月三路里村委会私自规划宅基,面积为 374 平方米,用现金 3600 元一次性付清。该地块北邻巷道,东邻巷道,南邻巷道,西邻段中村),占用基本农田,不符合土地利用总体规划,至今未办理任何用地手续为由,决定处罚:限被处罚人在接到本决定书之日起十五日自行拆除在非法占地上新建的建筑物共 280 平方米,退还非法占用的土地。申请执行内容:拆除在非法占用土地上新建的建筑物共 280 平方米,退还非法占用的土地。

运城市盐湖区人民法院认为,申请执行人的申请执行期限符合法律规定,作出的行政处罚决定,认定事实清楚,程序合法,适用法律、法规正确。且未发现有《行政强制法》第五十八条第一款规定的情形。依照《行政诉讼法》第六十

---

① 案例来源:山西省运城市盐湖区人民法院(2014)运盐行审字第 247 号行政裁定。

六条,《最高人民法院关于执行〈中华人民共和国行政诉讼法〉若干问题的解释》第八十六条、第九十三条,《行政强制法》第五十三条、第五十五条、第五十七条、第五十八条,参照《最高人民法院关于办理申请人民法院强制执行国有土地上房屋征收补偿决定案件若干问题的规定》第九条的规定,裁定如下:对运城市国土资源局盐湖分局作出的运国土资盐执罚字(2013)293号行政处罚决定,准予强制执行。申请执行内容由申请执行人运城市国土资源局盐湖分局组织实施。

▶【本案争点】> > >

如何界定非诉行政执行主体?

▶【评析研判】> > >

我国《行政诉讼法》第九十五条规定:"公民、法人或者其他组织拒绝履行判决、裁定、调解书的,行政机关或者第三人可以向第一审人民法院申请强制执行,或者由行政机关依法强制执行。"《行政诉讼法》第九十七条规定:"公民、法人或者其他组织对行政行为在法定期限内不提起诉讼又不履行的,行政机关可以申请人民法院强制执行,或者依法强制执行。"

非诉行政执行是指"公民、法人或者其他组织对于行政机关作出的已经发生法律效力的行政行为,既不申请行政复议或者提起行政诉讼,又不履行该已经发生法律效力的具体行政行为所确定的义务,行政机关依法向人民法院提出执行申请,由人民法院依法进行审查后予以强制执行,使行政机关具体行政行为内容得以实现的一种制度[①]"。在我国,法律仅赋予少数行政机关有直接强制执行权,如海关、国税等。绝大多数行政机关没有行政强制执行权。没有行政强制执行权的行政机关只能申请法院强制执行。正如应松年教授所言:"以申请人民法院强制执行为原则,以行政机关自行强制执行为例外的基本制度。"[②]

非诉行政执行既不同于诉讼执行,也不同于行政机关实施的行政强制执行,其具有自身独特特点。首先,申请人是行政主体,即作出该行政行为的行政机关或者法律、法规、规章授权的组织。只有具有行政主体资格,能够以自己的名义行使行政权力,同时能够以自己的名义独立承担责任,才有资格向法院申

① 江必新、池强、贺荣主编:《行政审判实务教程》,中国法制出版社2012年版,第95页。

② 应松年:《论行政强制执行》,《中国法学》1998年第3期,第10页。

请强制执行。其次,被申请人为该行政行为所确定的义务人[①]。非诉执行的目的在于实现行政决定所确立的权利义务,进而实现行政管理的目标和秩序。从这个角度来看,被申请人应当为负有履行义务的行政相对人。

非诉行政执行的适用条件:

1. 当事人在行政行为所确定的期限内没有履行义务。《行政强制法》第五十三条规定:"当事人在法定期限内不申请行政复议或者提起行政诉讼,又不履行行政决定的,没有行政强制执行权的行政机关可以自期限届满之日起三个月内,依照本章规定申请人民法院强制执行。"由此可以看出,行政机关申请人民法院强制执行有一定的前期条件,即当事人在法定期限内不申请行政复议或者提起行政诉讼,同时又不履行行政决定。只有符合上述条件,行政机关才能向人民法院申请强制执行。依据《行政复议法》第九条第一款规定:"公民、法人或者其他组织认为具体行政行为侵犯其合法权益的,可以自知道该具体行政行为之日起六十日内提出行政复议申请;但是法律规定的申请期限超过六十日的除外。"《行政诉讼法》第四十六条第一款规定:"公民、法人或者其他组织直接向人民法院提起诉讼的,应当自知道或者应当知道作出行政行为之日起六个月内提出。法律另有规定的除外。"依据上述规定,如果当事人在六个月内没有提起行政诉讼寻求司法救济,同时又没有履行行政决定,行政机关可以申请法院强制执行。

2. 申请人在法定期限内提出申请。行政机关应当在多长时间内申请法院强制执行呢?《行政强制法》第五十三条规定:"当事人在法定期限内不申请行政复议或者提起行政诉讼,又不履行行政决定的,没有行政强制执行权的行政机关可以自期限届满之日起三个月内,依照本章规定申请人民法院强制执行。"换言之,若行政机关未在规定的期限内申请,人民法院将不予受理。该期间属于除斥期间,没有中止、中断、延长等规定。从立法目的考量,该规定主要是出于提高行政效率,督促行政机关及时履行法定职责[②]。同时也是为了防止行政机关久拖不决而影响正常的行政管理秩序。

3. 非诉行政案件属于该法院管辖。非诉行政案件的管辖依据不同的执行对象,由不同法院进行管辖。如果执行对象为不动产,由不动产所在地的基层法院受理。《最高人民法院关于执行〈中华人民共和国行政诉讼法〉若干问题的

---

① 江必新、池强、贺荣主编:《行政审判实务教程》,中国法制出版社 2012 年版,第 101 页。
② 江必新、池强、贺荣主编:《行政审判实务教程》,中国法制出版社 2012 年版,第 103 页。

解释》第八十九条规定:“行政机关申请人民法院强制执行其具体行政行为的,由申请人所在地的基层人民法院受理;执行对象为不动产的,由不动产所在地的基层人民法院受理。基层人民法院认为执行确有困难的,可以报请上级人民法院执行;上级人民法院可以决定由其执行,也可以决定由下级人民法院执行。”

人民法院对执行申请的审查:法院在接到行政机关强制执行的申请后,需要对其进行必要审查。依据《行政强制法》第五十七条规定:“人民法院对行政机关强制执行的申请进行书面审查,对符合本法第五十五条规定,且行政决定具备法定执行效力的,除本法第五十八条规定的情形外,人民法院应当自受理之日起七日内作出执行裁定。”如果人民法院在审查过程中,发现有《行政强制法》第五十八条所指的下列情形之一的,在作出裁定前可以听取被执行人和行政机关的意见,包括“(一)明显缺乏事实根据的;(二)明显缺乏法律、法规依据的;(三)其他明显违法并损害被执行人合法权益的”。明显缺乏事实依据,一般包括行政机关提供的证据无法形成完整证据链条,事实违背生活常识。明显缺乏法律、法规依据包括引用已经废止或失效的法律、法规、规章及规范性文件作出的行政行为等情形[①]。

人民法院应当自受理之日起三十日内作出是否执行的裁定。裁定不予执行的,应当说明理由,并在五日内将不予执行的裁定送达行政机关。行政机关对人民法院不予执行的裁定有异议的,可以自收到裁定之日起十五日内向上一级人民法院申请复议,上一级人民法院应当自收到复议申请之日起三十日内作出是否执行的裁定。从上述法条可以看出,我国法院对行政机关的执行申请以书面审查为主,同时也可以进行实质审查。当前我国的行政执法情况参差不齐,为了防止行政权滥用对于相对人权益的侵害,法院有必要对行政决定进行实质性审查。该审查可以兼顾公正与效率,并不会因为审查而影响行政效率。该审查由法院依职权而启动,与行政诉讼的合法性审查的强度不同。

法院在对非诉行政案件进行审查之后,将作出裁定准予执行或者裁定不予执行的决定。

所谓“裁执分离”,是指作出裁决的机关(机构)与执行裁决的机关(机构)应当分离,即不能由同一机关(机构)既行使裁决权又行使执行权,从而体现权

① 江必新、池强、贺荣主编:《行政审判实务教程》,中国法制出版社2012年版,第112页。

力的监督与制约，防止权力的滥用侵害相对人的合法权益。[①] 非诉案件的执行占用了法院大量的审判资源，以法院审查和执行为主的裁执一体模式弊端凸显，尤其是在强制拆迁领域，由法院实施强拆，将大量的拆迁矛盾和冲突引入法院，这与法院的定位不相符。于是法院开始探索"裁执分离"模式，即由法院负责对行政决定的合法性进行审查，由行政机关负责具体执行。实践中，最高人民法院及地方各级人民法院积极探索"裁执分离"模式，实现司法权与行政强制权的合理配置。"裁执分离"在实践中发展极不均衡，有的省份已经全面推开，而有的地区则发展较慢。

相关法律规范如下：

《最高人民法院关于办理申请人民法院强制执行国有土地上房屋征收补偿决定案件若干问题的规定》（以下简称《规定》）第九条确立了国有土地房屋征迁非诉行政案件的"裁执分离"模式，即"人民法院裁定准予执行的，一般由作出征收补偿决定的市、县级人民政府组织实施，也可以由人民法院执行。"

《最高人民法院关于严格执行法律法规和司法解释依法妥善办理征收拆迁案件的通知》第四条"规范司法行为，强化审判执行监督"中指出，对行政机关申请强制执行国有土地上房屋征收补偿决定（或拆迁裁决）的案件，要严格按照《规定》及最高人民法院相关通知精神办理，严把立案、审查、执行关，切实体现"裁执分离"的原则，不得与地方政府搞联合执行、委托执行。

《最高人民法院关于在征收拆迁案件中进一步严格规范司法行为积极推进"裁执分离"的通知》第三条要求：积极推进"裁执分离"，逐步拓宽适用范围。具体到各级人民法院，要严格落实"由政府组织实施为总原则、由法院执行属个别例外情形"的基本要求。积极拓宽"裁执分离"适用范围，以践行立法机关提出给相关改革探索"留有空间"的意见和中央有关部门对法院工作的相关建议。

《北京市高级人民法院关于认真贯彻落实〈最高人民法院关于在征收拆迁案件中进一步严格规范司法行为积极推进"裁执分离"的通知〉的通知》中指出，要积极拓宽"裁执分离"适用范围，探索尝试将"裁执分离"扩大至征收集体土地中的房屋拆迁、建筑物非法占地强制拆除等非诉案件和诉讼案件。

《浙江省高级人民法院关于推进和规范全省非诉行政执行案件"裁执分离"工作的纪要（试行）》要求，浙江高院积极推动集体土地征收补偿、国土拆违、责

---

① 江必新主编：《解读最高人民法院司法解释、指导案例（行政、国家赔偿卷）》，人民法院出版社2016年版，第277页。

令交出土地以及环保责令停产停业等领域的“裁执分离[1]”。

本案中，被执行人姚孟汉未经土地部门批准私自占用集体土地，申请执行人作出行政处罚决定事实清楚，程序合法，适用法律、法规正确。被执行人没有依法履行行政处罚决定，且未在法定期限内提起行政诉讼。运城市国土资源局盐湖分局作为申请执行人向法院提起非诉行政执行。法院依法审查后作出准予强制执行的裁定。依据“裁执分离”，该案件由申请人运城市国土资源局盐湖分局组织实施。

▶【拓展训练】> > >

申请执行人金华市国土资源局向法院提出申请，要求强制执行金土资（金东）罚（2013）第13号《金华市国土资源局行政处罚决定书》。2013年1月15日，金华市国土资源局对金文健涉嫌非法占用土地行为予以立案调查。该局查明，2011年8月初，金华市金翔针织品厂投资人金文健未经依法批准，擅自在金华市金东区孝顺镇低田工业功能区动工建设。金华市国土资源局依据《土地管理法》第七十六条第一款、《土地管理法实施条例》第四十二条之规定，作出如下行政处罚：1. 责令金文健将非法占用1320平方米土地退还给原村集体经济组织；2. 责令金文健限期拆除在非法占用1320平方米土地上新建的建筑物和其他设施，恢复土地原状；3. 对金文健非法占用1320平方米土地的行为处以每平方米26元的罚款，共计人民币叁万肆仟叁佰贰拾元整（34320元）。该行政处罚决定书于2013年6月20日送达被执行人，被执行人在法定期限内未申请行政复议或提起行政诉讼。2013年10月9日，金华市国土资源局向被执行人发出履行催告书，被执行人未自动履行，申请执行人金华市国土资源局遂向法院申请强制执行。[2]

讨论问题：法院所作出的非诉执行裁定书中哪项由金华市国土资源局负责实施？罚款由法院负责执行吗？

▶【问题提示】> > >

处罚决定内容第1—2项由金华市国土资源局负责组织实施；处罚决定内容第3项由法院负责强制执行非诉行政行为的机构执行。

---

① 余建华、孟焕良：《浙江规范非诉行政执行裁执分离》，《人民法院报》2014年2月17日，第1版。

② （2013）金东行审字第52号，www. itslaw. com，访问日期：2017年1月12日。

案例40　贵州省Q县人民检察院诉贵州省Q县林业局、第三人Q县A砂石场不履行行政职权案[①]

▶【案件回顾】>>>

2010年3月，贵州省Q县A砂石场向工商登记部门申请营业执照，之后向国土资源管理部门申请土地使用权证。贵州省Q县林业局在Q县砂石矿(异地技改)部门会审表上签署“经核实，符合砂石场技改范围，原则同意技改，但在动工前，必须办理林地使用手续，否则将从重处罚”的意见。2010年5月19日，Q县国土资源局发放了证号为C5224232010057130067014的采矿许可证。2010年6月25日起，第三人Q县A砂石场在未取得林地使用许可的情况下对Q县某大坡砂石场进行开采。贵州省Q县A砂石场已被明确告知如果未办手续用林地将从重处罚，仍然违法占用林地。2015年2月9日，贵州省Q县人民检察院向贵州省Q县林业局发出《检察建议书》(Q县检民行政违监(2015)52242300008号)，建议贵州省Q县林业局及时对Q县A砂石场进行查处并在一个月内将查处情况书面回复。贵州省Q县林业局于2015年3月25日，向A砂石场送达了《林业行政处罚先行告知书》(Q县林政罚权告字(2015)第002号)《林业行政处罚听证权利告知书》，又于2015年3月31日送达了《林业行政处罚决定书》(Q县林政林罚决字(2015)002号)对第三人A砂石场作出了处以30919元的罚款，责令停止违法行为，限2015年12月31日前恢复原状，补种毁坏的林木的处罚。贵州省Q县检察院认为，在发出检察建议后，贵州省Q县林业局仍未制止第三人的违法行为，存在不履行职责的行为，导致第三人一直违法进行生产。因此，贵州省Q县人民检察院向法院提起行政公益诉讼，以促进依法行政，严格执法，加强对公共利益和生态环境的保护。

原告的诉讼请求为：(1)请求确认被告未依法对第三人非法占用林地的行为进行查处的行为违法；(2)判令被告依法责令第三人停止违法行为、补种树木等，对第三人非法占用林地的违法行为依法进行处理；(3)判令被告承担全部诉讼费用。庭审过程中，原告撤回第二项诉讼请求，即判决被告依法责令第三人

---

① 案例来源：贵州省仁怀市人民法院(2015)仁环保行初字第1号行政判决。

停止违法行为、补种树木。

被告的答辩意见如下：被告于2015年2月9日收到原告的《检察建议书》，即于2月11日对第三人Q县A砂石场违法占用林地一案进行立案调查处理，并依法于3月31日向第三人Q县A砂石场下达了处罚决定书，故此不存在行政不作为的情况。

▶【本案争点】>>>

1. 本案林业局是否存在行政不作为？
2. 行政处罚程序是否正当？
3. 结合本案，从理论上分析检察机关提起行政公益诉讼的必要性及价值？
4. 该案是否属于检察机关提起行政公益诉讼的范围？
5. 结合本案，分析检察机关提起行政公益诉讼应当遵循的程序？
6. 行政公益诉讼中举证责任的分配？

▶【评析研判】>>>

近年来，行政公益诉讼作为新生事物日益受到学界的关注与实践。《中共中央关于全面推进依法治国若干重大问题的决定》指出："探索建立检察机关提起公益诉讼制度。"2015年2月5日，最高人民检察院出台《关于贯彻落实〈中共中央关于全面推进依法治国若干重大问题的决定〉的意见》。其中将探索建立检察机关提起公益诉讼制度，作为"加强对违法行政行为的法律监督，积极促进依法行政"的重要任务。2015年7月，十二届全国人大常委会第十五次会议通过决定，授权最高检在北京等十三个省、自治区、直辖市开展为期两年的公益诉讼试点。2015年12月16日，最高人民检察院第十二届检察委员会第四十五次会议通过《人民检察院提起公益诉讼试点工作实施办法》。

一、本案中林业局是否存在行政不作为

行政不作为就是行政主体及行政公务人员负有某种作为的法定义务，能够履行但未履行或拖延履行其法定职责的行政行为。[①] 行政不作为具有消极性、违法性。所谓消极性是指行政机关主动放弃本应当履行的职责，怠于执行公务；违法性是指行政机关放弃履行职责，属于违法行为，有违依法行政原则。行

① 蔡放波：《论行政不作为及其治理》，《中国行政管理》2007年第1期。

政机关的行政不作为，不仅侵害了行政相对人的合法权益，也有损公共利益。

如何认定行政不作为？可以从以下标准进行判断：(1)行政不作为的主体。行政不作为的主体是行政主体，即行政机关及法律、法规授权的组织。在我国，大量的行政管理工作由行政机关承担，因而，行政不作为案件的主体主要是行政机关。(2)行政机关具有法定职责。行政职责与行政职权相对应，侧重于行政机关有义务做某事。[①] 依据相关法律规定，每个行政机关都具有相应的职责。换言之，行政不作为应当以具有法定职责为前提。(3)行政机关不履行法定职责。如果行政机关能够履行法定职责，而拒绝履行或者拖延履行，则构成不作为。实务部门从司法审查的角度指出，行政不作为的构成要件包括：(1)身份条件，申请人与其申请行政机关处理的事项之间存在利害关系；(2)职权条件，行政机关具有申请人申请事项的处理权限；(3)实质条件，行政机关对当事人的申请在法律规定的时间范围内未进行相应的处理行为[②]。

行政不作为系行政机关消极状态，可以对比行政机关积极履行职责的标准进行认定。行政机关依法作为包括以下几个标准：一是，行政行为具有对外的表现形式。行政机关在进行行政处罚等行政行为之后，必须以某种方式向行政相对人送达。从行政程序来看，向当事人送达行政处罚决定，意味着行政机关履行职责。二是，行政行为合法明确。行政行为系依法作出，且内容明确，能够使当事人准确理解，不存在歧义。三是，程序正当、作出决定的方式正确。申请人依照某部门法律规定提出行政申请，行政机关只有依照或者参照该部门法律规定的方式、程序、内容、标准等进行处理，才属于履行了职责[③]。

行政不作为案件大量进入行政诉讼之中，反映出司法机关对于行政机关怠政的监督。在行政公益诉讼中，检察院可以对行政机关的不作为进行监督。实践中，行政不作为的案件数量逐步增多，其广泛存在于环境保护、土地管理、拆迁等诸多行政管理领域。我国现行《行政诉讼法》第七十二条规定："人民法院经过审理，查明被告不履行法定职责的，判决被告在一定期限内履行。"法院判决行政机关继续履行也是有前提条件的，即行政机关有履行能力，而且该行政行为有继续履行之必要性。如果行政机关行使职权的条件和后果已经非常明确，行政机关没有自由裁量的余地，那么法院在判决中应当明确履行的内容；如

① 何海波：《行政诉讼法(第二版)》，法律出版社2016年版，第171页。
② 吴在存主编：《行政诉讼案例研究(九)》，中国法制出版社2015年版，第244页。
③ 吴在存主编：《行政诉讼案例研究(九)》，中国法制出版社2015年版，第244—246页。

果法院查明被诉行政机关负有相应职责，但是需要行政裁量的，法院可以判决行政机关履行法定职责，并对行政机关履行职责的方式提出指导意见①。如果继续履行已经没有实际意义，法院可以判决确认违法。

最高人民法院法官认为："不履行"既包括拒绝履行的情形，同时也包括实际未履行情形。未履行是一种从结果上来考量的状况。拒绝履行是一种对相对人的申请明示拒绝的情形。拖延履行是行政机关已经明示即将履行法定职责，但是在法定期间或者合理时间没有履行或者没有完全履行的情形。②

本案中，2010 年 3 月 Q 县 A 砂石场向工商部门申请营业执照，又于 2010 年 3 月 29 日，向国土资源管理部门申请土地使用权证。贵州省 Q 县林业局在部门会审表上签署"经核实，符合砂石场技改范围，原则同意技改，但在动工前，必须办理林地使用手续"的意见。2010 年 6 月 25 日起，A 砂石场在未取得林地使用许可的情况下对贵州省 Q 县某砂石场进行开采。有关证据可以证明 Q 县 A 砂石场自 2010 年起违法占用林地。贵州省 Q 县 A 砂石场未办理占用林地审批手续开办沙石场，违法占用林地开采矿石，从事违法生产。《森林法》第十八条规定："进行勘查、开采矿藏和各项建设工程，应当不占或者少占林地；必须占用或者征收、征用林地的，经县级以上人民政府林业主管部门审核同意后，依照有关土地管理的法律、行政法规办理建设用地审批手续，并由用地单位依照国务院有关规定缴纳森林植被恢复费。森林植被恢复费专款专用，由林业主管部门依照有关规定统一安排植树造林，恢复森林植被，植树造林面积不得少于因占用、征用林地而减少的森林植被面积。上级林业主管部门应当定期督促、检查下级林业主管部门组织植树造林、恢复森林植被的情况。任何单位和个人不得挪用森林植被恢复费。县级以上人民政府审计机关应当加强对森林植被恢复费使用情况的监督。"《森林法》第二十三条第一款规定："禁止毁林开垦和毁林采石、采砂、采土以及其他毁林行为。"依据上述法律规定，Q 县 A 砂石场的行为属于违法行为，应当依法追究其法律责任。

贵州省 Q 县林业局依法具有查处违法行为的职责。《森林法》第十三条规定："各级林业主管部门依照本法规定，对森林资源的保护、利用、更新，实行管理和监督。"《森林法》第四十四条规定："违反本法规定，进行开垦、采石、采砂、采土、采种、采脂和其他活动，致使森林、林木受到毁坏的，依法赔偿损失；由林

① 何海波：《行政诉讼法（第二版）》，法律出版社 2016 年版，第 470—471 页。
② 江必新、梁凤云：《行政诉讼法理论与实务》，北京大学出版 2011 年版，第 1171 页。

业主管部门责令停止违法行为，补种毁坏株数一倍以上三倍以下的树木，可以处毁坏林木价值一倍以上五倍以下的罚款。违反本法规定，在幼林地和特种用途林内砍柴、放牧致使森林、林木受到毁坏的，依法赔偿损失；由林业主管部门责令停止违法行为，补种毁坏株数一倍以上三倍以下的树木。拒不补种树木或者补种不符合国家有关规定的，由林业主管部门代为补种，所需费用由违法者支付。"《贵州省林地管理条例》第二十三条规定："未经依法批准，不得在林地内从事建窑、采石、采砂、采矿、取土、修建坟墓等危害林地的活动。国家和省的重点建设工程确需占用林地的，应当依法办理使用林地手续。"依据上述法律规定，贵州省Q县林业局应当依法查处Q县A砂石场的违法行为。

在该案中，贵州省Q县林业局自2010年起已经知道Q县A砂石场违法用地，但是并未及时查处，行政相对人一直处于违法状态。2014年11月12日，贵州省Q县林业局责令Q县A砂石场停止违法使用林地，但是仍未对其进行行政处罚立案。综上所述，该行政机关存在行政不作为，严重危害公共利益。

二、本案中，林业局行政处罚的程序是否合法

行政处罚应当遵循正当程序。行政处罚的决定程序分为简易程序和一般程序。简易程序也称为当场处罚程序，具有严格的适用条件。具体包括：违法事实确凿；有法定依据；警告或者较小数额的罚款。行政处罚的一般程序适用范围较广，包括以下步骤：一是，立案，标志着行政处罚程序的开始。二是，调查。行政机关在立案后，应该对案件进行全面调查，查明案件事实，收集相关证据。三是，在作出行政处罚前告知当事人处罚决定的事实、理由和依据。四是，当事人陈述和申辩。五是，行政机关正式作出处罚决定。六是，行政处罚决定书的送达。

听证程序源于西方的自然正义理念，在我国立法中，《行政处罚法》第一次引入听证程序。听证程序适用于责令停产停业、吊销许可证或者执照、较大数额罚款等行政处罚决定。《行政处罚法》第四十二条对听证程序作了详细规定。若行政机关作出没收较大数额涉案财产的行政处罚决定时，未告知当事人有要求举行听证的权利或者未依法举行听证的，人民法院应当依法认定该行政处罚违反法定程序。

林业行政机关作出的具体行政行为可以申请人民法院强制执行。《最高人民法院关于对林业行政机关依法作出具体行为申请人民法院强制执行问题的复函》（1993年12月24日，法函〔1993〕91号）指出："林业主管部门依法作出的具体行政行为，公民、法人或者其他组织在法定期限内既不起诉又不履行的，林业主管部门依据行政诉讼法的规定可以申请人民法院依据执行，人民法院应予受理。”

本案中，Q县林业局在2015年2月11日前未及时制止第三人A砂石场违法占用林地的行为，致使第三人从事采石采砂危害林地的非法作业占用林地，导致公共利益遭受损失，生态环境受到破坏。Q县林业局在行政相对人持续违法五年之后才进行了立案调查，存在行政不作为。Q县林业局在行政处罚前向Q县A砂石场送达了《林业行政处罚先行告知书》（黔县林政罚权告字（2015）第002号）《林业行政处罚听证权利告知书》，并于2015年3月31日作出了行政处罚决定，即罚款30919元，责令停止违法行为，限2015年12月31日前恢复原状，补种损坏的林木。之后，林业局向A砂石场送达了《林业行政处罚决定书》（黔县林政林罚决字（2015）002号）。该行政处罚决定程序正当。

A砂石场不履行行政处罚决定，林业局可以申请法院强制执行。

三、结合本案，从理论上分析检察机关提起行政公益诉讼的必要性及价值

公益诉讼可以分为民事公益诉讼和行政公益诉讼。有关行政公益诉讼的含义，有的学者认为：“行政公益诉讼是针对国家行政机关的乱行为或不作为而由特定主体提起的诉讼，以区别于民事公益诉讼中的产品质量侵权、环境公害、医疗损害等，它主要适用于行政机关乱作为或不作为的情况，比如，不执行罚款、不颁发行政许可等。”[①]无论采取何种界定方式，行政公益诉讼都是旨在针对行政主体侵犯公共利益而提起的诉讼。行政公益诉讼具有以下特征：行政公益诉讼的目的在于维护公共利益。一般的行政诉讼以权利救济为目标，而行政公益诉讼旨在实现公共利益以及对行政权的监督。“公共利益”这一含义频繁出现在立法、司法和行政之中，然而迄今为止，没人能够对公共利益进行准确界定。这是由公共利益“利益内容”的不确定和“受益对象”的不确定所决定[②]。

依据行政诉讼的目的不同，行政诉讼可以分为主观诉讼和客观诉讼。主观诉讼旨在保护公民的权利，而客观诉讼旨在维护公共利益及客观法律秩序。我国作为大陆法系国家，是以主观诉讼为基础进行制度构建，侧重于行政相对人

① 姜涛：《检察机关提起行政公益诉讼制度：一个中国问题的思考》，《政法论坛》2015年第11期。
② 黄学贤：《行政公益诉讼若干热点问题探讨》，《法学》2005年第10期。

权利保护。主观诉讼在公民个人权益保护方面可以起到一定的促进作用,然而囿于判决结果仅针对个案,对于公共利益的实现作用较小。行政公益诉讼超越了我国传统的主观诉讼体系,属于客观诉讼。有的学者指出:"建立以保护国家和公共利益为宗旨的客观诉讼制度,是从制度上改进、发展和完善我国行政诉讼法律制度的一个基本方向。[①]"有关主观诉讼和客观诉讼的关系,笔者认为,应当以主观诉讼为主,客观诉讼为辅。正如有的学者指出:"作为一种例外的、特殊的行政诉讼形式,行政公益诉讼制度应在理论完善与实践实验的基础上运用客观诉讼的法理审慎而有限度地确立。[②]"

《宪法》第一百二十九条规定:"中华人民共和国人民检察院是国家的法律监督机关。"宪法赋予了检察机关独立于行政机关和法院的独立地位,以保障其独立行使法律监督权。在我国宪法规定的组织框架内,行政机关负责行政管理,人民代表大会作为权力机关,代表人民行使立法权,法院作为审判机关,居中公正裁判以维护司法公正。这些机关都不适合代表公众提起行政公诉。由检察机关代表国家利益和公共利益的代表人提起行政公益诉讼符合我国国情。

《行政诉讼法》规定,人民检察院对行政诉讼进行法律监督。实践中,检察机关一般通过抗诉的方式对已经生效的行政诉讼判决进行监督。该监督模式属于事后监督,不能涵盖行政检察监督的全部内容。从法理上分析,检察院作为专门法律监督机关,应当实行全方位的监督。当行政机关违法行使权力或者怠于行使权力时,检察机关有责任有义务以原告的身份提起行政公益诉讼。

《行政诉讼法》没有提及行政公益诉讼。实践中,行政公益诉讼已经处在试点、探索时期,待时机成熟,建议修改《行政诉讼法》予以规定。

"检察机关的公益诉权,是指检察机关依法享有的基于公共利益受到侵害或者处于这种侵害的危险中而请求法院行使审判权保护公共利益不受侵害的权利。[③]"检察机关提起行政公益诉讼符合其法律监督的宪法定位[④]。检察机关是国家利益和社会公共利益的代表。检察机关作为原告参与到行政公益诉讼

---

① 林莉红、马立群:《作为客观诉讼的行政公益诉讼》,《行政法学研究》2011 年第 4 期。
② 林莉红、马立群:《作为客观诉讼的行政公益诉讼》,《行政法学研究》2011 年第 4 期。
③ 柯阳友、冯慧敏:《检察机关提起民事抑或行政公益诉讼》,《河北大学学报(哲学社会科学版)》2011 年第 6 期。
④ 马明生:《检察机关提起行政公益诉讼制度研究》,《中国政法大学学报》2010 年第 6 期。

之中，具有一定的理论基础。“根据公共信托理论，检察机关作为公共利益的代表，有权提起行政公益诉讼。”[①]公共信托理论起源于罗马法，凡是不属于私人所有的财产均属于公民的共同财产，国家接受公民委托代为保管这些财产。如果国家未能尽到妥善保管义务，或者损害受托人的利益，公民可以主张权利，请求国家履行相关义务，保护公共财产。从公共信托理论出发，当行政机关存在不作为或者违法行为时，检察机关作为公共利益的代表，有权向法院提起行政公益诉讼，以维护公共利益、督促行政机关履行职责。从域外国家的相关经验来看，许多国家确立了检察机关参与公益诉讼制度。如德国，《德国法院法》确立了公益代表人制度，“联邦最高检察官作为联邦公益的代表人，以原告的身份参与联邦最高行政法院的行政公益诉讼”。[②]

检察机关作为行政公益诉讼的提起主体具有其独特优势：首先，检察机关具有独立性。检察院在人事、组织等多方面独立于行政机关，由其提起公益诉讼，可以避免各种干扰。其次，调查取证能力较强。检察机关作为公权力机关，在调查取证方面具有独特优势，在查清事实、固定证据方面具有优势。

检察机关作为原告提起行政公益诉讼，可以有效解决实践中行政公益诉讼主体缺位的困境，具有非常重要的意义和价值。具体而言，有如下意义：一是，督促行政机关履行职责。检察机关通过提起行政公益诉讼的方式可以督促行政机关履行职责，推进行政执法的公平、公开和公正，进而实现依法行政和依法治国的目标。检察机关在提起行政公益诉讼之前有一个诉前程序。“在提起行政公益诉讼之前，人民检察院应当先行向相关行政机关提出检察建议，督促其纠正违法行为或者依法履行职责。行政机关应当在收到检察建议书后一个月内依法办理，并将办理情况及时书面回复人民检察院。”[③]该诉前程序可以有效实现对于行政机关的监督，提醒、督促行政机关履职。如果行政机关在收到检察建议后及时纠正违法行为，那么检察机关已经达到监督的目的，无须再行提起行政公益诉讼。二是，有利于实现对公共利益的保护。检察机关提起行政公益诉讼，可以有效制止行政机关的违法行为，督促其履行职责，进而实现公共利益的保护。三是，实现法律监督职责。检察院具有法律监督职能，行政公益诉讼可以为检察机关实现法律监督职能增强刚性和约束力，增加和丰富法律监督

① 张晓玲：《行政公益诉讼原告资格探讨》，《法学评论（双月刊）》2005年第6期。

② 张晓玲：《行政公益诉讼原告资格探讨》，《法学评论（双月刊）》2005年第6期。

③ 《人民检察院提起公益诉讼试点工作实施办法》第四十条，http://news.xinhuanet.com/legal/2016-01/07/c_128604511.htm，访问日期：2016年10月11日。

手段和措施。检察机关通过行政公益诉讼开辟了法律监督的新领域。总而言之,“通过督促行政机关或相关社会组织履行职责,推动侵害公益问题的解决,是公益诉讼制度价值的重要体现”。①

本案中,林业局怠于行政职责,未依法制止行政相对人Q县A砂石场的违法行为,存在不履行职责的行为。检察院发出检察建议后,贵州省Q县林业局仍未制止第三人的违法行为,存在不履行职责的行为,导致第三人一直违法进行生产。因此,检察机关向法院提起行政公益诉讼,以促进依法行政,严格执法,加强对公共利益和生态环境的保护。

四、该案是否属于检察机关提起行政公益诉讼的范围

确定行政公益诉讼的范围是建构该项制度的核心问题之一。《人民检察院提起公益诉讼试点工作实施办法》第四十二条规定:“人民检察院以公益诉讼人身份提起行政公益诉讼。行政公益诉讼的被告是生态环境和资源保护、国有资产保护、国有土地使用权出让等领域违法行使职权或者不作为的行政机关以及法律、法规、规章授权的组织。”

在2014年《行政诉讼法》修改后,行政诉讼实行立案登记制。行政诉讼的受案范围呈现扩大趋势。笔者认为,现阶段将行政公益诉讼的范围限制在生态环境和资源保护、国有资产保护、国有土地使用权出让等领域具有一定的科学性和可行性。如果检察机关能够提起的行政公益诉讼范围过宽,有可能影响行政权的正常运行。有一点需要明确,检察机关没有权力针对行政法规和规章提起行政公益诉讼。主要理由在于:有关行政法规和规章的监督应当依据《立法法》的规定进行,不能通过行政公益诉讼进行监督。检察机关提起公益诉讼有利于实现对于行政机关的监督。但是,检察机关并非唯一的对行政机关进行监督的机关,此外还有行政监察、行政复议、人大监督等多种方式。鉴于行政公益诉讼涉及立法权、司法权和行政权三者的关系,检察机关对行政机关的监督也应当有一定的限度。总而言之,检察机关提起公益诉讼的范围受到一个国家政治、经济、文化、司法承受力及公众接受度等多方面因素影响②。

本案中,Q县A砂石场违法生产、非法占用林地,而林业局怠于履行职责,未依法制止违法行为,侵犯了公共利益。检察机关为了维护公共利益提起行政公益诉讼。

---

① 曹建明:《最高人民检察院关于检察机关提起公益诉讼试点工作情况的中期报告》。

② 胡卫列:《论行政公益诉讼制度的建构》,《行政法学研究》2012年第2期。

五、结合本案，分析检察机关提起行政公益诉讼应当遵循的程序

行政公益诉讼程序与一般行政诉讼程序相比，具有相同之处，也有不同之处。主要包括以下制度：

（一）管辖

为了便于检察院调查案件情况，履行公诉职责，行政公益诉讼案件一般由违法行使职权或者不作为的行政机关所在地的基层人民检察院管辖。从地域管辖来看，由违法行使职权或者不作为的行政机关所在地管辖，有利于查清案件事实，同时便于监督行政机关执行判决。从级别管辖来看，由基层检察院管辖，与法院审判管辖一致。若违法行使职权或者不作为的行政机关是县级以上人民政府，由市级检察院管辖。主要原因在于，由县级检察院对县级以上人民政府进行监督在实践中不易实现。县级检察院的级别低于同级政府，在许多方面受制于当地政府，若提起公益诉讼，阻力和干扰较大，无法实现完全的公平、公正。市级检察院则可以有效避免地方保护主义，更有利于督促行政机关依法行政。

此外，在行政公益诉讼中存在指定管辖。有管辖权的人民检察院由于特殊原因，不能行使管辖权的，应当由上级人民检察院指定本区域其他试点地区人民检察院管辖。指定管辖作为地域管辖的补充，可以在特殊情况发生时适用，以确立合适的管辖。上级人民检察院认为确有必要，可以办理下级人民检察院管辖的案件。下级人民检察院认为需要由上级人民检察院办理的，可以报请上级人民检察院办理。

本案中，原告系贵州省 Q 县人民检察院，被告系贵州省 Q 县林业局。被告属于县级以上政府的工作部门，依据“由违法行使职权或者不作为的行政机关所在地的基层人民检察院管辖”的规定，该案由贵州省 Q 县人民法院管辖。

（二）案件受理

检察机关需要严把立案关口，防止滥诉。检察机关发现违法线索是办理案件的源头和前提。违法线索来源于以下途径：一是公民举报。公民在日常生产、生活中会经常遇到行政机关不作为或者怠于履行职责的情形。这些举报材料成为检察机关据以提起行政公益诉讼的宝贵线索。二是探索建立业务部门之间线索移送机制。检察院各个业务部门在履行职责过程中，都有可能发现属于行政公益诉讼的案件线索，这时应当将相关材料移送民事行政检察部门处理。例如，安徽蚌埠淮上区检察院对蚌埠市国土资源局怠于履行职责一案。该

案系安徽省检察机关提起的首例公益诉讼案件，也是全国首例针对市级行政机关提起的资源保护型行政公益诉讼案件[①]。该案件是检察院在办理周某等人非法转让土地使用权案中发现的违法线索，由此查出蚌埠市国土资源局没有依法履行监督管理职责，存在迟延履行法定职责的事实，具有一定的违法性。

（三）调查权

检察机关提起行政公益诉讼，有赖于完善的调查取证程序。人民检察院可以通过以下方式进行调查取证：(1)调阅、复制行政执法卷宗材料。行政执法卷宗材料中清楚记载了案件事实、证据及处罚结果。通过调阅案件，可以明确行政机关有没有依法履行相关职责，是否存在不作为或者违法作为。(2)询问行政机关相关人员以及行政相对人、利害关系人、证人等。询问相关人员是查明事实、搜集证据的重要途径。(3)收集书证、物证、视听资料等证据。这些证据应当具备客观性、关联性以及合法性。所谓客观性是指作为证据的事实与案件事实之间客观上存在联系，不会以人的意志为转移。关联性是指该证据与案件事实之间存在直接或者间接联系，可以作为定案的证据。合法性指行政诉讼证据应当经过合法程序、合法途径进行收集。(4)咨询专业人员、相关部门或者行业协会等对专门问题的意见。在行政公益诉讼中，会涉及环境污染的认定等专业问题，因此需要咨询专业人员。(5)委托鉴定、评估、审计。检察院在许多情形下需要委托鉴定机构和评估机构。例如，吉林省白山市检察院诉白山市江源区中医院违法排放医疗污水污染环境案中，江源区检察院委托吉林市吉科检测技术有限公司对江源区中医院医疗污水及渗井周边土壤进行取样检测，经检测，化学需氧量、五日生化需氧量、悬浮物、总余氯等均超出国家规定的标准限值。[②] (6)勘验物证、现场。在行政公益诉讼中，勘验物证、现场有利于确定行政相对人的违法行为，也有利于明确行政机关是否依法履行了职责。

本案中，贵州省Q县人民检察院通过多种方式调查、收集被告贵州省Q县林业局存在行政不作为的证据，共收集到四组证据。第一组证据：证明本案原告主体适格。(1)Q县人民检察院组织机构代码证；(2)法定代表人证明；(3)《中共中央关于全面推进依法治国若干重大问题的决定》。第二组证据：证明第三人自2010年起违法占用林地，应当受到行政处罚。(1)承包合同协议；(2)Q县人民政

---

① 《安徽蚌埠淮上区检察院对蚌埠市国土资源局怠于履行职责提起行政公益诉讼》，《检察日报》2016年1月21日，第1版。

② 《由吉林省白山市检察院提起全国首例行政附带民事公益诉讼案宣判》，《检察日报》2016年8月3日，第1版。

府函;(3)证人杨某、柯某(二人均系村委会干部)的证言:证实第三人现在负责人是冯某,其开办砂场占有灌木林地;(4)冯某、柳某(二人均系A砂场负责人)的证言:证实第三人开办A砂场,除了林业相关手续,其他手续、证件都有,该砂场占有灌木林地;(5)卫星图,证实第三人占用灌木林地;(6)砂石矿异地技改部门会审表:2010年3月19日,被告在第三人异地技改会审表上签署意见"原则同意技改,但在动工之前,必须办理林地使用手续,否则将从重处罚"。第三组证据:证实被告存在行政不作为。(1)采矿许可证、安全生产许可证延期申请书、砂石矿异地技改部门会审表;(2)情况说明及冯某、柳某的证言:证实被告人于2010年至2013年,对第三人进行实地勘查、检查,知道第三人未办理林地手续,但没有及时对第三人作出相应处理;(3)Q县森林保护"六个严禁"执法专项行动违法使用林地案件明细表:证实被告于2014年经初查,知道第三人违法使用林地8.607亩,仍未对第三人作出处罚。第四组证据:证实被告从2014年11月12日至2015年3月31日对第三人作出行政处罚决定,依然存在不依法履职行为。(1)《责令停止违法使用林地的通知》送达回证;(2)证实被告于2014年11月12日责令第三人停止违法使用林地。但此时被告还是没有对第三人立案查处;证人胡某、罗某(二人均系村委会干部)、徐某(镇政府工作人员)、冯某、柳某的证言;第三人现场照片;视频资料;购销协议书、镇"两个硬化"建设砂石供应统计表、收据:证实第三人自开办以来一直正常营业,即使被告责令其停止后,也仍然处于施工状态。证明被告发出《责令停止违法使用林地的通知后》并没有进一步履行职责,第三人依然继续实施违法行为;(3)《检察建议书》及送达回证:证实原告于2015年2月9日建议被告对第三人违法使用林地行为进行处理。

(四)提出检察建议

检察机关提起行政公益诉讼乃监督违法行政的最后手段。该方式耗时较长,且成本较高。如果行政机关能够在检察机关提起行政公益诉讼之前主动纠正违法行为,已经能够达到保护公共利益,监督行政机关之目的,则不需要再提起行政公益诉讼。因此,在提起公益诉讼前,有一个必经的诉前程序。"在提起行政公益诉讼之前,人民检察院应当先行向相关行政机关提出检察建议,督促其纠正违法行为或者依法履行职责。行政机关应当在收到检察建议书后一个月内依法办理,并将办理情况及时书面回复人民检察院。"[①]怠于履行职责有损

① 《人民检察院提起公益诉讼试点工作实施办法》第四十条,http://news.xinhuanet.com/legal/2016-01/07/c_128604511.htm,访问日期:2016年10月11日。

法律公信力和法律的权威性，在一定程度上将纵容违法行为，这种怠于履职将对生态环境间接产生危害，进而危害公共利益。怠于履行职责的行政机关在收到检察建议后，应当检视本机关是否存在行政违法或者不作为。设置此诉前程序具有以下积极意义：一是节约司法资源。检察院提起行政公益诉讼仅为其法律监督的一项内容。如果通过检察建议的方式就可以实现监督目的，那么该成本较低，有利于节约有限的司法资源。二是体现了对于行政自制的尊重①。司法权对于行政权的监督有一定的限度，应当体现出对于行政权的尊重。“这样可以充分发挥行政机关自我纠错机制的作用，有利于提高行政管理效率，还可以节省诉讼成本和司法资源。”诉前程序给了行政机关自我纠正的机会，体现出司法权的谦抑性。检察建议提示行政机关审慎反思、纠正自身违法行为或者不作为，无权直接改变或者撤销行政机关的决定。如果行政机关在收到检察建议书一个月内没有将办理情况书面回复给人民检察院，这时检察院可以针对行政机关拒不纠正违法行为或者不履行法定职责提起行政公益诉讼。

本案中，贵州省Q县人民检察院向贵州省Q县林业局发出《检察建议书》(Q县检民行政违监(2015)52242300008号)督促其纠正，建议贵州省Q县林业局及时对Q县A砂石场进行查处并在一个月内将查处情况书面回复。贵州省Q县林业局于2015年3月25日向A砂石场送达了《林业行政处罚先行告知书》(黔县林政罚权告字(2015)第002号)《林业行政处罚听证权利告知书》，又于2015年3月31日送达了《林业行政处罚决定书》(Q县林政林罚决字(2015)002号)对第三人A砂石场作出了处以30919元的罚款，责令停止违法行为，限2015年12月31日前恢复原状，补种毁坏的林木的处罚。由此可以看出，贵州省Q县人民检察院提出检察建议这一诉前程序取得了一定的效果。

(五)审查终结

人民检察院对审查终结的行政公益诉讼案件，区分不同情况作出下列决定。(1)终结审查。所谓终结审查即经过前期调查等程序发现不存在行政机关违法行使行政职权或者不作为，造成国家和社会公共利益受到侵害。这种情形下，实在没有必要提起行政公益诉讼。行政机关在人民检察院向其提出检察建议前已纠正行政违法行为或依法履行职责的，这种情形下也应当终结审查。(2)提出检察建议。(3)提起行政公益诉讼。行政公益诉讼的提起具有一定的前提条件。经过

① 胡卫列：《论行政公益诉讼制度的建构》，《行政法学研究》2012年第2期。

诉前程序，行政机关拒不纠正违法行为或者不履行法定职责，导致国家和社会公共利益仍然处于受侵害状态的，人民检察院可以提起行政公益诉讼。

本案中，贵州省Q县林业局在收到贵州省Q县人民检察院的检察建议后，对行政相对人依法进行了处罚。然而，林业局未依照《人民检察院提起公益诉讼试点工作实施办法》的规定向检察机关书面回复。

（六）提起诉讼

人民检察院向法院提交行政公益诉讼材料，主要包括：(1)行政公益诉讼起诉书；(2)国家和社会公共利益受到侵害的初步证明材料。

检察院应当派员出席法庭，主要任务是：(1)宣读行政公益诉讼起诉书；(2)出示证据，对证据进行质证；(3)参加法庭调查，进行辩论并发表出庭意见；(4)其他活动，如针对庭审活动违法行为，提出检察建议。

（七）撤诉或变更诉讼请求

行政公益诉讼中，若被告行政机关主动纠正违法行为或者依法履行相关职责，检察机关已经没有继续提起公益诉讼的必要，这时，可以请求变更诉讼请求，请求判决确认行政行为违法，或者撤回起诉。主要理由在于检察机关监督行政权，维护国家和公共利益的目的已经达到，再按照原来的诉讼请求进行诉讼已经没有任何必要，因而需要撤回起诉或者请求确认行政行为违法。撤诉主要依据《行政诉讼法》第六十二条："人民法院对行政案件宣告判决或者裁定前，原告申请撤诉的，或者被告改变其所作的行政行为，原告同意并申请撤诉的，是否准许，由人民法院裁定。"2008年颁布的《最高人民法院关于行政诉讼撤诉若干问题的规定》中规定，有下列情形之一的，可以视为被告改变其所作的具体行政行为：(1)根据原告的请求依法履行法定职责；(2)采取相应的补救、补偿等措施；确认违法判决适用于行政行为违法，但又不需要、不适宜判决撤销或者责令履行的。确认违法判决是对行政行为合法性的否定性评价。[1]

本案中，原告存在变更诉讼请求的情形。在庭审中，原告贵州省Q县人民检察院基于被告贵州省Q县林业局已经对第三人Q县A砂石场进行了处罚而撤回第二项诉讼请求，即判决被告依法责令第三人停止违法行为、补种树木，符合法律规定。被告在2015年2月11日前未及时制止第三人A砂石场违法占用林地的行为，致使第三人从事采石采砂危害林地的非法作业占用林地，导致

① 何海波：《行政诉讼法（第二版）》，法律出版社2016年版，第453页。

公共利益遭受损失,生态环境受到破坏,原告诉请确认被告未依法对第三人A砂石场非法占用林地进行查处的行为违法理由成立。

(八)抗诉

人民检察院作为国家的法律监督机关,有权对行政公益诉讼进行监督。《行政诉讼法》规定,检察机关对于已经发生法律效力的判决、裁定,有权按照审判监督程序提出抗诉。这是一般行政诉讼的规定,行政公益诉讼则不同。地方各级检察院认为同级人民法院未生效的第一审判决、裁定确有错误,应当向上一级人民法院提出抗诉,同时将抗诉书抄送上一级检察院。上一级检察院认为抗诉不当的,可以向同级人民法院撤回抗诉,并且通知下级检察院。该规定体现出上级检察院与下级检察院、检察院与法院在行政公益诉讼中的相互关系。检察院在法院判决尚未生效之时,即可以提起抗诉。主要理由在于检察院启动诉讼的目的是为了公共利益保护,且之前也已经搜集了相关证据,因此赋予了检察院在判决尚未生效前抗诉的权力。

本案中,法院判决确认被告对Q县林业局对第三人Q县A砂石场非法占用林地未依法在2015年2月11日前进行查处的行为违法,因此,人民检察院无须提出抗诉。

(九)行政公益诉讼不适用于调解

调解被誉为"东方经验"而备受推崇。行政公益诉讼是否适用调解制度呢?从理论上进行分析,行政公益诉讼中如果适用调解,那么,行政机关与检察机关有可能经过协商,之后达成调解协议。调解协议的达成常伴随着双方间的妥协,而互相妥协则有可能导致公共利益受损。此外,调解常针对行政赔偿、行政补偿的数额展开,在行政公益诉讼一般不涉及行政赔偿和行政补偿,因而,不必引入调解程序。本案中,原告Q县检察院与Q县林业局没有进行调解。

六、行政公益诉讼中举证责任的分配

行政诉讼中,原告与被告所承担的举证责任差异较大,原告原则上不承担举证责任。《行政诉讼法》规定,被告对所作出的行政行为负有举证责任。在行政公益诉讼中,被告依然要承担举证责任,并不会因为原告是检察院而减少或者免除被告的举证责任。主要原因在于,被告行政机关应当对行政行为的合法性进行举证。如果在诉讼中无法证明事实、证据和法律适用的合法性,说明该行政行为存在不合法之处。

行政公益诉讼中检察机关作为原告需要承担以下举证责任:(1)证明起诉

符合法定条件;这与普通诉讼中原告的举证责任相同。(2)人民检察院履行诉前程序提出检察建议且行政机关拒不纠正违法行为或者不履行法定职责的事实。这与普通诉讼中原告“证明损害的存在和损害发生的原因”不一样。检察机关在行政公益诉讼中应当证明曾提出检察建议,且行政机关存在违法行为或者不作为且拒不改正。(3)其他应当由人民检察院承担举证责任的事项。该条款属于兜底条款,检察机关的举证责任包括但是又不限于前面两项。

行政诉讼第三人参与行政诉讼是否需要承担举证责任应当视具体情况而定。《行政诉讼法》和《行政证据规定》中均未对第三人的举证责任作出明确规定。实践中,第三人参加诉讼有两种情况:一是法院通知其作为第三人参加诉讼,这属于被动参与诉讼,不存在举证责任问题;二是自己主动要求作为第三人参加诉讼,这时需要承担举证责任。

在本案中,该案件属于行政不作为案件。被告林业局辩称已经履行法定职责。这时被告需要证明其已经按照法律的规定作出行政行为,或者履行法定职责[①]。在该案中,被告提供了林业处罚立案登记表、《林业行政处罚意见书》《林业处罚先行告知书》《林业行政处罚听证权利告知书》《林业行政处罚决定书》等证据。本案中的第三人 A 砂石场述称没有办理林业开采许可相关证照,但是没有向法院提交证据。

▶【拓展训练】> > >

吉林省白山市江源区人民检察院在履行职责中发现,白山市江源区中医院自建院以来,始终未按照《医疗机构管理条例》和《医疗机构管理条例实施细则》的规定,建设符合环保标准的医疗污水处理设施,通过渗井、渗坑排放医疗污水。江源区人民检察院依法进行调查后,协调江源区环境保护局,委托吉林市吉科检测技术有限公司对江源区中医院医疗污水及渗井周边土壤进行取样检测,经检测,化学需氧量、五日生化需氧量、悬浮物、总余氯等均超出国家规定的标准限值,可引起医源性细菌对地下水及生活用水的污染,存在细菌传播的隐患。2015 年 11 月 18 日,江源区人民检察院向江源区卫生和计划生育局发出检察建议,建议该局立即采取有效监管措施,制止江源区中医院继续违法排放医疗污水。江源区卫计局虽然在 2015 年 12 月 10 日作出回复,并采取了相应措

① 刘德权主编:《最高人民法院司法观点集成(行政及国家赔偿卷)》,人民法院出版社 2014 年版,第 414 页。

施，但并未依法正确履行监管职责，未能有效制止中医院违法排放医疗污水，存在造成环境污染的重大风险和隐患，公共利益处于持续受侵害状态中。2016 年 3 月 1 日，白山市人民检察院在严格落实诉前程序后，依法以公益诉讼人的身份提起行政附带民事公益诉讼。白山市中级人民法院于 5 月 11 日公开开庭审理此案，7 月 15 日作出判决，确认白山市江源区卫生和计划生育局于 2015 年 5 月 18 日对白山市江源区中医院《医疗机构执业许可证》校验合格的行政行为违法；责令白山市江源区卫生和计划生育局履行监管职责，监督白山市江源区中医院在三个月内完成医疗污水处理设施的整改；判决白山市江源区中医院立即停止违法排放医疗污水。这是全国人大常委会授权检察机关提起公益诉讼试点工作后，全国首例行政附带民事公益诉讼案件[①]。

讨论问题：检察机关提起行政附带民事公益诉讼需要注意什么？

▶【问题提示】> > >

检察机关提起行政附带民事公益诉讼，应当同时履行行政公益诉讼和民事公益诉讼诉前程序。《人民检察院提起公益诉讼试点工作实施办法》规定，人民检察院提起民事公益诉讼或行政公益诉讼，都必须严格履行诉前程序。行政附带民事公益诉讼涵盖民事公益诉讼和行政公益诉讼，提起公益诉讼前，人民检察院应当发出检察建议依法督促行政机关纠正违法行为、履行法定职责，并督促、支持法律规定的机关和有关组织提请民事公益诉讼。

① 《吉林省白山市人民检察院提起的全国首例行政附带民事公益诉讼案件宣判》，央广网，2016 年 8 月 2 日。

EPILOGUE

后　　记

《行政诉讼法案例教程》是“高等学校法律实务系列教材”的一部分，旨在创新法治人才培养机制，不断深化法学专业实践教学改革，提高法学专业学生的实践和创新能力。本教程具有以下鲜明特点：一是代表性强。所选案例全部为行政诉讼实践中的真实案例，尽量从权威出版物和人民法院官方网站公布的案例中进行筛选，力图使每个入选案例都能反映出当前司法实践当中的热点和难点。二是内容新颖。本书案例突出时效性，注重与新修正的行政诉讼法相衔接，尽可能反映行政诉讼研究领域最前沿的理论成果。三是注重理论和实践相结合。紧密结合案例，注重从立法、司法和理论研究三个层次展开分析，引导学生主动思考，培养实证思维和发散思维，避免就事论事，流于表面。通过研习本教程，能够有效提升学生对行政诉讼法的学习兴趣以及运用专业知识解决实际问题的能力。同时，对于高校法学教师、司法实务部门工作人员和行政机关工作人员也有较高的参考价值。

本教程由申静、韩锦霞担任主编，尚海龙、许双全、李凯瑞担任副主编。具体撰写分工如下（按所撰写章节先后为序）：

申静（河北大学政法学院）第一章、第五章、第七章、第八章、第九章

梁蕾（河北侯凤梅律师事务所）第二章

李凯瑞（中央司法警官学院研究生教育部）第三章

张丽敏（河北省衡水市武邑县人民法院）第四章

韩锦霞（河北省高级人民法院行政审判庭）第六章

全书由申静统稿，并经作者审定对个别章节内容进行了必要修改。本教程的写作与出版得到了中国民主法制出版社、河北大学政法学院领导的亲切关心、充分理解与鼎力支持，在此表示诚挚的谢意！

由于水平有限，加之时间仓促，书中不足之处在所难免，恳请读者不吝批评指正。

编　者

2017 年 5 月